JN123648

公認心理師の基礎と実践 **15**

野島一彦・繁桝算男 監修

心理学的支援法

大山泰宏 編

遠見書房

巻頭言

心理学・臨床心理学を学ぶすべての方へ

　公認心理師法が2015年9月に公布され，2017年9月に施行されました。そして，本年度より経過措置による国家資格試験が始まります。同時に，公認心理師の養成カリキュラムが新大学1年生から始まります。

　現代日本には，3万人を割ったとは言えまだまだ高止まりの自殺，過労死，うつ病の増加，メンタルヘルス不調，ひきこもり，虐待，家庭内暴力，犯罪被害者・加害者への対応，認知症，学校における不登校，いじめ，発達障害，学級崩壊などの諸問題の複雑化，被災者への対応，人間関係の希薄化など，さまざまな問題が存在しております。それらの問題の解決のために，私たち心理学・臨床心理学に携わる者に対する社会的な期待と要請はますます強まっています。また，心理学・臨床心理学はそのような負の状況を改善するだけではなく，より健康な心と体を作るため，よりよい家庭や職場を作るため，あるいは，より公正な社会を作るため，ますます必要とされる時代になっています。

　こうした社会状況に鑑み，心理学・臨床心理学に関する専門的知識および技術をもって，国民の心の健康の保持増進に寄与する心理専門職の国家資格化がスタートします。この公認心理師の養成は喫緊の非常に大きな課題です。

　そこで，私たち監修者は，ここに『公認心理師の基礎と実践』という名を冠したテキストのシリーズを刊行し，公認心理師を育てる一助にしたいと念願しました。

　このシリーズは，大学（学部）における公認心理師養成に必要な25科目のうち，「心理演習」，「心理実習」を除く23科目に対応した23巻からなります。私たち心理学者・心理臨床家たちが長年にわたり蓄えた知識と経験を，新しい時代を作るであろう人々に伝えることは使命であると考えます。そのエッセンスがこのシリーズに凝縮しています。

　このシリーズを通して，読者の皆さんが，公認心理師に必要な知識と技術を学び，国民の心の健康の保持増進に貢献していかれるよう強く願っています。

　2018年3月吉日

監修者　野島一彦・繁桝算男

■ はじめに

　心理学的支援法は，公認心理師の職能の中でも，もっとも統合的で応用的なものではないでしょうか。そこには，心理学や精神医学の基礎知識，法や制度，アセスメント，各職域に関する理解など，学んできたことのすべてが集約されるといっても過言ではないでしょう。講義科目で学んできたことが，演習と実習，さらには今後の心理職としての実践につながっていく入口に，つまり基礎学習の出口に位置するものであります。

　心理学的支援は，単に決まり切った知識を現場へ応用するようなものではありません。現場での実践を通して探究され模索されていくという一面をもっています。常に，クライエント・対象者が，その先にいるからです。心理学的支援についてたしかに座学で学ぶことはできますが，それが実際にできるようになり熟達していくには，支援をおこなうという実践が不可欠です。本書は，その実践への入口の道標となる事柄を包括的に解説することを意図して編まれました。

　心理学的支援の発想，方法論，それが展開される領域は，実に多様です。今後さらに，新たな支援法が模索され生まれてくるかもしれません。本書では，そうした多様な支援をできる限り整理しつつ包括的に説明することを試みます。

　まず第1部では，心理学的支援に共通する，対象者を中心に据えた探究ということを明らかにしたうえで，心理療法の各オリエンテーションの発想と方法について解説します。いずれも「心理学的モデル」に立脚しながらも，心理学の学派の多様性や人間観の多様性に対応する形で，バリエーションに富んだものとなっています。読者のみなさんは，そのいずれもが，心理学的支援の実践の中で探究され生まれてきたものであることに，気づくことでしょう。

　第2部では，心理学的支援の新たな展開として，コミュニティの中での支援について心理職の職域と対応させつつ解説します。心理療法やカウンセリングといえば，個室の中でセラピストとクライエントとが出会っていくというイメージがあるかと思います。そうした面接室での個人療法は心理学的支援の中核に位置する非常に大切なものです。しかし心理学的支援はそこには留まりません。何らかの心理学的支援を必要としている人で，個人療法につながることができる人は，ごく一部です。時間的・経済的理由のため，あるいは本人が自分の心理的問題を

軽視したり，周囲が専門的支援にかかることを拒否したりするため，支援が届かないことが多くあるのも現状です。そこで，対象者が日常に生活する場所に出かけていって，本人ばかりでなく，本人をとりまく社会的資源や制度にも働きかける支援が，とりわけ公認心理師の職能として重視されていますが，第2部ではその具体的実践を交えつつ解説しています。

　第3部は，まさに心理学的支援の多様性をつなぐこと，そしてその核とでもいえるものを解説します。いかなる心理学的支援であれ，そこには対象者の話を聴きコミュニケーションをおこなうというカウンセリングの要素が中核に存在しています。そして，災害時の支援や緊急支援，スクールカウンセリングの現場などでは，個人療法とコミュニティ支援の双方が必要であり，刻々と変化する現場での高度な判断力が求められます。また心理職は，その専門性の深化や職能集団の中での位置の変化，さらにはライフサイクル上のテーマと関連して，常に新たに成長し続けていかねばなりません。そうした継続的な自己研鑽ばかりでなく，後進を教え導いていくということも必要となってくるかもしれず，そこにスーパービジョンという専門性が生まれます。第3部では，このように多様な心理学的支援を基礎・応用の両面から統合することを目指しています。

　心理学的支援は，専門家としての共通のスタンダードがありつつも，それをおこなう個人の個性とでもいったものが，どうしても関わってこざるをえない職能です。特に心理療法といった，長期にわたる深い関係性が展開される場合に，その傾向は強くなります。また，支援を受ける対象者の側の個別性や唯一性といったものも浮かびあがってきます。個別性を捨象したありきたりの支援を展開するのではなく，それぞれの個を活かした支援をおこなうことができてこそ，対象者の「わたし」が生きてきます。そのためには，支援者の「わたし」も生きなければなりません。しかし，そのためには実はとても厳しい訓練と学びが必要です。個性をぎりぎりまで研ぎ落としても，それでもなおかつ残るものにこそ，かけがえのない個が生きてきます。心理学的支援法を実践的に学ぶ過程において，迷ったり行き詰まったりしたときにこそ，基礎に立ち返ってください。本書ばかりでなく，本シリーズの基礎を学び直すことで，ほんとうの意味で「わたし」を活かした心理学的支援が陶冶されていくことでしょう。

2021年3月　大山泰宏

■ 目　次

第3部　心理学的支援の実際

公認心理師の基礎と実践

第 15 巻　心理学的支援法

序章

心理学的支援とは何か

大山泰宏

Keywords　心理学的モデル，生物心理社会モデル，心理療法の共通要因，支援者－被支援者，専門家

Ⅰ　心理学的支援の特徴と射程

1．心理学的支援とは

　本書の各章で心理学的支援法について講じられていくにあたり，心理学的支援とは何であるのかを，概観しておこう。心理学的支援は，公認心理師の職能の中でも中心的なものであり，いずれの職域においても，また一つひとつの専門的行為中にも含まれている。心理学的支援とは何なのか，その範囲を明らかにするために，心理学的支援とそうでないものとを区別するところから始めよう。

　まず，悩み深く精神的に落ち込んでいる友人の話を聴いてあげたら，友人に元気が出てきたとしよう。これは，心理学的支援と言えるであろうか。答えは否である。それはたしかに心を晴れやかとする，心に対する支援である。また，話を聴いてもらって元気になるというのは，心理学的支援でもおこなわれていることである。しかしこれはなぜ心理学的支援とは言えないのか。それは，心理学的支援は，訓練を受けた心理の専門家が，支援者－被支援者という関係においておこなう行為であるからである。たとえ心理の専門家であっても，自分の友人の話を友人として聴いたとしたら，それは心理学的支援ではなく，日常の支え合いである。支援者－被支援者という役割関係が前提となっているということは，心理学的支援は，専門家としての責務や倫理というものに規定されていることも意味する。このように，心理学的支援とはそもそも，心理職としての専門性として行われるものであり，その行為をおこなうことに関する専門家としての責務があるものである。

　今度は次のような例を考えてみよう。気持ちが落ち込んで，抑うつ状態になっ

ている人が診療内科で薬を処方してもらい服用し始めたら，心が晴れやかになったという例である。これは心理学的支援と言えるだろうか。これも，たしかに心に作用している支援ではあるが，心理学的支援とは言えない。心の働きの基礎にある神経生理学的な薬理作用を通して，結果的に心に働きかけているのである。あるいは，次のような例はどうだろうか。ある人が，職場での同僚からのハラスメントを受け続けて，抑うつ的になっていた。そのことに気づいた上司が配慮して同僚に注意するとともに異動させたら，ハラスメントにあっていた社員は抑うつ状態から回復して元気になったとしよう。これも結果的に心に作用してはいるが，心理学的支援ではない。環境を変化させることで，間接的に心に働きかけているのである。

　以上の3つの例は，いずれも心に対する支援ではあるが，心理学的支援ではない。このことは，心理学的支援の定義をはっきりと浮かび上がらせてくれる。心理学的支援とは，心理の専門家が，支援者－被支援者の関係のもとで，心を対象として心に働きかける支援なのである。

　とはいえ，心とは直接目に見えるものではない。私たちが接することができるのは，被支援者の言語であり行動であり感情である。それらの背後に，「心」を仮定しているのである。また，支援者が被支援者の「心」に働きかける際も，心から心へ念力のように直接に働きかけるのではない。言語や行動や感情を通して働きかけているのである。すなわち，心理学的支援においては，心という直接目に見えないものを，言語や行動や感情等から推測し組み立てる，心に関するモデルが前提となっているのである。このことから，心理学的支援は，心理学的なモデルにもとづいて対象者を理解し関わっていく支援なのである。

2．心理学的支援の位置づけ

　さて先ほどの，職場の状況が改善されたことで心の状態も改善されたという例について再度考えてみよう。ハラスメントを受けていた社員が，職場の上司に相談したのではなく，会社のカウンセラーなどの心理職に相談をおこなって，カウンラーが職場管理者に助言して配置換えをしてもらったとしよう。そうすると，同じく環境を変えて間接的に心に働きかけたにせよ，これは心理学的支援として位置づけられる。薬による治療の例もそうである。心理職が対象者にクリニック受診を薦めて，その結果，服薬するようになったとしたら，これも心理学的支援をおこなったことになるのである。いったい，先ほどの例とどこが違うのであろうか。

それは，このような心理の専門家による支援では，生理学的基盤や社会的要因を整えることに誘ううえで，それらの心への作用を心理学的モデルから理解し，心への影響を予測しているという点である。心に直接働きかけているのではないが，心の状態の改善のために，それに必要な対処の方法を見立て，助言したのである。心理学的支援において，「生物心理社会モデル（Biopsychosocial model）」（Engel, 1977）を念頭におくべきことが強調されるのも，このことに関わっている。このモデルは 1977 年にシステム論者のエンゲル Engel, G. が提唱したものである。心理職は，心理を中心に置き，心理学的モデルで理解しつつも，その生物学的な基盤，および社会的文脈というものを考慮し，心への支援を統合的におこなうことも，その専門性に含まれているのである。

　実際，個人が「心」に関する支援を受けるとき，生物・心理・社会の3層からの支援を並行して受けることも多い。たとえば，うつで休職して精神科医療の支援を受けている人の場合を考えてみよう。その場合，何らかの精神科治療薬が処方され（生物的レベル），心理職からカウンセリングを受け（心理レベル），心理職や主治医から家族や会社の上司に本人のサポートの仕方が伝えられ（社会レベル），またときには精神保健福祉士や社会福祉士から福祉的サポートについて支援してもらうかもしれない。このように，支援の総体の中で，心理学的支援がどのように位置づき，他の支援とどのような関係をもっているかということも常に意識しておく必要があろう。このことは本書の第 12 章で詳細に論じられる。

　心理職は，「生物・心理・社会」の真ん中に位置する「心理」に関わる職能であるがゆえに，他の層での支援をつないでいく役割も担っている。すなわち，支援対象者の心に，自分の心を使って関わっていく中で，対象者が受けているそれぞれの層での支援が対象者自身にとってどのような関係にあるかということを常に見極めつつ，それらを対象者自身が総合し調和させていくことを支援していくことが必要なのである。これこそが，対象者の全存在を考慮した支援であると言える。

■ II　心理学的支援の多様性と共通性

1．心理学的支援の多様性

　心理学的支援は，心理学的モデルにもとづき心を理解し心に関わり，心理的レベルだけでなく生物学的基盤や社会的文脈との関係も視野に入れた，包括的で統合的な支援の中核にあるという，対象範囲が大変広いものである。それがゆえに，

心理学的支援は多様なものたりうる。「心理学的支援」の科目を学ぶうえで，学派やオリエンテーションの多様性について理解しておく必要があり，本書もそれを意識した構成となっている。と同時に，そうした多様性を整理・理解するうえでの軸やマッピングが必要である。その詳細は第2章に譲るとして，ここでは本書の各章の位置づけを意識しつつ，次のような軸から整理してみたい。

①個人とコミュニティ

　心理学的支援では，最終的には個人の心の安寧と成長を目指すにしろ，個人を対象として働きかけるのか，その個人が所属する集団や共同体にも働きかけるのかという，2つの方向性がある。個人は必ず何らかの社会的文脈の中で生きているので，これら2つは決して相反するものではなく相補うものであるが，心理学的支援では，この2つの方向を常に意識して自らの支援を位置づけておく必要があろう。個人を対象とするのは，一般に面接室の中でおこなわれる心理療法であり（第1部），集団や共同体における対象者を支援するのは，コミュニティ支援，地域援助である（第2部）。家族への支援は，この中間に位置する。家族は，その成員が緊密に結びついたひとつのシステムである。個人のあり方は家族の力動関係により規定されており，家族をひとつのユニットとして関わっていくのが，家族療法の立場である（第4章）。

②内面と行動

　心理学的支援では，何の変容をめざすのかという点で，2つの方向性がある。1つは，個人の内面の変容を重視するものであり，もう1つは個人の行動の変容を重視するものである。前者は，個人の内界やパーソナリティ構造といった，行動や感情の基になると考えられるものの変容を重視する。対して後者は，個人が他者や環境・外界と関わっていくときの行動や捉え方の変容を重視する。前者の立場に立つ極端な例ではあるが，個人の外界への適応や行動の変化ということがなくとも，個人の主観的感覚や自己意識等が変化することを，心理学的支援の成果だと考えることもあろう。後者の場合は，あくまでも観察可能な行動や態度が変化することを成果だと見なすであろう。前者の立場は力動的心理療法（第3章），なかでも深層心理学的アプローチであり，後者の立場は行動療法的アプローチ（第5章）である。

③支えと変容

心理学的支援には，個人やコミュニティがその自発性や能動性，成長能力を自然と発揮できるように支えていくという側面と，もっと積極的に個人やコミュニティに介入することで，それがこれまでよりもさらに適切な在り方へと変容することを促す側面とがある。この２つも相反するものではなく，１つの心理学的支援の中に両者の契機が存在していたり（そもそも支えなくして変容のみを強調するのは危険である），支援の展開の時期によって，一方から他方へと移り変わったりする。たとえば，支援の初期に，被支援者の心理的な混乱や不安定さがあるときには，保護的な支えによる支援が優先されるであろう。特に，災害や事故などの危機的状況にある個人やコミュニティに対しては，支えが重要である（第13章，14章）。

④治療と予防

　心理学的支援に限らず医療でも同様であるが，治療をおこなうことと予防をおこなうことは，異なったパラダイムにたっている。虫歯治療の方法と虫歯予防の方法とはまったく異なるように，心理学的支援においても，心理的問題や精神疾患の心理療法をおこなうことと，心理的健康度や適応を高めていく予防的介入をおこなっていくこととは異なる専門性が必要である（第10章）。前者は，臨床群と呼ばれる人々を対象として，その回復を支援していく。後者は，コミュニティのトータルとしての健康度を向上させていくことで，臨床群に移行する事例の数を減らしていくという支援である。

⑤適応と価値

　心理学的支援は，個人の幸福に寄与するものであるが，その幸福をどのように考えるかで，心理学的支援の目的には２つの異なる考え方がありうる。一方は，個人が生きていくうえで不都合や苦痛を感じないように，個人が住まう環境との調和・適応を目指すものである。他方は，個人が大切にする価値や生き方，実存とでもいったものへの支援をおこなうことである。単に苦悩がないということが，必ずしも幸福というわけではない。たとえ苦悩を抱えつつも，自己の価値や生き方の実現と覚知をめざすことも，一方では必要である。とりわけ，どんなに努力しても快復したり改善したりすることがない状況に置かれている人々を支援するときには，後者の方向性も考慮されることが必要である。

2．心理学的支援の共通性

　以上のように心理学的支援は多様性があるが，共通性も存在している。まず１つ
めの共通性は，心理学的支援は人が人に対しておこなう支援であるという，一見
当たり前だが支援の本質に関わることである。今後，AI やロボット工学の技術が
発達していけば，身の周りの世話や介護など，対人支援の一部は機械に置き換わ
っていくことは十分に考えられよう。しかし心理学的支援では，チャットでセラ
ピーをおこなうアプリなどが近年開発されているにしても，機械にすべて肩代わ
りしてもらえるようになるとは，およそ考えにくい。心理学的支援をおこなう際
には，非常に複雑で大量の情報が瞬時に処理されている。でこぼこ道を人間のよ
うに，軽やかに姿勢やスピードを変えて歩く二足歩行ロボットの実現が困難なよ
うに，心理学的支援においても，人間がおこなっているのと同等のことをプログ
ラミングして機械に実現させることは難しい。心理学的支援では専門家は，刻々
変わる状況を把握しアセスメントし，そこにこれまでの経験や知識を参照しなが
ら，最適と判断直感される関わりをおこなっていく。そしてその結果のフィード
バックから，新たに関わりをクリエイティブに（創発的に）編み出して関わって
いく。またそのプロセスを俯瞰的にモニタリングし省察している。そればかりで
はない。考慮すべき情報の位相も多様である。相手の言葉，表情や姿勢，声のト
ーンから伝わる情動，そこで醸し出される雰囲気など，複数の層での情報は，必
ずしも一致せず相互に矛盾していることも多い。それらの矛盾をどう理解し，ど
う関わっていくのかを判断しなければならないのである。

　さて，心理学的支援の２つめの共通性は，いかなる心理学的支援においても，
そこにカウンセリングとしての要素が含まれているということである。心理学的
支援は，被支援者との適切なコミュニケーション関係を築いていくことから始ま
る。当然そこには，受容的で温かい態度というものが必要となろう。そして，被
支援者の感じ方や考え方をその内側から共感的に理解するということは，テーマ
や問題を見立てるうえで重要であるばかりでなく，被支援者が自らの問題解決能
力を発揮できるように成長していくうえで重要なことである。この点は，本書で
は第４章でロジャーズの名前とともに論じられている。

　心理療法の多様な学派やオリエンテーションに通底する共通要因というものも
研究されている。本書では第２章で詳しく論じられ，また第 11 章でその内実が
さらに具体的に述べられている。アメリカの精神科医フランク Frank, Jerome は，
1961 年に出版した *Persuasion and Healing: A Comparative Study of Psychotherapy*

において，すでに心理療法の共通要因を提唱していたが，1993年に娘のジュリア・フランク Frank, Julia との共著として出版した第3版にあたるこの書物の改訂版では，心理療法の共通要因について次のようにまとめている。すなわち，1）患者の疎外感を取り除いて治療関係を進める，2）援助への期待を高め維持する，3）新しい学びの体験を提供する，4）情動を喚起する，5）患者の統制感や自己効力感を高める，6）試しにやってみる機会を提供する，ということが，学派にかかわらずあらゆる心理療法に共通して見られるというのである。これらの要因は，心理療法ばかりでなく，全ての心理学的支援にも共通することであろう。

　最後に，心理学的支援は，専門家どうしの支え合いと相互の成長支援の中にあるということを付け加えておきたい。複雑で多様な要因が介在しており，かつ，人が人に対しておこなう支援であるがゆえに，どうしても支援者の個人的要因や局所的な限界というものが関わってくる。支援者自身がどのような専門性をもつのかのみならず，どんなパーソナリティであるのか，どんな価値観や人間観をもっているのか，さらにはジェンダー，文化的背景，年齢やライフサイクル上の位置など，まさにその人とりなりを形作っている要因を無視することはできない。支援者は，それらに足をとられてもならなければ，それらが関係ないかのように振る舞うのも偽りである。心理職は自らの職能を継続的に高めていくとともに，自らの局所性と限界を知り，他の専門家の局所性を大切にしてそれに助けられることも必要である。多様な職種，多様な個性が関わってくる。多（他）職種連携やコンサルテーション（第6，7，8，9章），さらにはスーパービジョンという営み（第15章）も，そのような支え合いと相互成長支援の観点から理解することも望まれよう。

◆学習チェック表
□　心理学的支援の特徴について理解できた。
□　心理学的支援の多様性を整理するための軸について理解できた。あわせて，本書で挙げられている以外にも，自分で軸を思いつくことができる。
□　心理学的支援の共通性について理解できた。
□　心理学的支援におけるカウンセリングの位置づけについて理解できた。

より深めるための推薦図書
　大山泰宏（2021）心理カウンセリング序説―心理学的支援法．放送大学教育振興会．
　河合隼雄（2009）心理療法序説．岩波現代文庫．

文　　献

Engel, G.（1977）The Need for a new medical model: A challenge for biomedicine. *Science,* **196** (4286); 129-136.

Frank, J. D. & Frank, J. B.（1993）*Persuasion and Healing: A Comparative Study of Psychotherapy, 3rd Edition.* John Hopkins University Press.

第1部
心理療法

第1章

心理療法とカウンセリングの発想と歴史

大山泰宏

━ *Keywords*　心因，メスメリズム，催眠，精神分析，臨床心理学，オカルト，ウィットマー，フロイト

　この章では，心理学的支援法がどのように始まり展開していったのかという歴史，そしてそれはどのような発想に基づいているのかということについて論じてみたい。「はじめに」で述べたように，心理学的支援は多様である。それがゆえに，その歴史をどのように描くかということも多様でありうる。その一方で，心理学的支援の根底にはカウンセリングあるいは心理療法の要素が存在しているという共通性がある。そして心理学的支援は「心」に働きかけるものであり，心理学的モデルでの理解がその基礎となっていることも，すでに述べたとおりである。したがって，心理学的支援法の歴史を描くためには，心理療法とカウンセリングの始まり，そして心理学的モデルの誕生から始めるのは妥当なことであろう。

■ Ｉ　動物磁気から催眠へ

　心理療法は，「心因」の発見から始まる。心因とは身体症状や精神症状の原因が身体にあるのではなく，「心」に原因があるとする発想である。しかし心は身体と異なって，その不具合の様子は可視的ではない。したがって心因という発想が可能になるためには，心に関するモデルが必要となってくる。心因の発見は，精神症状や身体症状に関する心理学的モデルの成立と同時的である。

　心因の存在は後述する催眠治療においても示唆されていたが，その存在が確証されたのは，まさにフロイト Freud, S. が無意識という領域を含んだ心のモデルを立て，それにもとづく疾患の理解と介入の方法を確立したからである。そこに至るまでは，現在なら心因と考えられる身体症状に対してはもちろんのこと，精神症状に対しても，身体に働きかける治療が試みられていた。19 世紀の精神科医グリージンガー Griesinger, W. が，「精神病は脳病である」と言ったように，ある

いは後にクレッチマー Kretschmer, E. が身体的特徴と特定の精神疾患の病前性格との関連を統計的に記述したように，精神の病の原因は身体に探し求められていた。というのも，顕微鏡の発展による精密な解剖学の成果により，身体の末梢に張り巡らされた神経系は最終的には脳に集約されることが分かっており，身体と脳が密接につながっていることが知られていたからである。したがって，精神面での症状にも，身体的・生理学的な要因があるのだと考えられていた。精神疾患の患者は単に収監され放置されることも多かったが，治療が施される場合は温泉浴やマッサージ，冷水を浴びせるなどの身体を通した治療がおこなわれ，実際それが有効な場合も多かった。末梢神経に作用することで，結果的にそれを束ねる中枢神経系に働きかけようという発想である。

しかしヒステリーという疾患は，この考え方を揺るがすものであった。ヒステリーでは，運動や感覚の機能不全という身体症状のほか，記憶の障害や人格激変のような精神症状もみられ，患者は多様な症状を呈する。症状こそ多様であれ，それらが併発したり移り変わったりすることから，ヒステリーはそもそも多彩な症状をもつ一つの疾患単位として考えられていた。ヒステリーの場合，目が見えなくなったからといって，あるいは歩けなくなったからといって，それは身体に原因があるとは考えにくかった。というのも，時々劇的に改善したり再発したりするからである。感覚神経や運動神経等に器質的損傷がある場合，そう易々と快復するはずはない。また，四肢に麻痺が生じた場合にも，器質的損傷による麻痺とは異なる様相を呈していた。そこでヒステリーは，器質的には正常な神経系統の「機能」の異常であると考えられた。

ヒステリーの治療には，温浴やマッサージなども有効であったが，やはりもっとも効果があったのは催眠であった。催眠は 18 世紀にドイツの医師メスメル Mesmer, F. A. が考案した動物磁気（magnétisme animal）に働きかける治療「メスメリズム」から始まる（Ellenberger, 1970 ［木村・中井監訳，1980]）。動物磁気とは，メスメルが想定するには，宇宙に満ちている流体で人間も分かちもっており，それに不均衡が生じることが病気の原因だと考えられた。したがって，動物磁気の状態を整えることで，さまざまな病気（実質的にはヒステリー）の治療が可能だと考えたのである。当初は磁石を使って動物磁気を誘導する方法であったが，その後，胸部に手を当てたり，遠隔から動物磁気を送ったりする方法がとられ，その後も後継者たちによって多様な技法へと発展していった。動物磁気治療では，施術者と被術者のあいだで動物磁気が共鳴しあった独特の関係が構築されることが必要であり，この共鳴状態をメスメルはラポール（rapport）と名付け

た。その後に催眠が，さらには心理療法・カウンセリングが発展していった後も，ラポールという言葉は，セラピストとクライエントとのあいだに構築される，心の通い合った関係性を指す言葉として使われている。スコットランドの医師，ジェイムズ・ブレイド Braid, J. は，メスメルに端を発する動物磁気の治療機序は，神経の特別な状態に相関していることを明らかにし，これを「催眠（hypnosis）」と名付け，暗示を中心とした介入方法を成立させた（Braid, 1843）。催眠はその後，精神症状の治療に医学においても盛んに用いられ，フランスのシャルコー Charcot, J-M. により，ヒステリーの治療法として体系化されることになる。

■ II　精神分析の誕生と心因概念の確立

　催眠の発展によって，ヒステリーは神経系統の状態の問題だと考えられるようになったが，その原因はやはり不明なままであった。やがて，フロイトによって，催眠に代わる精神疾患の治療法が発見され，またそれに応じた疾患の原因論と心のモデルが体系化され，「心因」という考え方が決定的となるのだが，そこに至るまでには2つの重要なステップがある。

　1つめは，「無意識的なるもの」の存在の証明である。フロイトとブロイアー Breuer, J. は，その共著『ヒステリー研究』において，ヒステリーの原因は本人が思い出せない，思い出したくない心的外傷（トラウマ）の記憶であるということを見いだした（Breuer & Freud, 1895）。というのも，それを情動を伴って思い出すことによって，患者の症状は劇的に改善するからである。「心＝ Psyche」の中に，本人が意識することができないが引っかかっている記憶があり，その無意識的な記憶や表象が及ぼす力が症状を形成しているというのである。無意識という言葉自体は，ドイツの哲学や教育学ではフロイトより1世紀以上前から使われていたが，それはあくまでも思弁的なものであった。フロイトとブロイアーは，ヒステリーの治療を通して無意識的表象の存在を実証し，心因というものが存在することを示したのである。

　ブロイアーが用いた治療技法は，催眠によって意識水準が低下した状態で，患者にただ語ってもらうというものである。そのことによって，心の中に詰まり溜まっていたものが吐き出され，症状が軽快するのである。ブロイアーの患者のアンナ・Oは，それを talking cure（お話療法）あるいは「煙突掃除」と呼んだ。このようにモヤモヤが吐き出されて心理治療がおこなわれるのが，カタルシス療法である。カタルシスは，たしかに心理学的支援のひとつの方法として重要なもの

ではあるが，いくつかの問題があった。まずは，吐き出されてすっきりしたとしても，またしばらくすると心の中にモヤモヤが溜まってしまうのである。再発を防ぐには，そのモヤモヤが溜まらないように心の在り方自体が変わる必要があるのである。もうひとつは，当時のカタルシスは催眠下で行われていたため，自分の心の秘密を患者が思い出して吐き出したとしても，催眠から覚めると当の本人はそれを覚えておらず，治療者のほうが患者の心の秘密を知っているという，逆転が生じてしまっていたことである。自分は自分の秘密を知らず治療者のほうが知っているということは，治療者に対する強い依存感情を引き起こしてしまいかねず，実際そうした問題が生じていた。

　フロイトは，フランス留学時にシャルコーの講義と治療実演に感銘を受け，何とか自分も催眠に習熟しようとしていた。しかし，彼には催眠の才能がなく，いっこうに患者は催眠にかからなかった。そこで患者の額に二本の指を当てて思い出すように促す，催眠の変法を取り入れたりもしたが，そのうちに，そんなことをする必要もなく単に思い出すよう促し励ましていくことで，心の中の不都合な記憶を患者が思い出し語ることに気がついた。フロイトは催眠を止め，代わりに患者には寝椅子（カウチ）に横になってもらい，自分は患者から見えないところに座し，自由に思いつくままに語ってもらうという技法を確立させた。自由連想と呼ばれる方法である。連想を通して思い出されていくことも大切なのであるが，やがてフロイトは，疾患の原因として重要なことほど思い出しにくく，それどころか思い出すのを拒んでいるかのようだということに気づく。ここから抑圧という防衛機制を発見し，それが無意識を形成する決定的な力動であると考えた（詳細は第3章を参照）。抑圧された無意識的表象は，自由連想の連鎖を通して簡単に明らかになるようなものではなく，思い出せなかったり，言い間違ったり遣り間違ったりしたことという，思考の綻びや失敗を通してこそ，明らかになることを発見した。ここに精神分析が成立するのである。

　それまでの哲学では，正しく考えて思い込みや誤謬をなくすことが，真実に近づく道であった。しかしフロイト発想は，誤りを通してこそ心の真実が明らかになるという，まさにコペルニクス的転回とでもいえるものである。これは，人間観をも大きく変えることになる。人間はけっして理性的で主体的で自己判断ができる存在ではない。心の中に，自分では把握できないもの，我知らず我を突き動かしていくものを抱えている存在なのである。精神分析は，それと対話して，それを知っていく営みなのである。

　フロイトが催眠を捨て去ったことにはもうひとつ大切なことが含まれていた。

自由連想を用いる精神分析では，催眠と違って患者の意識は眠っていない。したがって患者は，自分の心の秘密が明らかになる瞬間に立ち会い，その物語の主人公となることができるのである。このように患者の主体性と患者自身から生まれる物語（ミュトス）が快復されたのである（中井，1999）。他にも無意識に接近する方法としてフロイトが確立したものに，夢判断がある。それまでの心理学や哲学からは，単に昼間の意識の残滓であり荒唐無稽なものだと考えられていた「夢」に，まさに無意識へ至る王道としての意味を見いだした（第3章参照）。いずれにしても，ヒステリーという謎めいた疾患の治療方法の模索を通して，無意識あるいは心因の存在が発見され，それに対応した心に関する理論が成立し，現在の心理学的支援法につながる方法が始まったのである。

Ⅲ　臨床心理学の誕生

　フロイトとブロイアーが『ヒステリー研究』を出版した翌年の1896年，心理学的支援の歴史におけるもうひとつの重要な展開が，アメリカで生じていた。それは，ウィットマー Witmer, L. が，ペンシルバニア大学内に心理クリニック（Psychology Clinic）を設立したことである。このクリニックでは，学校での学習に困難のある子どもたちを対象に，心理学的な治療訓練が行われていた。子どもたちは，一通り聴覚や視覚などに器質的な異常がないか検査され，異常が見つかれば身体的治療がなされるのであるが，そうでなければ子ども一人ひとりに合わせた心理学的な検査をおこない，心理的な治療訓練が施された。現在では，失読症やコミュニケーション障害をはじめ，発達障がいや学習障がいと診断される子どもたちが対象となっていたようである。ウィットマーは，これらの子どもたちは，社会的ルールの獲得に失敗したり，発達的な遅れがあったりするのだと考え，決まりきった処置をおこなうのではなく，子どもと接していく中で介入と支援が工夫されていた。ウィットマーは1907年には雑誌 Psychological Clinic を主催し，これらの実践の積み重ねを世に問い，その巻頭論文で「clinical psychology（臨床心理学）」という学問を提唱したのである（Witmer, 1907）。

　ウィットマーはこの論文の中で，「臨床」という言葉を医学からとってきたと述べるが，同時に臨床心理学は医学に還元できないとも述べている。たとえば，子どもが学校の学習で示す問題は，学校という社会的文脈の中で生じるので，社会学や教育学との関連が不可欠であるというのである。そうした学問領域とも深く関連してこそ有効な働きかけができると考えていた。子どもたちの感覚機能や運

動機能，認知機能を詳しく調べることばかりでなく，社会的文脈をも視野に入れた彼の考えは，まさに「生物心理社会モデル」の先駆けであるとも言える。ウィットマーは臨床心理学を，新しい科学としての心理学の形だと考えていた。臨床心理学はそれまでの心理学と違って，ウィリアム・ジェイムズ James, W. がおこなったような哲学的思弁でもなければ，ヴント Wundt, W. やフェヒナー Fechner, G. のような実験室での知見の「現場への応用」でもない。それらとは袂を分かち，子どもへの働きかけという実践を通して検証され，知見が積み上げられていくのである。このように支援と学問の探究ということが一体となり臨床心理学は始まったのである。言うまでもなく心理学的支援は，この延長にある。

■ Ⅳ　心理学的支援の発展の背後にあるもの

　ここまでフロイトの精神分析とウィットマーの臨床心理学という，心理学的支援の2つの始まりを述べてきた。その後の心理学的支援の発展は，これらの潮流が米国で結びついたところから始まる。

　19世紀，家柄や出自というものが大きく影響するヨーロッパ大陸と異なり，移民の国アメリカでは，人々は新しい自分になっていく可能性をもっていた。19世紀半ばにヨーロッパから伝わったメスメリズムは，心霊主義やキリスト教と結びつき，病気の治療に用いられるばかりでなく，自己の潜在能力を開発し幸福をもたらす術となった。頭蓋骨の形状からまさに「脳力」を知ろうとする骨相学も，自分の潜在能力や特徴を知るための人相見占いのような形で大流行した（Cushman, 1992）。可能性に満ちた未開の大地を自己の中に発見し開発していくのである。霊界にも興味が集まり，霊界との交信や降霊術も流行した（日本の「こっくりさん」はアメリカのテーブルターニングという降霊術が起源である）。

　自己の能力や状態を知り，自分の霊性を高めていくこと，正しい信念・信仰をもち生長していくこと，明日には新しい自分になっていくことが目指されたのであるが，そのために教育に関心が向けられ，心理学もそこで利用されるようになった。先ほどのウィットマーの臨床心理学も，広く見ればこの流れの中にある。心理学への興味を決定的にしたのは，フロイトがアメリカで知られるようになったことである。1909年，クラーク大学の開校20周年記念では20人の学者を招いた記念講演が企画された。当時学長であった発達心理学者スタンリー・ホール Hall, S. は，ユング Jung, C. G.，フェレンツ Ferenczi, S. とともにフロイトを招いた。フロイトの講演は事前期待も高く大好評であった。前出のアメリカ心理学界

の長老，ウィリアムズ・ジェイムズはフロイトに「あなたの考えこそ未来の心理学だ」と最大級の賛辞を送ったという。ヨーロッパではフロイトの説は，アカデミズムには受け入れられなかったが，アメリカでは人間の潜在能力を知り育てていく心理学として歓迎されたのである。そもそもスタンリー・ホールがフロイトを招いたのは，その小児性欲論（リビドー発達）やエディプス・コンプレクスの学説が，発達心理学に寄与するからということであった。アメリカでは心理学界ばかりでなく，精神医学界もフロイトの理論を患者の理解に応用し，催眠に代わる方法として精神分析を用いるようになっていった。

　フロイトはクラーク講演の後，アメリカ北東部で一般向けの講演もおこなったが，その講演録は大衆紙にも取り上げられ，読み書きのできる市民層の話題となった（小倉，2011）。霊媒師，ヨガ神秘主義者，オカルト主義者，催眠術師……そうした職業の人々が，こぞって心理学，なかでもフロイトの理論を標榜し「金儲け」のために利用しはじめたという。フロイトの理論は，通俗的な理解と誤解を伴いつつ，文学や映画などの大衆文化にも大きな影響を与えていった。しかしフロイトの説や心理療法が大衆化するほど，心理学的支援はそのアイデンティティと専門性を鋭く問われることとなる。大衆文化や民間療法などと自らを区別して，心理療法はその科学性をいかに保ち発展していくべきなのかと。

　心理療法が，宗教やオカルト，民間療法などと混淆しやすいのは，フロイト理論が流行した頃のアメリカばかりではなく，いつの時代でもどの場所にでも共通することである。「心理療法」という日本語は，そもそも『妖怪学講義』の一連の著作の中で井上円了が使用したものである。井上は，怪異や憑依，超常現象などを，心理学や生理学，物理学などの学問で科学的に説明しようとしたことで知られるが，身体に働きかける医家の療法（生理療法）に対置して，心に働きかける療法を心理療法と総称した（井上，1894）。そこには，催眠術ばかりでなく，宗教的信念による暗示，おまじない，精神鍛錬のようなものも含まれていた。すなわち，そうした民間療法が，心理学で説明可能な心理機序にもとづいていることを解明し，心理療法と称したのである。この定義は，現在の心理療法の定義とは異なるものの，心理学的支援の本質について考えるうえで非常に示唆的である。本書の「はじめに」でも述べたように，心理学的支援とは，心理学的な概念にもとづく理解と介入を基礎とするものである。これに対して，神仏の体系や民間治療の体系などは，それが基づく概念や体系こそ異なるにせよ，やはり心に働きかけるものである。心理学の体系と神仏の体系，いずれも同じ目には見えないものであり，それは一種のモデルである。だとすれば，心理学的支援の本質はどこに

あるのだろうか。

　精神分析は，メスメリズムや催眠術からの系譜にありながら，そこから袂を分かつことから開始された。この連続性と断絶という2つの契機を含むことが，まさに心理学的支援，なかでも心理療法の本質であろう。超越的なものや人知を越えた存在を仮定して，心の現象の説明を簡単にそこに委ねてしまうのではなく，心の現象を実証可能な形で説明していこうとする態度にこそ，精神分析の誕生があった。無意識を仮定したのが精神分析の功績であるのではない。それまで到達不可能であった無意識を解明し記述していく方法を見つけたことがその功績である。いっぽうで心理学的支援は，現代でもなお，オカルト的なものやスピリチュアリズムに引き戻されかねない危うさも持つ（Leahey & Evans, 1983）。特に人の生き死にに関わるような事柄は，合理的に割り切れるものではなく，どうしても宗教や信念に関するテーマが布置され，それが重要となることも多い。

　心理学的支援をおこなうものは，そうした宗教性や超越的なものとの関連に触れつつも，あくまでも心理学としての科学に足場を持ち続ける，その狭間に自覚的に立ち続けねばならないであろう。「それは無意識に原因がある」という言説に代表されるように，一見心理学の概念を使いつつも，実質上神秘的なものに訴えかけて説明を放棄してしまってはならないだろう。特定の心理学的概念や技法に自分を委ね信奉することは，むしろオカルト的なものへの退行だからである。

V　おわりに

　ここまで述べてきた歴史は，心理学的支援のほんの始まりの部分である。ウィットマーとフロイトの偉業以降，100年以上の歴史がある。その間の心理学的支援の歴史は，まさに心理学的支援が自らをどのように定義し，より適切な支援を求めてどのように変遷してきたかという努力の軌跡である。

　新たな心理学的思想のパラダイムと関連して，行動主義からは行動療法や認知行動療法が誕生し，システム論からは家族療法やブリーフセラピーが生まれた。哲学や人文思想と関連して実存分析や人間性心理学が，新たに展開されていった。これらの考え方は，いずれも精神分析を批判し乗り越えようという動きから展開していった。精神分析自身にも，自身を乗り越えていこうという絶え間ない運動があった。さらには，大きな社会のあり方や大きな事件等の影響を受けつつ，心理学的支援法は変化し発展してきた。2つの世界大戦，そしてベトナム戦争の帰還兵の心理的ケアをきっかけに，トラウマの心理療法が発展した。また，地震や

津波被害の被災者への支援から危機介入が，地域精神医療のあり方の模索からコミュニティ・アプローチが誕生し発展していった。

　心理学的支援は，このように多様な展開を見せながらも，確固とした共通点をもっている。それは，常に対象者（クライエント）を中心に据え，何が当事者にとって最良かを模索しようとする点である。これは精神分析が誕生した動機とまさに同じものであろう。また，理論の単なる応用でもなく，哲学的思弁でもなく，対象者への関わりという実践から生まれ，実践を通して探究され育まれていくという，ウィットマーの構想した臨床心理学の精神でもある。

　心理学的支援の歴史は多様である。しかし，その探究の軌跡に共通する，クライエント・対象者を中心に据えて見つめ続ける眼差しをこそ，私たちは学んでいきたい。

◆学習チェック表
□　心理学的支援は，心因という概念が成立したところから始まることを理解した。
□　心因という概念の成立は，精神症状や身体症状に関する心理学的モデルを必要としていることを理解した。
□　心理学的支援は，それまで神秘的に説明されていた人間の心の現象を，科学的に説明しようとする態度から生まれたことを理解した。
□　オカルト的な考えからの連続性と決別の両方の狭間で，心理学的支援は自らを定義していかねばならないことを理解した。
□　心理学的支援の歴史の発展は，常に中心に対象者・クライエントを据えていることを理解した。

より深めるための推薦図書
　サトウタツヤ・高砂美樹（2003）流れを読む心理学史―世界と日本の心理学．有斐閣アルマ．
　伊藤良子編著（2009）臨床心理学―全体存在として人間を理解する．ミネルヴァ書房．

文　　献
Braid, J.(1843)*Neurypnology; Or, the Rationale of Nervous Sleep, Considered in Relation with Animal Magnetism.* John Churchill.（reprinted in 1976. Arno Press）
Breuer, J. & Freud, S.（1895）*Studien über Hysterie.* Franz Deuticke.（金関猛訳（2004）ヒステリー研究（上・下巻）．ちくま学芸文庫．）
Cushman, P.（1992）Psychology to 1992: A historically sitiated interpretation. In: Freedheim, D. K. (Ed.): *History of Psychotherapy: A Century of Change.* APA Books.
Ellenberger, F. H.（1970）*The Discovery of the Unconscious: The History and Evolution of Dynamic*

Psychiatry. Basic Books.（木村敏・中井久夫監訳（1980）無意識の発見―力動精神医学発達史（上・下巻）. 弘文堂.）

井上円了（1894）妖怪学講義（巻5心理学部門）. 哲学館.

Leahey, T. H.（1980）*A History of Psychology: Main Currents in Psychological Thought, 1st Ed.*（宇津木保訳（1986）心理学史―心理学的思想の主要な潮流. 誠信書房.）

Leahey, T. H. & Evans, G.（1983）*Psychology's Occult Doubles: Psychology and the Problem of Pseudo-Science, 2nd Ed.* Burnham Inc Pub.

中井久夫（1999）西欧精神医学背景. みすず書房.

小倉恵美（2011）科学言説的アイコンとしてのフロイト・心理学及び精神分析―両大戦間期アメリカの大衆向け雑誌・文学におけるフロイト及び心理学のイメージの受容について. 京都産業大学論集（人文科学系列）, 43; 123-153.

Witmer, L.（1905）Clinical psychology. *Psychology Clinic*, 1; 1-9.

第2章

心理療法の特徴と適用範囲

松下姫歌

🔑 *Keywords*　心理学的支援，心理療法，オリエンテーション，効果研究，メタ分析，出版バイアス，心理療法の本質，心理療法の適用範囲

I　公認心理師のおこなう心理学的支援

　公認心理師の仕事は，公認心理師法第2条の定義に見られるように，「保健医療，福祉，教育その他の分野において，心理学に関する専門的知識及び技術をもって」，「心理に関する支援を要する者」に対する，①心理状態の観察・分析，②相談，助言，指導その他の援助，③その関係者に対する相談，助言，指導その他の援助，④心の健康に関する啓発，である。それぞれ具体的には，①要支援者の心理に関するアセスメント等，②③要支援者（クライエントおよびその家族等の関係者）の心理療法・カウンセリング，ガイダンス等，④一般も含めた啓発活動等が該当しうる。

　このうち，心理学的支援にあたるのは，狭義においては②③の心理療法・カウンセリング，ガイダンス等と言える。ただし，広義においては①の心理アセスメント等も含まれ，間接的支援としては④の心理教育・啓発活動等も含まれることも指摘しておきたい。すなわち，心理療法をはじめとする心理学的支援には心理アセスメントが不可欠であり，心理療法等それ自体が，常にクライエントや事例への心理学的理解を見直し深めていく性質のものであるという意味では，心理療法等の内にアセスメント要素を含みもつ面がある。また，啓発活動等は，要支援者がそれらを見聞することで間接的な支援となりうるし，啓発によって一般社会が心理的問題についてひらかれ，理解が深まることによっても，要支援者やその前段階にある者にとって間接的支援となると考えられる。

　上記を踏まえたうえで，特に①にあたる心理アセスメント等については本シリーズの別の巻（第14巻 心理的アセスメント）で詳しく取り上げるためそちらに

譲り，本書第 15 巻および本章では，心理学的支援の中核として，主に②③にあたる心理療法等をとりあげる。②③にあたるものは，各種のさまざまな心理療法やカウンセリング等が含まれるが，本章では便宜上これらを「心理療法」と総称して扱うこととする。

心理療法については，実際には，さまざまな心理学理論に基づくさまざまな方法が提唱され，保健医療，福祉，教育，司法・犯罪，産業等，幅広い分野において，多様な形式や枠組みでの心理学的支援がなされている。それらの各論については第 3 章以降に詳しく論じる。本章では，その前提として，それらの広範な分野における多様な心理療法等に共通する特徴とそれに関する議論と研究について整理し，適用範囲について検討する。その際，他の対人援助専門職との違いも視野に入れることで，本書の各巻・各章で，広範かつ多様な観点からとりあげられ論じられる，公認心理師の職責および専門性，多職種連携や地域連携等について，理解を深めうる観点を提供したい。

▌ II　心理療法の種類と特徴

心理療法の種類は実に多様であり，さまざまな理論的立場や方法が生み出され，今なお研究が重ねられ発展を続けている。

ただし，いかなる心理療法においても，①「心」を用いておこなうものであり，②クライエントが心的次元における対自的・対他的対話性を発展させていくものであり，③そのことを通じて，心理的問題に取り組み，社会や他者との間で自分をつかみ生きていく力をサポートするものである，という点でおおむね共通していると言える。これらの共通点が，心理療法の中核的特徴であり，他の対人援助法とは異なる特徴でもある。

しかし，そもそも"心"や"心理的問題"をどのような視座と観点で捉えるかや，"心理的問題"へのアプローチについては，さまざまな心理学理論や心理療法理論あるいは方法論が生み出されている。これらの多様な心理療法に関する主な分類としては以下のものがあげられる。

1．理論的立場からの分類

心理学理論および心理療法理論をもつ，主要な心理療法的立場としては，力動的心理療法，認知行動療法，人間学的心理療法の 3 つをあげることができる。これらについては後の章でとりあげ詳述する。ただし，これらの立場は，ある学問

的共通性によってまとめられたグループとその総称であり，実際には，各立場の中にも，さまざまな理論上・方法論上の違いをもつ学派が存在し，さらに発展を続けている。この他にも，さまざまな理論的背景をもつ多様な方法が提唱されている。

2．セラピー構造からの分類

　個人療法，集団療法，家族療法，コミュニティ・アプローチ等，多様なセラピー構造によるアプローチがある。1．に述べたような，さまざまな心理学理論や心理療法理論の下に，個人療法や集団療法等がおこなわれており，それぞれの立場によって，心理療法としての作用機序や方法論が異なる。

3．コミュニケーション形式からの分類

　心理療法は，いずれの理論的立場や方法をとる場合においても，クライエントが心的次元における対自的・対他的対話性を発展させていくものであり，そのことを通じて，社会や他者との間で自分を生きていく力をサポートするものと言える。その対自的・対他的コミュニケーションは，言語的な面と非言語的な面を併せ持つ。そのような共通の特徴を有しつつ，形式として主に言語を用いる心理療法と，非言語を用いる心理療法に大別しうる。

　後者の非言語的アプローチについては，プレイセラピー，表現療法（描画療法等），作業療法等，さまざまな理論的立場から検討され発展しているものと，箱庭療法，脱感作法，フォーカシング等，特定の理論的立場から発展したものや，従来の諸理論の批判的検討を通じて，独自の理論と方法を発展させているものがある。

4．折衷的・統合的アプローチ

　上記のように，さまざまな理論的立場や方法がそれぞれに研究され発展を続けているが，一方で，これらの折衷的・統合的なアプローチもさまざまな観点から探究され提唱されている。

　例えば，クライエントの特性や問題の性質に応じた効果的な心理療法や介入法を系統的に選択する方法を提唱する Systematic Treatment Selection（STS; Beutler & Clarkin, 1990）がある。その他，例えば，うつ病者を対象とした認知行動療法において，クライエントの社会復帰段階において，アートセラピーの手法や，力動的心理療法のユング Jung 派（分析心理学）においてよく用いられる箱庭療法や

描画療法などの非言語的手法を導入するといった折衷的方法をとるといった，特定の心理療法に他の手法を折衷するアプローチ，複数の心理療法理論をその根本から捉え直し，統合的に捉えるアプローチなどがある。

5．分野特有の問題に応じた心理療法的支援

　心の問題は，人が生きることすべてにかかわるため，心理学的支援は，あらゆる発達段階を対象とし，保健医療，福祉，教育，司法・犯罪，産業の5分野をはじめ，広範な領域にわたる。人は特定の発達段階や，特定の分野にのみ生きているわけではない。教育現場で出会う子どもは成長していくし，心身の疾患や障害を抱える人は，保健医療現場だけでなく，あらゆる分野の現場においても出会う可能性がある。したがって，心理専門職は，主としていずれかの発達段階やいずれかの分野を専門とすることはあっても，特定の発達段階や分野についてのみ知っていればよいというものではなく，それらすべてを見渡しつつ，個々人の心の問題をとらえ，扱っていく視座が必要である。

　また，これらの5分野は，保健医療分野においては医師をはじめとした対人援助職，教育においては教師をはじめとした対人援助職といったように，各分野の専門職がそれぞれの専門的立場からの対人援助をおこなっている。心理専門職は，各分野において上述の1〜4に見てきた心理療法をおこなうことで，その分野における対人援助の一翼を担う。

　一方で，5分野がそれぞれに本来意図している，人が生きる上での支援，本人の利益につながると考えられるような支援を，クライエントが拒否したり両価的態度を示したりするような問題も存在する。例えば，保健医療においては，クライエントの生命維持や健康回復といった観点から，服薬に抵抗をもつクライエントの服薬指導を求められることがある。教育においては，不登校の児童生徒に対する学校復帰や学習補助の支援を要求されることもありうる。こうしたことは，各分野の専門機関や専門職から要請されるだけでなく，一般にクライエントの家族等の関係者からも要請されたり，クライエント本人が求めてくる場合もありうる。

　このような問題をどのように考えるかは，さまざまな考え方や立場がありうる。そのうちの1つに，こうした問題へのアプローチとして出発した心理介入手法として，動機づけ面接（motivational interviewing; Miller, W. R. & Rollnick, S., 1991）が挙げられる。当初はアルコール依存症の問題へのアプローチとして始まり，エビデンスを重ねつつ，他の精神疾患等にも対象を広げている。

この手法の採用の有無にかかわらず，一般に本人および社会の利益と考えられている方向に，クライエントが向かおうとしないといった問題の場合，まず，保健医療分野にしろ，教育分野にしろ，当該分野における対人援助の目的そのものについての理解は必要である。しかし，その枠内のみで考えるのではなく，心理専門職として，クライエントの抱えている問題や状態に加え，支援をめぐる抵抗についての心理学的観点からの理解が不可欠である。そのような心理学的理解に基づいて，心理学的支援としての観点から服薬指導や学習補助のいとなみを捉え直し，実践することが必要である。その際，"社会一般の常識や，専門職の方が正しく，クライエントはそれに抵抗している"といったパターナリズムに陥りがちであることに留意しながら，クライエントの自律性（autonomy）とその心理学的支援についての理解と対応を検討する必要がある。

■ III　心理療法の効果と特徴：効果研究およびメタ分析から

　多様な心理療法が発展する一方で，心理療法にはそもそも効果があるのか，心理療法がどの程度どのような効果をもたらしうるのか，あるいはその効果が何に由来するものであるのか，心理療法の種類に固有の効果があるのか，といった問いも生じる。これらの問題については，現代的な意味での心理療法が創始されて以来，さまざまな角度から批判的検討や議論がなされてきており，現在もこうした諸点を明らかにするための効果研究や，蓄積された効果研究をもとに縦断的横断的な分析をおこなったり，過去の効果研究の欠点を改善した再分析をおこなうといった，メタ分析がなされている。

1．心理療法の効果の有無

　心理療法の効果の有無に関しては，アイゼンク Eysenk, H. J.（1952）が，心理療法を受けた群と自然治癒群の比較研究により，心理療法の効果は自然治癒を上回るものではないと主張したが，この研究については，その後，自然治癒の操作的定義やその基準等をはじめ数々の問題が指摘されている。さらに，それらの研究上の問題を是正した上て，再分析をおこなったところ心理療法の効果が支持される結果が得られたとする研究が発表されるに至っている。（アイゼンクは死後，多くの研究においてデータの捏造が認められ論文が撤回されている。この研究については撤回はされていないが，高名な研究者だっただけに研究倫理を考える上で重い遺産を残してしまった。）その後，現在にいたるまで，さまざまな効果研

究やメタ分析が盛んにおこなわれ，多くの研究で「心理療法には一定の効果が見られる」と結論されている。ただし，その効果の程度や効果量の大きさについては，研究によってまちまちである。これには，一つには研究デザイン上の問題をあげることができるが，この点について，さまざまに改善されたデザインの研究がなされつつある。

2．心理療法の効果要因：心理療法の違いか共通要因か

①ローゼンツヴァイク Rosenzweig, S.（1936）の dodo bird verdict

　ローゼンツヴァイクは，セラピストの臨床知，すなわち個々の事例に向き合う中で必要なものとして引き出されてくる臨床知を明らかにする必要があるとしている。そして，それらは理論的意図の外にある，あまり意識されていないが共通してもっている効果因子として存在しうる。例えば，一つには，これまで定義されていない何らかの“良いセラピストの性質・パーソナリティ”が，カタルシスなどの目に見えず言葉にならない次元での作用に寄与しうることを指摘している。また一つには，特定の心理療法的立場から形式的一貫性が与えられることそのもの，すなわち，どの立場のどの理解や対応がよいかではなく，特定の立場をもつことで，理解や取り扱い方に一貫性があることそのものが，クライエントの心的再統合の基盤を提供していることも示唆している。彼は，どの心理療法においても同等の効果をもたらしうる可能性があると主張し（dodo bird verdict；ドードー鳥の裁定），どの点が何に効果的かを検討すること自体の必要性は否定しないまでも，さまざまな可能性を視野に入れて捉えることの重要性について示唆している。

　彼の主張に近い知見や指摘は，当時から今日に至るまで，さまざまな論者から示されてきている。また，彼が提起した，心理療法の効果が心理療法の違いによるものか共通因子によるものかの問題や，心理療法の統合可能性の問題は，その後，さまざまな形で検討が重ねられ，効果研究やメタ分析が盛んにおこなわれている。

②ランバート Lambert, M.（1992）の “big four common therapeutic factors”

　こうした歴史中のハイライトとしてよく取り上げられる効果要因の研究に，ランバートによるメタ分析がある。この論文では，心理療法の効果に関する膨大な研究をもとにしたメタ研究を重ねた結果として，“big four common therapeutic factors（4大共通治療要因）” とその割合について, extratherapeutic change（治

療外要因）40％，expectancy（期待要因：プラセボ効果等）15％，techniques（技法要因）15％，common factors（心理療法の共通要因）30％とする円グラフが提示されている。しかしながら，これらの数値がどのように導出されたのかについては説明が見られず，少なくとも，この論文以前の彼らの論文にもその根拠がみあたらない。

　この論文に見られる数値をそのまま信用することは控える必要があるが，これらの 4 要因そのものは，心理療法の効果を捉える際に可能性として視野に入れておく価値はある。そして，むしろ重要なのは，心理療法の枠組みや営みに含まれるどの要素が，共通して効果のある要因であるのかという点や，あるいは，どのような心理療法的行為やそのどのような性質が，どのような問題やクライエントにとって，どのような効果を生むのか，といった点について検討することであろう。

③ウォンポールド Wampold, B. E.（2001, 2015 等）の contextual model factors

　心理療法の効果に関する問題については，90 年代半ば頃から，米国心理学会（American Psychological Association; APA）が取り組んできた，あらゆる対象へのあらゆる心理療法・介入方法についての，一連の効果研究とメタ分析がある。臨床心理学部会（Society of Clinical Psychology; Division 12）において心理療法や介入方法についての効果研究がなされ，治療効果のある方法についての知見が提示されてきたが，一方で，心理療法推進部会（Society of the Advancement of Psychotherapy; Division 29）において，効果研究についてのメタ分析がなされてきた。ウォンポールド（2001）は，基本的には，心理療法や介入方法の違いによる効果の差は見られないこと，むしろ，セラピストの要因や，クライエントとセラピストの治療関係といった，人間的要素による差が認められることを示しており，それらの結果は 1936 年のローゼンツヴァイクの主張を支持するものとして捉えられている。

　さらに，ウォンポールド（2015）は，こうした共通因子を，あらゆる心理療法にみられる単なる共通要素のセットではなく，治療文脈モデル因子（contextual model factors）であるとして，the contextual model（文脈モデル）を提唱している。彼は，メタ分析によって導かれた，心理療法における諸因子の効果量の検討を通して，共通因子のうち，目標に関するコンセンサスや協働，共感，治療同盟，肯定的な受けとめとそれをしっかり伝えること，セラピストの純粋性と自己一致感などの効果量が高いこと，心理療法や介入の違いの効果量はそれらよりは

小さいこと，治療プロトコル（実施要綱等）への遵守性は効果がほとんど見られないことを明らかにしている。APA の特別委員会による長年にわたる研究においては，これらとほぼ同様の結果が示されているが，有望であるがさらに研究の必要のあるものとして，破綻しかけている同盟の修復，逆転移のマネジメント等をあげている（Norcross, J. C., 2011）。

■ IV　心理療法のいとなみの本質的理解にむけて

1．効果研究およびメタ分析におけるバイアス

　従来から，①心理療法の効果に関する議論や研究が，往々にして，心理療法のイデオロギー戦争になりがちであることが多く指摘されており，②効果研究やメタ分析についても，その研究者の依拠する心理療法上の立場のバイアスが結論に与える影響が少なくないこと，③そもそも効果研究やメタ分析に熱心な立場とそうでない立場があり，総じて認知行動療法や折衷的・統合的アプローチ等の立場の研究者にこのテーマの研究が多く，力動的心理療法の立場からの研究が少ないといった出版バイアス（publication bias）があること等が指摘されている。

　これは一つには，オリエンテーションによって，心理的問題とその改善を，社会性を重視するか，自律性を重視するかの軸足が異なることと関係があると考えられる。いかなる心理療法においても，自律性と社会性はともに重要視されているけれども，そのどちらを優先的に考えるかによって，社会化をサポートすることで自律性が高まりやすい状況を生むことを目論むか，他律性への抵抗等に自律性への萌芽を見てとりサポートすることで，自律性を促進し，それによって社会性が高まることを目論むか，という点で，心理療法の立場を大きく2つに大別しうる。つまり，認知行動療法など社会性重視の立場の方は，社会的にネガティヴな評価を受ける症状や行動の消失や軽減を改善指標とする効果研究に積極的である。が，指標とした症状や行動が消失・軽減しても，その代わりに別の症状が生じることも多く，表面的な変化では指標にならないという考えから，力動的心理療法など自律性重視の立場では，そのような効果研究よりも，質的な分析によって効果を問う傾向があると言えよう。

　ごく近年では，これらのバイアスを統制した効果研究・メタ研究もなされつつあり，その結果においても，あらゆる精神疾患の心理療法において，心理療法上の立場による差は見られず，どの立場の心理療法においても，総じて同程度の効

果が認められるという結果が見られている（Steinert, C. et al., 2017）。

２．効果研究とメタ分析における根本的課題

このほか，心理療法の効果研究やメタ分析に関しては，その根本的問題として，そもそも心理療法の“効果”とは何か，心理的問題の“改善”とは何か，それをどのような観点でどのような範囲でとらえるか，という概念上・操作上の問題を指摘しうる。

例えば，顕在的な心身症状や問題行動が見られなくなることは，ひとまず“改善”と見なすことはできよう。しかし，ある時点で問題とされていた症状や行動が消失した後，別の形で症状や問題行動が生じることは，心理療法の立場を問わず，指摘されている。例えば効果研究において，特定の症状や問題行動のみをターゲットとしてその改善を評価するだけでは，改善指標として妥当とは言い難い。また，問題をどのような視野と観点で理解し，その改善をどのように捉えるかによって，データをどの範囲で得て，どのような事柄を“改善”を示すものとして拾い上げるのかが異なり，それによって結果も結論も変わってくる。

ただし，研究結果を吟味する際に，それらの結果がどのような視野と観点から拾われたものであるかを併せて吟味することで，複数の異なる研究を正当に質的に検討することが可能になる。一つ一つの数の意味が異なるような，性質の異なるデータを，表面的に数量的に検討しても意義は乏しいばかりか，誤った結論を導き出してしまう。質的な検討を重ねて，ターゲットとしうる概念が整理され，それを操作的に測定しうる段階で，あらためて数量的研究をおこなう，というように，必要なステップを丹念に重ねる必要がある。

３．教条主義からの脱却

また，上述したように，メタ分析によって，心理療法の効果は，技法の違い等よりも，セラピスト要因や治療関係の要因の方が大きいという結果や，治療プロトコルへの忠実性の治療的効果は，技法の違い等よりもさらにごく小さいという結果が示されたことは，たいへん意味深い。これらの結果は，特定の心理療法において“良し”とされる方法であれ，“効果が高い”というエビデンスを得たとされる方法であれ，それらの“良い”“効果が高い”とされる方法を“受け売り”しているだけ，あるいは“適用方法のマニュアルに従って導入”しているだけでは，いわば“借り物”のいとなみとなってしまい，心理療法としての効果には必ずしもつながらない可能性が大きい。

　特定の心理療法に縛られることも，エビデンスに縛られることも，どちらも“教条主義”に陥ることになる。特定の心理療法の理論や方法も，エビデンス・ベイスド・アプローチも，本来は，クライエントの心理学的理解と対応についてよりよく検討し，クライエントの心理へのよりよい接近を可能にするために探究が重ねられているはずのものである。心理療法の学説に縛られる場合も，エビデンスに縛られる場合も，学説やエビデンスが光をあてていない心的現象や心的プロセス等の要因を無視してしまい，本来，心のことを捉えるための発展途上の仮説であるはずの学説やエビデンスに，心を縛り付け，型にはめようとしてしまうという，本末転倒なことになってしまう。

　つまり，心理療法の本質においても，有効性においても，心理療法の学説かエビデンスかという問題ではなく，いずれにおいても，“教条主義”や“受け売り”的姿勢こそが，心理療法の本質から遠いと言える。

4．心と心理的問題の本質的理解

　関連して，従来の効果研究やメタ分析において，セラピストの経験の長さではなく，熟達度や専門的姿勢，特に“セラピストの理解や受けとめ”の治療効果への寄与を支持する研究が少なくないことも指摘しておきたい。このことは，セラピストの理解や受けとめの“質”を心理療法におけるプロセスにおいて丹念に検討することの重要性，事例研究の重要性を新たに強調するものである。効果研究やメタ分析における，心理療法の違いの効果が比較的小さいという結果は，心理療法において何を用いているかという顕在的違いをとりあげるに留まっており，その心理療法による心の理解や受けとめがどのようなものか，それが学説による受けとめか，学説を超えたところでセラピストの心が受けとめたことか，といった点についての検討も重要な課題と言えよう。

　特に，逆転移（counter transference）や，負の相補性（negative-complementarity）といった，治療同盟や治療関係において，セラピストがクライエントに強い感情を動かされ，その感情によってクライエントの受けとめや理解が難しくなるような事態や，その悪循環に陥る事態についての実践上の検討や研究はたいへん重要である。それは，実践上におけるネガティヴな行き詰まりという意味で検討の必要があるというだけでなく，その点に心理学的な新たな理解と介入のチャンスが含まれているからである。セラピストが感情を動かされる中に，心による心の受けとめが生じはじめている。一方で，現時点ではクライエントとセラピストの双方で受けとめにズレが生じている面がある。それゆえに，そのズレをめぐって，

双方の心が，捉えようとしているもの・捉えるべきものに丁寧に近づき，捉えることにつながりうるのである。

　この点について，個々の事例のプロセスに即して丹念に捉え直す質的研究を重ねることがまず必要である。それを踏まえて，セラピスト個人，心理療法の立場，あるいは心理療法全般がそれぞれもつ，心理療法においてセラピストの心がおこなっているいとなみの"本質"を抽出することが重要である。そのような"本質"概念に基づいた新たな数量的研究もまた必要である。

　少なくとも，実践上においても研究上においても，問題をどのような視野と観点で捉えているかを意識し，質的な検討をし続ける必要がある。その積み重ねが，心理療法の本質を探究することと，心理療法の本質的向上に寄与すると考えられる。

▌ V　心理療法の適用範囲にまつわる問題

　心は，対自的・対他的・対身体的対話性を発展させながら，社会や他者との間で自分をつかみつつ，自分と社会を生み出しながら，生きていく力である。そのため，心的存在とそのいとなみを捉えるためには，心理学的（psychological）観点，生物学的（biological）観点，社会環境的（social）観点が必要である。心身の関係は，必ずしも，生物学的要因によって規定される一方向的な影響関係だけでなく，相互に影響を与え合いながら発展していく関係であり，生まれ持った性質と後天的に獲得した性質をあわせもちながら成長していく。心と社会の関係についても，与えられた社会環境と後天的に獲得した社会環境をもつ。

　クライエントの心理学的理解と支援において，その適用範囲にまつわる重要な問題となるのは，クライエントの存在的危機とそのリスクアセスメントであろう。クライエントの存在的危機は，心的存在をとらえる上記の3つの観点に対応して，生物学的危機，心理学的危機，社会的危機が考えられ，かつ，これらは相互に複雑に絡み合っている。例えば，精神疾患や身体疾患の発病と悪化，自傷・自死，他害，犯罪，虐待，災害・事故や犯罪被害などの緊急事態等々があげられるだろう。これらの具体的なリスクアセスメントや対応については，他章に譲り，ここでは，心理学的支援と心理療法の役割と，心理専門職および公認心理師としての職責という観点から，心理療法の適用範囲にまつわる問題について指摘しておきたい。

　ごく基本的には，生物学的基盤や社会的基盤が大きく揺らぎ，クライエントの

自我と心的生活が大きく振り回され，自我の自律性が保てないような危機的状況や，生命の危機が生じる状況，社会的な危機を生じる状況においては，保健医療関係や司法関係など，専門機関や窓口に繋ぎ，多職種・地域連携によってクライエントを支え，生物学的基盤や社会的基盤にまつわる問題が一定の水準まで落ち着いた段階で，心理療法の必要性が生じた場合に適用する。そのサポート体制を整えていくには，関連する多職種や地域の諸機関についてよく知り，いつでも必要な連携につながることができる関係を作ることが必要である。

　重要なのは，心理専門職としての公認心理師の心理学的支援の範囲と職責を考えることは，単に，何でも心理療法で対応できると過信しないとか，心理学的問題のみを担当するためそれ以外の問題は引き受けないといったような，"引き受けるかどうか，どの範囲で引き受けるのか"を考えるということではない。そうではなく，クライエントの問題を理解する際に必要な観点や対応について，心理学の専門性の関わりの点だけではなく，それ以外の専門性も含めて考え，その人とその人の問題に必要なアプローチの体制をどのように連携的に整え，どのようなステップでアプローチしていくかについて検討することが必要である。さらには，心理専門職として，クライエントとの関わりによる心理学的観点と理解を軸にしながらも，多職種の専門的観点からの理解もすりあわせ，クライエントの問題を多角的に理解していくことが重要である。一方で，チームや連携体制による理解や，それを通しての心理専門職としてのクライエント理解が，セラピストがクライエントとよりよく向き合うことにつながり，クライエントの心とセラピストの心を通しての理解が促進されることがさらに重要である。

◆学習チェック表
□　公認心理師のおこなう心理学的支援について説明できる。
□　心理療法の種類と特徴について説明できる。
□　心理療法の効果研究で明らかにされてきたことと効果研究の課題について説明できる。
□　心理療法の本質と，心理療法における教条主義との関係について説明できる。
□　心理療法の適用範囲とそれにまつわる問題について説明できる。

より深めるための推薦図書
　河合隼雄（2009）カウンセリングの実際．岩波現代文庫．
　河合隼雄（2009）心理療法序説．岩波現代文庫．
　河合隼雄（2010）心理療法入門．岩波現代文庫．
　大山泰宏・小林真理子（2019）臨床心理面接特論Ⅰ：心理支援に関する理論と実践．

放送大学教育振興会.

大山泰宏・佐藤仁美（2019）臨床心理面接特論II：心理療法の世界．放送大学教育振興会.

文　　献

Beutler, L. E. & Clarkin, J. F.（1990）*Systematic Treatment Selection: Toward Targeted Therapeutic Interventions*. Brunner/Mazel.

Lambert, M.（1992）Psychotherapy outcome research: Implications for integrative and eclectic therapists. In: Goldfried, M. & Norcross, J. (Eds.): *Handbook of Psychotherapy Integration*. Basic Books, pp.94-129.

Miller, W. R., Rollnick, S.（1991）*Motivational Interviewing: Preparing People to Change Addictive Behavior*. Guilford Press.

Rosenzweig, S.（1936）Some implicit common factors in diverse methods of psychotherapy. *American Journal of Orthopsychiatry*, 6(3); 412-415.

Steinert, C., Munder, T., Rabung, S., Hoyer, J., & Leichsenring, F.（2017）Psychodynamic therapy: As efficacious as other empirically supported treatments? A meta-analysis testing equivalence of outcomes. *American Journal of Psychiatry*, 174(10); 943-953.

Wampold, B. E.（2001）*The Great Psychotherapy Debate: Models, Methods and Findings*. Lawrence Erlbaum.

Wampold, B. E.（2015）How impotant are the common factors in psychotherapy? An update. *World Psychiatry*, 14; 270-277.

第3章

力動的理解にもとづく心理療法

妙木浩之

🔑 *Keywords*　　力動論，自我心理学，クライン学派，対象関係論，自己心理学，関係論的精神
分析，設定状況論，抵抗，防衛，転移，逆転移，投影同一化，エナクトメント

■ I　はじめに

　本章では広い意味での心理療法の歴史的な出発点にあり，大きな流れの一つで
ある精神分析的な考えに基づいた心理療法について，主要概念を紹介しながら，
主に精神分析的な心理療法について解説しよう。「精神力動的」という場合,精神
分析に端を発して，いろいろな形で流布，発展，拡大されてきた考え方を言う。
短期力動療法あるいは交流分析のような独自の流れも，精神力動の発想を受け継
いでいる。力動論の範囲は広く，他の心理学の影響を受けながら，発展してきた
さまざまな心理療法に広げると枚挙のいとまがない。

　思いつくだけでも分析心理学（analytical psychology），そして個人心理学
（individual psychology）がある。学問あるいは理論として,精神分析との関連で,
その後多くの体系が作られてきたが, 初期にフロイト Freud, S. との関係を断った
アドラー Adler, A. やユング Jung, C.G. は，独自に力動的発想を拡張してきた。ユ
ングは分析心理学という学問を作り出した。その弟子たちは精神分析が関心をも
っていたファンタジーや夢などの領域を拡張して深層心理学の大きな流れを作っ
てきた。夢や神話，空想の物語のもっている深層のパターンが，元型として浮き
上がるまで待つという彼の心理療法の発想は，人間がもっている古層のものに触
れるための手段として優れている。またアドラーは，人間の社会的な在り方，特
に劣等感を基盤とした対人関係に関心をもって個性心理学を作り出してきた。こ
の流れは主に米国で発展して親訓練やコーチングに大きな影響を与えてきた。個
人の在り方を力動的にとらえ競争社会の中で人々の心の中に生じる劣等感とその
克服が重要だと考えたので，西洋近代社会，特に米国のような競争社会には，こ

の発想が大きな影響を持ってきたのだろう。このように精神分析に端を発する力動的な発想を，心理学に応用しようとする考え方は，さまざまな力動的な分派を作り出してきた。それぞれの学派は，独自の技法的な態度と訓練システムをもっている。（例えばユング派は夢やファンタジーに関心がある点では精神分析と似ているが，その臨床的な取り扱いや治療関係についての理解は大きく異なっている。訓練については日本ユング派分析家協会がある。サイトを検索して参照してほしい。）

　アメリカ精神医学会は，精神療法のタイプとして認知行動療法，対人関係療法，弁証的行動療法，精神力動的心理療法，精神分析，支持的療法，そしてその他の療法と分けている。そこで定義している「精神力動的心理療法」には，同学会のテキストでは「長期」という名前がついて次のように定義されている（Gabberd, 2010），「治療者－患者間の相互作用に細心の注意を払う治療で，二人の場への治療者の寄与を巧みに理解し，その上でタイミングを慎重に見計らって転移解釈や抵抗解釈を行うもの」。この心理療法は，長期で頻度が多いという特徴がある。頻度は毎週2，3回が海外では多いが，日本では習慣的に週1回になっている（この事情については，北山・高野，2017を参照）。長期というのは，アメリカ精神医学会の定義では最低24セッション以上，あるいは6カ月以上続く，となっているが，これは最低限であり全体に他の簡便な療法に比べて，終結までに頻度が多く，期間が長いと言える。

　（アメリカ精神医学会が先述のように，「力動的心理療法」と「精神分析」を分けているように）この心理療法は，その本来の出発点でフロイトが行っていた「精神分析」とは異なる。そのため精神分析的心理療法というときには，2つの意味がある。フロイトは，寝椅子を用いた毎日分析，自由連想法を基本としていた。ほぼ毎日，患者が寝椅子に横になって，自分が思いついたことを言う。分析家はそれに耳を傾けてしばしば解釈をする。こんなことをしていたのである。彼のやり方は，その後国際精神分析協会（International Psychoanalytic Association; IPA）の訓練システム（アイティンゴン Eitingon, M. が作ったのでアイティンゴン・システムと呼ばれる）の標準形となった。だから伝統的な精神分析は週4回以上，寝椅子の設定で行うことが多い（国によっては週3回以上）。いわゆる精神分析家はこうした訓練，すなわちフロイト体験に戻るという訓練を受けた人たちのことで，訓練の結果，精神分析家になった人が行う実践を「精神分析」と呼び，それをもとに寝椅子や毎日分析を含めて，ひとつの変数として心理療法を週1から3回程度の頻度で行っている人の実践を，精神分析と区別して，（精神）分析的心理

療法と呼ぶ。その場合，頻度は毎週2回程度で寝椅子を用いずに対面が多い。日本にもIPAの支部，日本精神分析協会がある（興味のある方はサイトを検索していただきたい）。

　もう1つの意味では，精神分析で得られた理論つまり精神分析の知見を取り入れて技法化された心理療法のこと。先述のように，他の心理療法の概念体系も含めて，心理療法や心理学に精神分析を応用してきた歴史があり，それらを精神分析的心理療法と呼ぶこともある。本章では精神力動的と精神分析的とを明確に区別しないが，「精神分析的」と呼ぶときには，訓練を受けてきた精神分析家が行う精神分析，寝椅子や多頻度の実践が背景にあることが多いので，その文脈に準じて理論面で影響を受けた立場を「力動的」，精神分析の実践から得られた知見に基づく立場を「精神分析的」と呼び，以下，精神分析的な心理療法を解説することにしたい。

■ II　精神分析的心理療法の歴史

　ジグムント・フロイトが「精神分析」という方法を着想したのは1890年代のことで，彼はもともと生理学の領域で勉強していたが，大学でのアカデミックな職を得られずに，開業することになった。その臨床実践から1910年代の後半に精神分析の技法を体系化する。当初催眠療法をヒステリー患者たちとの治療で使っていたが，患者の「抵抗」（後述する精神分析の主要概念）に出会うことが多く，額に手を押し付けて思い出してもらう，前額法という努力から，患者に自由に思いつくものを語ってもらう自由連想法へと到達した。

　この方法へと到達した経緯は，おそらく2つある。1つは「抵抗」の概念である。自由に連想，と言っても，患者のうまく連想できない状態になることが多く，そもそも不自由である。さらに思い出したくないことやコンプレックスのある内容を連想することは難しい。このことは心理テストの言語連想検査での反応制止が起こる状態が報告されていた（この心理テストは言語連想から抵抗概念を浮き彫りしたもので，スイスのブルクヘルツリ精神病院でユングたちが行っていた）。催眠暗示どころか，自由に連想するといっても人は抵抗を生じる。自由に連想する場面が維持されていれば，抵抗が沈黙や言いよどみとして現れるだろう。抵抗はその後精神分析的心理療法の主要概念の1つになった。

　もう1つフロイトが興味を持ったのは夢で，彼は若いときから自分の夢の分析を独自に行っていた。夢の体系的な解読方法を思いついたのは1895年のことだ

が，彼は今日要素分析と呼ばれる分析方法を思いついた。それは①夢を記録する≒夢テキスト（顕在夢の記述），②そのテキストの部分（語，文）の，部分，③部分に対して切片化して連想を拡げる≒連想テキスト，④連想テキスト，その要素のなかで反復している主題を見つける≒反復主題の発見，⑤前日，あるいは最近の記憶と照合させる，⑥照合させた主題の自分自身の人生における意味を見出す，というプロセスであった。これを自分の夢に適応したのが，彼の『夢解釈』であった。患者の発話をテキストと見なす発想は，今日では質的研究，特にナラティヴ研究の基本で，切片化の手法は多くの研究手法で使われている。患者あるいは自分がみた夢について，前半に分解して，その部分の要素をつかって連想を拡充する。そしてその拡充した連想テキストのなかに主題の反復を発見していくのである。要素の切片化と連想拡張によって，連想の解読方法が手に入った。連想を拡げるという発想は，その後のフロイトの臨床設定に影響を及ぼし，さらに反復を発見するテキストそのものの分析は，その後も分析手法の一つとして使われ続けていた。この言語分析の発想が精神分析の方法の中に組み込まれていたことは，シュレーバー症例（事例ではなく書かれたものの事後的な分析である）からわかる。このテキスト分析の手法は，現代のナラティヴ心理学の分析手法と近いと言えるだろう。

　フロイトはある事例（症例ドラ）における中断の原因を探っていく中で，大きな抵抗をもたらす患者の力動を発見する。それは転移と呼ばれ，今日，精神分析的な治療技法の中核に位置づけられるようになった。転移については主要概念として後述するが，これは精神分析における神経症の理解と密接に関連している。フロイトは，精神神経症のオリジナルな理論を作り上げた（例えば強迫神経症という概念など）。そのなかで転移神経症は，患者がもってきた病のパターンを，治療の間に治療者との関係の中で展開することを意味していた。病気の形の反復が，治療者と患者の間に持ち込まれると考えたのである。

　この理解をもとに，1910年代中盤に技法論が完成する。そこでは抵抗や転移を浮き彫りにするための枠組みとして自由連想の基本原則，つまり禁欲や匿名性，中立性といったことが治療者の態度の原則になった。

　ナチスの台頭で生じたユダヤ系心理学者，精神分析家たちの移住，亡命は英国と米国に多くの精神分析的な知見をもたらしてきた。その後の精神分析の発展は，メラニー・クライン Klein, M. の登場によって，対象関係論の発展をもたらし，フロイトの娘であるアンナ・フロイト Freud, A. やハルトマン Hartman, H. らの自我心理学者たちによって自我心理学や乳幼児の発達心理学へと発展した。また自我

表1　発達論モデル

理論モデル	動機づけ	発達の基本構成単位	精神病理
自我心理学	欲動満足	自我 イド 超自我	葛藤／妥協形成
対象関係論	対象希求	感情によってつながった自己表象と他者表象	内的対象関係の外在化に基づく反復する不適応な関係パターン
自己心理学	自己凝集性／自己評価	自己－自己対象	自己断片化／自己愛脆弱性
愛着理論	物理的安全感	内的作業モデル	不安定型の愛着／メンタライゼーションの失敗

心理学と対象関係論は，精神病やパーソナリティ障害の理解のためのモデルを提示しただけではなく，幼児期に母子関係で起きる依存や愛着の理論の発展を促してきた。ドナルト・W・ウィニコット Winnicott, D.W. らの理論は，そこから登場する。またアメリカに亡命したハインツ・コフート Kohut, H. は米国に自己心理学をもたらした。米国で精神医学の発展に寄与したサリバン Sullivan, H.S. が，対人関係論を作り出した。さらに現代の米国では，発達理論や自己心理学，さらには対人関係論を対話させながら関係論的な精神分析が発展しつつある。こうした歴史全体をここですべて網羅することは難しいが，クラインらが児童や精神病などの重症の患者たちの精神分析から得た知見と自我心理学の影響下に発達心理学の研究から得られた知見が相互に影響を与えながら，発展してきたとまとめて良いのだろう。現代の精神分析の発達論的な流れをギャバード Gabbard, G.（2010）は，表1のようにまとめている。

　フロイトの以後の，こうした発展に共通している点，精神分析の共通の理解をLemma（2003）は，次のように述べている。

・ 私たちには意識的と同時に無意識的な精神生活がある。
・ 意味システムは，意識（言語化）的な体験の側面と無意識的な側面を含んでいる。
・ 因果性は外的な出来事の特徴の一つであると同時に，心的世界の別のさまざまなプロセスにも成り立つ。
・ 私たちの早期の関係は，情緒的な色彩の関係性の表象の発達に寄与している。
・ 私たちは自分が出会う新しい状況それぞれに微に入り細に入り影響する内的世界をもっている。意味や空想は，それらが行動や思考の組織原理であるかどう

かはともかく，行動や思考を形作る。
・内なるプロセスや体験の世界は，個人の外的な関係の媒介となる。
・内的な世界はつねに外的な世界と力動的な相互作用を起こしていて，だからそれらは互いに影響している。
・私たちは発達の現代までの生育の歴史をもっていて，発達と現状との双方はセラピーの文脈で理解される必要がある。
・セラピーのなかで，私たちは発達の結果生じた精神病理と（現状の）葛藤の結果生じた精神病理を，それぞれの影響は患者によって異なるが，いつも取り扱っていく。

　自我心理学や対象関係論の諸概念は，乳幼児研究（例えば愛着理論）と精神病理学（例えばパーソナリティ障害論）の双方を通して，精神力動的な心理療法で使われてきた。精神分析的心理療法は，そのクライエントを①発生発達論，②力動的な精神病理学，そして③治療関係論の3つの軸で考えるのが特徴である。しばしば技法論のひとつと語られる「解釈」は，この3つの水準で生じる治療者の内面の気づきを言葉にしていくことで行われる。

III　精神分析の主要概念

　ここで精神分析の主要概念について見ていこう。

1．分析（設定）状況論

　すでに述べたように1910年代の中葉には治療の枠組みとしての治療構造，時間や料金，契約などが明確になっていた。その後100年の間に精神分析は，臨床技法として発展を遂げてきたし，さまざまな学派に分派していったが，設定状況＝基本原則の意味は，転移神経症の臨床論から現代の関係論まで一定である。設定状況は治療者の分析的な態度も含めて，それは枠組みなので，観察の準拠枠，つまり病理を反映する抵抗や転移が生じる舞台となる。この設定を一定にする治療的な努力は，基本原則と呼んだり，分析的な態度と呼んだりする。週4回ではなく，精神力動的な心理療法の設定，つまり週1回であれ，またそのセッションが寝椅子であれ，対面であれ，あるいは特定の解釈技法，あるいは技法的焦点化を行うかどうかはともかく，頻度や治療者の解釈などの介入方法が異なっていても，一定の枠を提供し続けることが，分析的な枠組みになり，それが患者の不自

由さや抵抗，あるいは転移，患者の生育史のなかでの反復，今も続いているさまざまな防衛や葛藤，そして病理を浮き彫りにする枠として機能すると考えるようになった。その意味では治療者は患者の意識的なメッセージと同時に，無意識的なメッセージの「受信機」であり続けると考えられている。臨床的にはその枠組みは次のような機能をする（Lemma, 2003）。

①治療的な契約の枠として：心理療法は，一種の社会的な契約であり，治療の開始からそれを明示する。

②現実的な関係の枠として：患者の空想に対して，治療者も現実の人間である側面を枠が境界をもつことで，伝える。

③抱える環境として：守秘義務などの枠が信頼関係を支えるし，さまざまな逸脱が起きるときに，その病理を心理療法の枠の中だけで抱えるという役割をする。

④枠の退行的な側面：治療は大人である治療者が子どもである患者を守るという構造になりやすく，退行促進的である。治療者が維持できる範囲での，患者の病理的な退行を抱える。

⑤介入の枠組み：治療者が安定した枠組みの中にいる限り，治療の担い手として枠を明示したり，関係を解釈したりできるので，お互いが枠を守ることが，枠破り＝病理的な現象，あるいは枠の前後の病理的な現象について介入して，解釈する機会を提供してくれる。

⑥物理的な枠組み：時間や料金の準拠枠として機能する。これは一種の基準になる。

　視点を学問の在り方全体に変えれば，精神分析が歴史的に長く同じ設定で行っているということが，研究にとっても，あるいは科学的な根拠にとっても時間的な意義（ヒューム Hume 的な意味での慣習）になっている，つまり刷新や斬新さ，あるいは改革に飛びつく拙速な態度に陥らない設定が構造として重要だと考えられている。そのために精神分析家は（今でも）少なくとも訓練の段階ではフロイトと同じ毎日分析を経験することが義務づけられている。

2．抵　　抗

　どのような信念や概念体系に接するにしろ，それが人にとって新しい考えや着想なら，すんなりと受け入れることは難しい。まして見にくい衝動や願望，あるいは葛藤や防衛がある表象に関してはそうだろう。すでに述べたように，抵抗は

初期の発見の一つであるが，この概念が最初に発見されたのは，当時の学問体系のなかでの精神分析の目新しさもあったためであろう。抵抗は初期のフロイトの臨床的主要概念だが，この着想が「防衛機制」（アンナ・フロイト）の発見をもたらした。その後ライヒ Reich, W. の性格分析のために「性格抵抗」を扱う立場など，いくつか発展がある。今日の自我心理学がその臨床を抵抗分析と呼んだり防衛分析と呼んだりするのは，抵抗から数々の防衛が発見されたためである（今日防衛は 100 程度報告されている；Blackman, 2004）。患者は，治療場面に乗りにくい。そんなに新しい人を信頼することなどできないし，緊張が強い人はますますそうだし，外傷的な記憶や都合の悪い葛藤は防衛されて，思い出したくない，あるいは身体化などの症状に置き換えている。そのような状態では，外傷的な記憶の想起などできるはずがない。フロイトは自我と抵抗の関係を整理するようになって，1926 年に抵抗を次のように分けている。

①抑圧による自我の抵抗：「思い出せない」という，自我が抑圧という防衛を用いて，話が分からない，思い出さない，といった反応をする。
②二次的疾病利得から生じる抵抗：「このままでよい」という，病気になったことで，周囲の関心を集めたりするなどの疾病利得があるので，治療的な介入や洞察を避けようとする。
③転移抵抗：「今までもそうだった」という，これまでの人間関係のパターンが治療の中に抵抗の形で持ち込まれる。
④エス抵抗：「やめたい」という感情的，衝動的な反応をすることで，治療的な介入を否定したり，回避したり，逃避したり，反抗したりする。
⑤超自我抵抗：「するべきではない」という発想で，良心，道徳心，罪悪感など，人がどうあるべきかと考えて，抵抗が生じる。

　抵抗に対する臨床技法は，現代では催眠に影響を受けていた Freud の抵抗を乗り越える，克服するという言い方から，防衛のために分析的な介入するという言い方になっている。防衛の理解は，前述のように拡張されており，Klein らの精神病的防衛の研究によって，対象関係と防衛の理論は発展したので，今ではパーソナリティ障害の病態水準の理解，さらには投影同一化を用いた臨床的な治療関係論にも用いられるようになってきた（神経症的な防衛と原始的な防衛の区別に関しては表 2 を参照）。
　現在では，抵抗，防衛の解除，あるいは取り扱いを主に行うのは短期力動療法

表 2　防衛機制の理解

原始的な防衛（主に精神病的な病態で使われる）	
否認 denial	記憶ではなく，知覚の忘却
分裂 splitting	感情や思考が対立している，二つを別々のものとし続ける
乖離 dissociation	人格が分裂した状態になっている
投影 projection	自分の感情や思考の一側面を他者に帰属させる
取り入れ introjection	他者の感情は思考の一側面を自分に帰属させる
投影同一化 projective identification	ある精神状態を他者に帰属させて，それがその人のものであるように関連付ける。その投影過程が支配する人間関係を取り入れて，対象や自己を分裂させ，それらを自分の一側面とみなす
万能感 omnipotence	無限の力をもって他者に対して力を行使できるという空想をもつ
理想化 idealization	自分が接している他者を万能と考え，感じること
躁的な防衛 Manic defences	抑うつ的不安や罪悪感を否定するために，万能的だったり，躁的だったりして，それを否定する
神経症的な防衛	
抑圧 repression	忘れること，つまり記憶の防衛な使用
置き換え replacement	ある対象や人物を別のものに置き換える
反動形成 reaction formation	ある考えを正反対の考えに変形する
取り消し undoing	言ったことややったことを無為で中和的なものにするために思考や行為
反転 reversal	主語と目的対象を反転させるような考えや行動
隔離 isolation	感情と知性との間のつながりを切断する
知性化 intellectualization	感情と，非感情的な形で表現する
転換 conversion	心的葛藤を身体的な症状に置き換える
行動化 acting out	行動に開放することで，思考について考えないようにする
合理化 rationalization	受け入れられないものを受け入れられる形に変形する
昇華 sublimation	否定的，禁止されている考えや行動を社会的に受け入れられるもにする

（Lemma [2003] のものを中心に著者が改変）

である（例えば Solomon（2001）を参照）。また現代の自我心理学では，抵抗を防衛の在り方の理解や洞察のための入り口として使うことが多く，抵抗＝防衛分析の精神分析（Gray, 2005）のように，治療的な相互作用のなかで細部にちりばめられた抵抗を示唆・指摘しながら，そこで働いている防衛を意識の舞台に浮き

上がらせる方法が使われるようになっている。

3．転　　移

　もともと障害物であったものを，逆に治療的な道具という面を発見するというのが，精神分析の治療概念の特徴だろう。転移の発見によってフロイトは精神病理学と治療関係論を結びつけることができた。つまり生育史や病歴の中で繰り返している，神経症を形成するパターンが，治療の中に持ち込まれて「転移神経症」を作り出すことができると考えるようになった。現代では，転移の概念は，神経症の反復だけではなく，拡張され，子ども時代に重要な意味をもっていた人物との関係で体験された感情や観念や行動が，現在もっている人間関係の上に置き換えられることを意味するようになっている。フロイトは，自己愛が関連した統合失調症や躁うつ病には，転移が起きないと考えたが，その後の実践の中で，精神病やパーソナリティ障害も含めて転移が生じる，つまり転移は対象関係の一タイプ（Moore & Fine, 1990）と考えられるようになった。そのため転移は普遍的な現象であり，いろいろなところで生じるが，精神分析の設定状況はこれをもっとも明白に強さをもって再生する。理想的な言い方になるが，精神分析の設定状況のために，転移神経症（transference neurosis）が起こるが，これは幼年期神経症のレプリカなのである。転移は力動的なものとして分析状況の中であらわれ，分析家は患者の過去に由来するいくつかの人物像を象徴するため，治療者との関係性を扱うことが治療的になる。転移の解釈をすることで，クライエントは連想の橋渡しや自分の精神史の再構成ができる。「今ここで」の治療者との間に，無意識に反復，繰り返されているパターンを取り扱う力動的解釈（dynamic interpretation）によって，ある特定の行動，感情，心的傾向の葛藤や防衛を明らかにする。つまりもとは両親や兄弟など，過去の重要な人物に対して向けられていた感情，態度，行為が分析家に向けられ，置き換えられることによっておこる治療的関係の歪曲を明らかにするのである。もちろん分析家への患者の反応のすべてが転移だというわけではないし，反応のうちのあるものは，分析家の態度や実際の行動にもとづいている（Moore & Fine, 1990）。転移はほとんど無意識に行われているので，それを認識，意識するには抵抗を伴う（Gill, 1994）。そのためワークスルー（繰り返しその作業を繰り返すこと）が必要であり，転移を中心とした力動的な解釈とその反応は，時間をかけて繰り返し「今ここで」の治療関係の中で，取り扱われ続ける必要がある。精神分析的心理療法は，その意味でも「長期の」技法だと言える。

4．逆転移

　フロイトは，分析家の自分自身への分析できている範囲を超えて，他者を分析できないと考えた。だから実践にはつねに「盲点」が生じる。この発想は逆転移として概念化されてきたものだが，現代の精神分析は，抵抗を防衛分析に，転移神経症を転移解釈に拡張してきたのと同じように，初期においては盲点＝障害であった逆転移を，治療の道具としてきた。大まかな道筋はこうである。多くの分析家たちが転移を神経症よりも重症の事例で生じると述べるようになって，ある種の重症患者との治療関係は，治療者のこころの機能不全，あるいは陰性の感情や盲点を生み出すと考えるようになった（例えば Winnicott, 1959）。逆転移は，ある種の病理をアセスメントする契機になるというのである。さらに主に重症の精神病的な事例を見てきたクライン以後のクライン学派，あるいはその影響を受けた対象関係論者たちが，治療者の心は患者によって投げ込まれるさまざまな部分を無意識に受け取り，逆転移が構成されるとみなすようになった。そして治療者は転移のなかに部分対象関係を細部に読み込み，治療関係の中に転移だけではなく，治療者の逆転移が寄与していると考えるようになった（背景には長期の訓練分析を前提にしていることがあるのだろう）。治療者の盲点や逆転移は，患者の病理だけではなく，患者と治療者の関係の在り方を理解する手立てになった。治療者の感情や思考の歪曲，つまり見にくい部分に目を向けることを通して，転移と逆転移のパターンを読み取ろうと，現代の精神分析はしてきた。すでに 1960 年代にクライン学派は，ビオン Bion, W. の母親が子どもの状態をあれこれ思うことを基盤とした「物思い（reverie）」理論やジョセフ Joseph, B. のミクロ的な介入，「その瞬間その瞬間」での介入技法を通して，患者の病理の受け取り手，コンテイナー（容器）としての治療者というモデルを提示するようになった。このメカニズムは，投影同一化のという原初的な防衛メカニズムを中心に据えているので投影同一化の臨床と呼ばれることが多い。当然のことながら，治療者の側の分析が不可欠で，転移の性質と逆転移との組み合わせ次第では，治療の袋小路をもたらす。オグデン Ogden, T.（1982）は「投影同一化とは，内的対象関係の外在化すなわち転移にみられる普遍的な特徴である。外的対象が内的対象関係の外在化に関与する度合いはさまざまである」と述べている。この発想は，治療者の逆転移が患者と治療者の関係性のなかでの共同産物だと考えているということになる。投影同一化の臨床と呼応するかのように，1990 年代に入ると，アメリカの自我心理学者たちや関係論者たちが「逆転移のエナクトメント（enactment）」

を指摘するようになった（例えば Renik, 2006）。エナクトメントはもともと行動化を意味するが，患者が治療者の反応を引き出すように行う無意識の行動あるいは関係である。その行動に治療者はいらいらする（例えばいつも自分の言うことが否認されるため）が，その逆転移感情によって（例えば妙に多弁になる）治療者が行動するなら，それは治療者の行動化，エナクトメントである。ギャバード（2010）は，エナクトメントは患者による一種のアクティング・イン（治療室内での行動化）であるということができるが，米国の自我心理学者が強調してきたのは，治療者が患者に応じて起こすアクティング・インでもありうるということである。共同産物としての逆転移という考え方は，投影同一化と逆転移のエナクトメントとのどちらの構図からも支持されている。治療者の実際の行動が患者の転移に影響するし，患者の実際の行動が治療者の逆転移に影響する」と述べている。ここでの患者治療者関係は相互作用的であり共同的構築である。逆転移は患者の行動次第ではしばしば不可避であり，それを読み込むことが関係性の指標として治療的な展開を生み出すという臨床モデルを現代の精神分析は検証中だと言えるだろう。

■ IV　リサーチ・エビデンス

　精神分析で発見された，いくつかの概念，例えば作業同盟や抵抗，あるいは防衛といった概念は当初からエビデンスとセットになっており，多くは心理療法のいろいろな学派で用いられている。抵抗と防衛の解除を中心として，現代の短期力動療法は発展してきているので，興味のある方は，Solomon, M.（2004）の本を参照していただきたい。転移概念についてのエビデンスは膨大である。例えば，現代の境界性パーソナリティ障害についてエビデンスのある転移焦点化療法は，境界例の治療に対して転移を中心として，組み立てられた技法である。

　精神分析は時間がかかる。そのため分析の新しいモデルに関して，つまり逆転移エナクトメント，あるいは関係性理論に関しては，現代の精神分析が構築中のモデルである。検証には時間がかかるだろう。また現代の精神分析家のうち偉大な仕事を残したビオン，ウィニコット，そしてラカン Lacan, J. たちの仕事を発展継承していく作業は始まったばかりである。

◆学習チェック表
□　精神力動と精神分析的の違いを理解した。

☐　精神分析的心理療法の歴史的な経緯をおおまかに理解した。

☐　精神分析的心理療法の設定状況論，抵抗，転移，逆転移の意味を理解した。

☐　精神力動論の治療的概念のうち，精神分析的な概念をおおまかに把握した。

より深めるための推薦図書

Gabbard, G. (2010) *Long-term Psychodynamic Psychotherapy: A Basic Textbook.* American Psychiatric Association Publishing. (狩野力八郎ら訳 (2012) 精神力動的精神療法：基本テキスト．岩崎学術出版社．)

北山修・髙野晶監修 (2017) 週一回サイコセラピー序説―精神分析からの贈り物．創元社．

Usher, S. F. (2013) *Introduction to Psychodynamic Psychotherapy Technique.* Routledge. (岡野憲一郎監訳・重宗祥子訳 (2018) 精神力動的サイコセラピー入門―日常臨床に活かすテクニック．岩崎学術出版社．)

文　　献

Blackman, J. S (2004) *101 defenses.* Brunner-Routledge.

Greenson, R. R. (1965) The working alliance and the transference neurosis. *PQ*, 34; 155-181.

Gill, M. (1994) *Psychoanalysis in Transition.* Analytical Press. (成田善弘ら訳 (2008) 精神分析の変遷：私の見解．金剛出版．)

Gray, P. (2005) *The Ego and Analysis of Defense.* Jason Aronson.

北山修・髙野晶監修 (2017) 週一回サイコセラピー序説―精神分析からの贈り物．創元社．

Lemma, A. (2003) *Introduction to the Practice of Psychoanalytic Psychotherapy.* Wiley Press.

Moore, E. & Fine, B. (Eds) (1990) Psychoanalytic terms and concepts. Yale: Yale University Press. (福島章監訳 (1995) 精神分析事典 アメリカ精神分析学会．新曜社)

Ogden. T. (1982) *Projective Identification and Psychotherapeutic Technique.* Jason Aronson.

Renik, O. (2006) *Practical Psychoanalysis for Therapists and Patients.* Other Press.

Solomon, M. et al. (2001) *Short-Term Therapy for Long-Term Change.* Norton. (妙木浩之ら訳 (2014) 短期力動療法入門．金剛出版．)

Winnicott. D. W. (1959) *Through Paediatrics to Psychoanalysis.* Routledge. (北山修ら訳 (1989) 小児科学から精神分析へ．岩崎学術出版社．)

関係性の理解にもとづく心理療法

八巻　秀

Keywords　関係性, 純粋性, 関与しながらの観察, 共感, 間主観性, トランス空間, システム, ナラティヴ, 解決志向, チェンジトーク

Ⅰ　はじめに

　「人間の悩みは，すべて対人関係の悩みである」とは，個人心理学（Individual Psychology）の創始者アルフレッド・アドラー Adler, A.（1870-1937）が言った有名な言葉である（岸見ら，2013）。この考え方は，現代アドラー心理学において理論的に整理され，「対人関係論（Interpersonal Theory）」あるいは「社会統合論（Social Embeddedness）」と呼ばれている。精神分析を創始したフロイト Freud, S.（1856-1939）と共同研究を行ったこともあるアドラーが，100年近く前に，心理学において初めて個人内にとどまらない「対人関係」を重視する考えを述べたのである。このことを言った1900年代の初期は，精神分析を中心にした個人の「精神内界論」が勢いを増してきていた時期であった。そのような時に，アドラーがこの「対人関係論」を唱えたことを考えると，その当時としては，異端な考え方をしていたと思われる。またアドラーは「人生を社会的な関係の文脈と関連づけて考察しなければならない」（Adler, 1929）とも述べて，人間は社会的存在であり，どんな場合であっても他者との関わりについて考える必要があると唱えたが，これらのアドラーの考えは，現代の心理臨床において大切なセラピストの視点・発想を示してくれているし，現代の臨床心理学の「関係性」を重視する考え方にも繋がっていると言えるだろう。

　本章では，アドラー心理学から始まった流れとも言える，この「関係性」を重視する心理療法の代表的なものとして，ロジャースの来談者中心療法，サリヴァンの対人関係論，関係精神分析，催眠療法，家族療法，ブリーフセラピー，動機づけ面接，について取り上げ，紹介していく。

■ II　ロジャースの来談者中心療法（Client-Centered Therapy）

　来談者中心療法は，1940年代にアメリカの臨床心理学者カール・ロジャース Rogers, C.（1902-1987）によって創始され，精神分析や行動療法の2つの潮流とは一線を画す，第3の潮流のヒューマニスティック・サイコロジーの1つである。

　ロジャースは，宗教的に厳格な家庭に生まれ，牧師になることを志し大学院も神学校に進学したが（学部は農学専攻で後に歴史学に転学），牧師を目指す道に疑問を感じ，コロンビア大学大学院で教育心理学・臨床心理学を学び始め，ニューヨークの児童相談所の研修員となる。この頃，先述したアドラーがアメリカで講演をした際，ロジャースが聴衆の一人として聞いていたというエピソードが残っている。

　その後，いくつかの大学で教授職を得て，教育と研究に従事しながらカウンセリングの実践を行い，当時主流だった精神分析とは違う考えを持つようになっていく。それは「人間は自然に成長していく力を本来的に有しているので，それを害しないように見守ることが大事である」という考え方で，後に「非指示的カウンセリング（Non-Directive Counseling）」と提唱するようになる。これがさらに「来談者中心療法」と称され，さらに後年には「パーソン・センタード・アプローチ（Person Centered Approach）」へと発展していった。

　これらのロジャースが開発した療法の基本的な考え方は「どのようなクライエントにも，自己実現に向かう生得的な傾向が備わっている」というものである。全人類は，まさしく根本的な動機づけの力，すなわち自己実現（actualization）に向かおうとする傾向を持っている。そのためにカウンセラーは，クライエントの話をよく傾聴し，クライエント自身がどのように感じ，どのように生きつつあるかについて，真剣に取り組んでいきさえすれば，クライエント自らが気づき，成長していくことができる，と考えるのである。

　なお，ロジャースは，心理療法やカウンセリングを受診する者を「患者（patient）」ではなく，「クライエント（client）」と称した（児童相談所で講師に招いた，医師以外での初めての精神分析家オットー・ランク Otto Rank の考えを取り入れたと言われている）。

　ロジャースは，クライエントが変化するために，必要かつ十分なカウンセラーの条件として3つの条件を挙げた。それは「中核条件」とも呼ばれ，以下の3つ

である（佐治ら，2011）。

- 純粋性（Genuineness）:「自己一致（Congruence）」とも言われる。カウンセラーがクライエントとの関係において，自らの内的体験に気づきながら，ありのままの自分としてそこに存在し，また意識をしていること。カウンセラーが感じる感情や感覚などを，嘘偽りなく体験し認めていること。
- 無条件の積極的関心（Unconditional Positive Regards）:無条件の肯定的配慮とも訳され，また「受容（Acceptance）」とも呼ばれる。「～だから」という条件付きではなく，カウンセラーがクライエントに対して積極的に関心を向け，クライエントに配慮をし，クライエントの存在を受け入れること。
- 共感的理解（Empathic understanding）:単に「共感（Empathy）」とも言われている。カウンセラーが，あたかも（as if）クライエントであるかのように共に感じ，理解すること。カウンセラーが，「クライエントの立ち位置から眺める」というだけでなく，クライエントの持つ性格や能力，生き様をあたかもカウンセラーが持っているかのごとく想像し，理解しようと努めること。

　カウンセラーがこの3つの条件を達成・維持できた時に，自己不一致の状態にあるクライエントに有益な変化・建設的なパーソナリティの変化が生じるとした。
　後年のロジャースは，個人カウンセリングよりも，集団による心理療法であるエンカウンターグループの実践・研究に携わるようになり，各国の紛争地域でエンカウンターグループを実施し，世界平和に力を注ぐようになった。

Ⅲ　サリヴァンの対人関係論（Interpersonal Theory）

　アメリカの精神科医でもあり精神分析医でもあったハリー・スタック・サリヴァン Sullivan, H. S.（1892-1949）は，WHO の設立など精神保健の国際化，また操作的診断基準を導入したことによって，現代精神医療の基礎を築いたと言われている。フロイトからの強い影響を受けながらも，人間の心の成長に対して，文化や社会が与える要因についても考察を重ねた。そして「精神医学は対人関係の学である」として，精神疾患の原因を幼少期の対人関係に求めていった。
　サリヴァンは，フロム Fromm, E., ホーナイ Horney, K., トンプソン Tompson, C. らと共に，「新フロイト学派」の一人と呼ばれている。力動的精神医学の歴史をまとめたエレンベルガー Ellenberge（1980）は，「（新フロイト派は）むしろ新

アドラー派と呼んだほうがよいかもしれない」と述べるくらい，対人関係を重視するアドラーの考えと新フロイト派の考えは，非常によく似ていたと言われている。

　サリヴァンは，人間の複雑な動態や病因について，対人関係を基礎に把えようとしながら，病院において主に統合失調の患者の治療を続けた。そして患者との面接においては「関与しながらの観察（participant observation）」を行い，新たな治癒への道をひらいていった。治療者は，面接においてあるいは患者が入院している病棟内などで患者と接し，その様子を観察するが，その際，治療者が与える影響を完全に排除して患者を観察することはできない。つまり治療者は患者に対して一方的な観察者であるということはあり得ないのである。治療者が存在しているだけでも，患者に何らかの影響を与えていると考えるのが，サリヴァンが唱えた「関与しながらの観察」という臨床的概念である。

　この「関与しながらの観察」は，人間の行動を本当に理解するためには，その人を取り巻く人間関係の中で理解していく必要があるという関係性を重視した概念でもある。サリヴァンは，治療者が患者に対して一方的に解釈を与えれば治療が可能ということはなく，治療者と患者とが相互交流していくこと，関係性を理解していくことが，精神医学的治療においては重要であることを強調し，フロイトの古典的精神分析では論じられなかった関係性の視点を強く訴え，提示した。

　このようなサリヴァンの立場は「対人関係論」とも呼ばれ，治療者を含んだ関係性の中に生起する現象を考察する，現代の治療者のあり方の先駆けであったといえる。

IV　関係精神分析（Relational Psychoanalysis）

　現代においてフロイトの古典的精神分析は，患者の自我を強化するという一者心理学（one-person psychology）であると言われるようになり，その批判として唱えられるようになったのが，患者と治療者の両者を考えていく二者心理学（two-person psychology）である。この流れは，前述したサリヴァンなどの新フロイト派の精神科医・心理学者らによって基礎づけられ，オーストリア出身の精神科医であるコフート Kohut, H.（1913-1981）の「自己心理学（Self psychology）」によって発展していった。

　自己心理学は，コフートが自己愛性パーソナリティ障害の患者の分析を行う中で，独自の自己愛についての考察によって作られた。その考えは，古典的精神分

析のように治療者が「中立性」を守って患者のみを分析するのではなく，患者と分析家は切り離せないものとして捉えている。またコフートは，精神分析療法における「共感」を重視し，「誰かが内的な世界を語り，他者がそれを説明できるように共感的に話を聴くのが精神分析の基本である」と述べている。つまり「共感」は，患者の自己を把握するという「情報収集」の役目と，患者に対して肯定的に接し続けるという「関係性の構築」という2つの重要な役割を果たしていると考えたのである。

　コフートの自己心理学から発展した新しい精神分析理論が，ストロロウ Stolorow, R. D. らが提唱する「間主観的アプローチ（intersubjective approach）」である。ストロロウは客観的事実というものは存在し得ないと考え，これまでの古典的な精神分析が前提としてきた自然科学的，客観主義的なスタンスを完全に否定し，治療場面において起こっていることはすべて，治療者の主観とクライエントの主観の交流によって生み出された「間主観的な現象」として捉えることを主張した。それゆえ専門性の高い客観的な治療者が，患者の歪曲した世界を分析し，患者に正しい現実世界を認識させるように修正するという従来の精神分析の考え方に異を唱え，患者の主観性はそれを見る人の主観によって大きく変化するのは当然で，「患者と治療者の関係性の文脈（コンテクスト）によって，お互いの主観性もその関係性も変化し続けるという考え方」（岡野，2011）を提言した。この考え方を採用すると，治療者は，患者の眼を通して，患者の世界観を理解しようとすることになり，さらに患者の主観的な現実について治療者が理解していると思っていることが絶対に確実であると考えない。そのような治療者の態度が，患者と治療者双方の主観性を拡張する機会を促進し，治療が展開すると考えるのである。

　間主観性理論は，現象学的な議論や哲学的思索を含み，難解な理論的側面を有しているが，そのアプローチは極めて臨床的で重要な治療的感覚を提示している。

　以上のように「関係精神分析」の各々の理論は，患者のパーソナリティの変化と治療領域の拡大に伴った患者・治療者という関係性を念頭に置くことで患者理解が深まるという「共感」や「間主観性」の観点を背景に，日々革新されていると言えよう。

■ V　催眠療法（hypnotherapy）

　催眠は心理療法の「打ち出の小槌」と言われるくらい，その臨床実践を通して

これまで多くの心理療法を生み出してきている。例えば，フランスの神経科医で催眠療法家でもあったシャルコー Charcot, J-M.（1825-1893）に学んだフロイトは，ヒステリー症状の催眠療法の治療経験を重ねて，自由連想法を編み出し精神分析を創始する。また，ドイツの精神科医シュルツ Schultz, J. H.（1884-1970）は，催眠によるリラクセーション効果を合理的に組み立てる生理学的訓練法として「自律訓練法」を開発した。また近年では，現代催眠の祖と言われるアメリカの精神科医・催眠療法家のミルトン・エリクソン Erickson, M. H.（1901-1980）による催眠療法のコミュニケーション的側面の活用法が，後述する家族療法やブリーフセラピーなどの開発につながり，効果的な心理療法技法として，いろいろな場面において活用されている。わが国においては，催眠心理学者の成瀬悟策（1924-2019）が，脳性まひ児への催眠の適用を通して，日本独自の画期的な心理療法としての「臨床動作法」が開発されている（鶴，2007）。

　催眠療法は，クライエントの問題や症状に合わせて，催眠誘導技法や治療暗示の工夫を行っていくが，その問題や症状によって，古典的・伝統的な催眠療法では，直接症状除去を目的として直接暗示を行う。その考え方は，催眠状態（トランス状態：変性意識状態）の中で，直接暗示によって症状を改善させたり，行動変容を起こさせたり，神経症的な習癖の改善を目指すというものであった。そして，それなりの効果も挙げてきた。

　しかし，こうした考え方による催眠療法は，どうしても治療者主導の一方向的なものとなってしまいがちになり，クライエントの主体性がなかなか発揮されないことが多い。そのような中で，催眠療法における治療者－患者関係（セラピスト－クライエント関係）の重要性について唱え始めたのが，臨床心理学者の松木繁である。松木（2003）は，効果的な催眠療法では「トランス空間」が創出されていると述べ，「トランス空間」は「治療者（セラピスト）－患者（クライエント）間の共感性に基づく共有空間」であり，催眠誘導を行う中での両者の協働作業によってクライエントの主体性が引き出されてきて，クライエント自らが解決を行うようになるというセラピストとクライエントの「関係性」を重視した催眠療法の考え方を提示したのである。このような松木の行う催眠療法を評して「関係性催眠」と名付けられた（松木，2017）。「関係性催眠」は，それまでの一方通行だった催眠におけるセラピストとクライエントの「関係性」の双方向性を重視し，クライエントが「トランス状態」に陥ると考えるのではなく，セラピストがクライエントとともに「トランス空間」を作っていくと考える。そして「トランス空間」という土俵の上において，治療的作業をしていくことにより，解決が構

築されるという治療機序を示している。

　催眠療法は，科学的に実証可能な根拠のある治療手段であり，効果的な心理面接技法でもある。近年，催眠療法の効果研究が積極的に進められたことにより，さまざまな障害（例えば，過敏性腸症候群や慢性疼痛など）に対して催眠療法に高いエビデンスがあると認められてきている。その中で「関係性催眠」の「トランス空間」の発想は，新たな催眠の可能性を広げる考え方であると考えられる。

■ VI　家族療法（Family Therapy）

　家族療法とは，1950年代から欧米を中心に発展してきた精神療法・心理療法であり，家族という文脈からクライエントや家族への理解と支援を行う対人援助の大きな領域を指している。個人はもとより，個人を取り巻く家族関係や家族員全体を対象として行うカウンセリングであり，家族とともに問題解決をしたり，家族自身の力で問題解決していくことを援助するための方法である。

　家族療法は，前述したようにアドラーが人間を社会的存在として捉えるなど，個人から対人関係に焦点が移り始めてきた時代，文化人類学者のベイトソンBateson, G.が，ジャクソンJackson, D. D.，ヘイリーHaley, J.，ウィークランドWeakland, J. H.ら精神科医・心理学者らと共に，家族コミュニケーションの視点から研究を行い，その成果として「二重拘束仮説（Double Bind Theory）」を発表した。これは，家族療法の発展を促す画期的な研究であった。人間関係や相互作用の変化に対応可能な理論的ツールをベイトソンらによって与えられたことにより，それらを得たセラピストたちによって，家族療法が1970年代において飛躍的に躍進することになる。

　さらに「システム論」という考え方の登場で，治療法としての「システム論的家族療法」が始められたことが，家族療法の発展に大きく貢献した。システム論的家族療法とは，家族を一つのまとまりを持ったシステムとみなし，その家族システムを対象としてアプローチしていく療法である。例えば，不登校になった子どもがクライエントである時，この不登校になったクライエントは，家族システムの中では「患者とみなされた人（IP：Identified Patient）」であると考える。そして，この不登校をIPだけの問題として捉えるのではなく，このIPがよりよく機能できるように，家族システムの問題として捉えてカウンセリングを行っていく。家族という生きたシステムの中では，ある現象が何らかの原因にもなり，また，結果にもなるという因果関係の円を作っている。子どもの不登校という現象

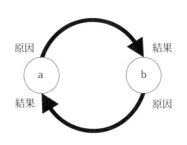
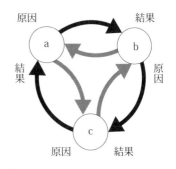

図1　円環的因果律

は，夫婦間が上手くいかないという親のストレスが原因になりうることもあり，またこの不登校という子どもの現象が，夫婦の関係をさらにギクシャクさせることにもなりうる。家族内のひとりの変化が，家族システム全体の変化をもたらし，また家族システム全体の変化は，ひとりの変化をもたらすことになりうるのである。このように，原因と結果が円のようにグルグルと周り相互に関係し合うことを「円環的因果律」と呼んでいる（図1）。そして家族全体がよりよく機能できるように家族システムに介入していくのが，システム論を重視する「システム論的家族療法」である。

　なお，システム論的家族療法と次節のブリーフセラピー（解決志向アプローチ）などと合わせて，「システム論的アプローチ」と呼ばれることもあり，いずれも「構成主義」の認識論に立脚している。構成主義とは，当事者たちによって「これが原因」と紛れもない現実と見えているものは，当事者たちによって構成されているものであり，セラピストは会話によってこのような現実を，安心感や希望が感じられる新しい現実に再構成することを目指すという考え方である。

　家族療法は，日本には1980年代に紹介された心理療法であり，不登校やひきこもり，食の問題，性格上の問題，非行等々，医療領域だけでなく，福祉・看護・司法など，幅広い領域の問題に適用され，成果を収めている。

　家族療法の理論モデルは，「システム論的家族療法」からさらに「社会構成主義」の考え方をベースにして，クライエントが語る自分の物語（ドミナント・ストーリー）を建設的な物語へと編集していく支援である「ナラティヴ・セラピー（あるいはナラティブ・アプローチ）」が現れ（坂本，2019），近年では「対話主義」の考え方に基づいた治療的なミーティングの方法である「オープンダイアローグ」（斎藤，2016）へと，新たな理論や技法が開発され続けている。

■ VII　ブリーフセラピー（Brief Therapy：短期療法）

　ブリーフセラピーとは，先述した催眠療法家のM・H・エリクソンによる治療実践に啓発をうけて作られた一連の心理療法モデルのことで，わが国では「短期療法」と訳されている。「ブリーフ（Brief）」とは，「短期の」「簡潔な」と訳されるが，ここでいう「短期」とは「時間を意図的・合理的・効率的に用いる」ということである。つまりブリーフセラピーとは，効率的・効果的な援助の在り方を探求するカウンセリングであると言えよう。その名のとおり，どのようにクライエントと関わることが，毎回の面接を効果的にし，結果として面接期間を短縮できるかにこだわって開発されたモデルである。宮田（1994）は，ブリーフセラピーを「エリクソンの治療に関する考え方や技法から発展したセラピーであり，クライエントとセラピストが協力して，できるだけ短期間に問題の解決を行う一方法である」と定義している。

　ブリーフセラピーでは，問題の所在を精神病理やパーソナリティといった個人の内側に想定するのではなく，個人と個人の相互作用の仕方から問題の理解を図り，「原因探し」よりも「解決」に重点を置き，比較的に短期間での変化を志向するという点にも特徴がある。

　ブリーフセラピーにはいくつかのモデルがあり，代表的なものとして「解決志向アプローチ（Solution Focused Approach）」がある。解決志向アプローチは，アメリカのスティーブ・ド・シェイザー Steve de Shazer とインスー・キム・バーグ Insoo Kim Berg を中心に開発された心理療法であり，このアプローチの最大の特徴は，「問題やその原因，改善すべき点」を追求するのではなく，解決に役に立つ「リソース＝資源（能力，強さ，持ち味，可能性等）」に焦点を当て，それを有効に活用することにある。

　ちなみに解決志向アプローチを行っていくための原則は以下の３つである。

①うまくいっているなら，そのまま続けなさい。
②うまくいっていないことは止めて，なにか違う行動を起こしなさい。
③うまくいくまで，いろんな行動を試してみなさい。

　問題が生じた時，「何が原因なのか？」と考える代わりに「自分が望む未来を手に入れるために，何が必要なのか？　何ができるのか？　どうやったらできるの

か？」と考えて，クライエントとセラピストが一緒に解決を創り上げていくというのが，解決志向ブリーフセラピーの発想である（森，2015）。

　ブリーフセラピーは，子どもの問題から成人の問題まで，さまざまな相談への対応が研究されており，個人面接だけでなく家族面接，訪問援助，集団精神療法（心理教育），コンサルテーションなどのさまざまな援助方法に適用されている。日本においても，効率的で実践的なアプローチとして，精神医療，保健福祉，学校教育，ビジネス，組織マネジメントなど幅広い領域・分野で用いられ，効果をあげている。

■ VIII　動機づけ面接（Motivational Interviewing）

　「動機づけ面接法」は，アメリカのミラー Miller, W. R. とイギリスのロルニック Rollnick, S. によって開発された対人援助理論である。アルコールに関する問題を抱えるクライエントへの面接技法を研究する中で，良い結果が得られた治療者の面談スタイルを実証的に解析することにより，主にアルコール依存症の治療法として開発・体系化された。

　動機づけ面接は，クライエントが非協力的で，問題克服に向けた動機づけが低い状態にあるときに用いられる面接法の1つであり，クライエントの中にある矛盾を拡大し，両面性をもった複雑な感情である“アンビバレンス”を探って明らかにし，矛盾を解消する方向にクライエントが向かうようにしていく。こうすることにより，クライエントの中から動機づけを呼び覚まして，行動を自ら変えていく方向にもっていくことができる。このように，クライエント中心かつ準指示的な方法であり，善悪判断や直面化をしない。クライエントの自律性を引き出し，尊重し，クライエントとカウンセラーの関係は，協同的・共感的である。カウンセラーはクライエントが述べることに対して鏡のように振る舞う。ただ単純にそのまま反映する鏡ではなく，クライエントの矛盾・アンビバレンスにオートフォーカスしつつ，同時に全体像を一覧できるような鏡である。この方法によって，問題とされている行動の結果として起こる潜在的な問題や過去の経験，リスクなどに対してクライエントが自ら気づくように誘うことができる。全体像を見せることで，より良い将来をクライエントが自ら想い描き，それを達成しようとする動機づけを強める。クライエントから自ら変化を求める発言「自己動機づけ発言（チェンジトーク）」を引き出していくことが目標となる。

　動機づけ面接には5つの原則と4つの戦略がある。まず原則としては，①共感

（解釈や決めつけをしない），②矛盾を広げる（自ら矛盾に気づくよう促す），③言い争いを避ける（非難したり責めても，相手は自ら変わろうとしない），④抵抗を手玉に取る（抵抗の方向を良い方向に変える），⑤自己効力感を支持する（自分が変わることができる見通しを持つ）。そして戦略は OARS と言われ，①開かれた質問（Open ended question），②是認（Affirm），③聞き返し（Reflective listening），④要約（Summarize）の4つである。

　動機づけ面接は，当初想定されていたよりも幅広い領域に応用されるようになり，元々アルコールや薬物依存の治療，禁煙外来などで活躍している面接法だが，リハビリや保健衛生など，幅広く応用が可能である。困難事例や，相談意欲を持っていないけれど介入していく必要のある事例に対して，うまく対応することができるようになると言われている。

■ IX　まとめ

　以上，「関係性」を重視する代表的な心理療法を紹介してきた。アドラー心理学を源流とする「関係性」の心理療法は，このように日々新しい手法を開発して，様々な事例や現場でその有効性を示してきている。

　この人間同士の「関係性」の重要性について，100年近く前にアドラーは以下のように述べている。

　　われわれのまわりには他者がいる。そしてわれわれは他者と結びついて生きている。人間は，個人としては弱く限界があるので，一人では自分の目標を達成することはできない。もしも一人で生き，問題に一人で対処しようとすれば，滅びてしまうだろう。自分自身の生を続けることもできないし，人類の生も続けることはできないだろう。そこで人は，弱さ，欠点，限界のために，いつも他者と結びついているのである。（Adler, 1931）

　このアドラーが示している人と人との「結びつき＝関係性」を，より健全なものにしていこうとするアプローチが，本章で紹介した「関係性」を重視する心理療法に共通するものであろう。それは，クライエントとセラピストとのセラピー内での健全な関係性，さらにクライエントの家族や周りの人々など社会との健全な関係性を作っていくことである。このような様々な「関係性」を考えていく心理療法の分野は，今後も新たな発想や工夫が生まれてくる可能性を秘めている領域であると思われる。

◆学習チェック表

☐　ロジャースの中核条件 3 つについて理解をした。

☐　「関与しながらの観察」について理解をした。

☐　自己心理学の「共感」について理解をした。

☐　家族療法の「システム」の考え方について理解をした。

☐　動機づけ面接の 5 つの原則と 4 つの戦略について理解をした。

より深めるための推薦図書

　　東豊（1993）セラピスト入門―システムズアプローチへの招待．日本評論社．

　　東豊（2019）新版 セラピストの技法―システムズアプローチをマスターする．日本
　　　評論社．

　　北田雅子・磯村毅（2016）医療スタッフのための動機づけ面接法：逆引き MI 学習帳．
　　　医歯薬出版．

　　松木繁編著（2017）催眠トランス空間論と心理療法：セラピストの職人技を学ぶ．遠
　　　見書房．

　　森俊夫（2015）ブリーフセラピーの極意．ほんの森出版．

　　佐治守夫・飯長喜一郎（2011）ロジャース　クライエント中心療法　新版―カウンセ
　　　リングの核心を学ぶ．有斐閣．

文　　　献

Adler, A.（1929）*The Science of Living*. Doubleday Anchor Books.（岸見一郎訳（2012）個人心
　　理学講義：生きることの科学．アルテ．）

Adler, A.（1931）*What Life Should Mean to You*. Little Brown.（岸見一郎訳（2010）人生の意味
　　の心理学，上下巻．アルテ．）

Ellenberger, H. F.（1970）*The Discovery of Unconscious: The History and Dynamic Psychiatry*. Basic
　　Books.（木村敏・中井久夫監訳（1980）無意識の発見（下）．弘文堂．）

原井宏明（2012）方法としての動機づけ面接：面接によって人と関わるすべての人のために．
　　岩崎学術出版社．

岸見一郎・古賀史健（2013）嫌われる勇気．ダイヤモンド社．

松木繁（2003）催眠療法における "共感性" に関する一考察．催眠学研究，**47(2)**; 1-7.

松木繁編著（2017）催眠トランス空間論と心理療法：セラピストの職人技を学ぶ．遠見書房．

宮田敬一（1994）ブリーフセラピーの発展．In：宮田敬一編：ブリーフセラピー入門．金剛出
　　版，pp.11-27.

森俊夫（2015）ブリーフセラピーの極意．ほんの森出版．

岡野憲一郎・吾妻壮・富樫公一・横井公一（2011）関係精神分析入門：治療体験のリアリティ
　　を求めて．岩崎学術出版社．

斎藤環（2015）オープンダイアローグとは何か．日本評論社．

坂本真佐哉（2019）今日から始まるナラティヴ・セラピー：希望をひらく対人援助．日本評論
　　社．

佐治守夫・飯長喜一郎（2011）ロジャース　クライエント中心療法　新版―カウンセリングの
　　核心を学ぶ．有斐閣．

Sullivan, H. S.（1953）*The Interpersonal Theory of Psychiatry*. W. W. Norton & Company.（中井

久夫・宮崎隆吉・高木敬三・鑪幹八郎訳（1990）精神医学は対人関係論である．みすず書房．）

鶴光代（2007）臨床動作法への招待．金剛出版．

第5章

状況と行動の理解にもとづく心理療法

越川房子

Keywords　行動療法，学習理論，応用行動分析，ABC分析／機能分析，三項随伴性，認知行動療法，三大認知療法，REBTのABC，マインドフルネス，ICSモデル

Ⅰ　行動療法

1．行動療法とは

　行動療法は第3章でとりあげた精神分析や，第4章でとりあげたクライエント中心療法とは大きく性質を異にする心理療法である。それらが創始者であるフロイトやロジャーズの臨床経験を基にした洞察から治療理論と技法が体系化されているのに対して，行動療法は学習に関わる基礎研究や実験研究からの知見を援用しクライエントの問題を解決しながら発展してきた心理療法だからである。したがって，精神分析やクライエント中心療法にみられるような病理論や人間論をもたないという特徴をもつ（山上ら，2010）。行動療法は人間味に欠けるという声を聞くことがあるが，それはこの特徴によるものであろう。しかし行動療法の効果に関するエビデンスと応用可能性の豊かさを考える時，公認心理師を目指す者がその基本を理解しておくことは必須である。

　行動療法は，1960年頃から，当時の精神分析的な心理療法では効果の実証が難しいとして，行動を介入の対象とする，「学習理論に基づく実験に裏づけられた行動変容法」として登場した。現在アメリカ心理学会（2020）は「症状を取り除き，非効果的あるいは不適応的な行動パターンを修正するために学習，オペラント条件づけ，古典的条件づけの原理を適用する心理療法の一つ」と定義している。

　なお，行動療法が対象とする行動は，環境との関わりの中で個人が示すあらゆる精神活動であり，思考，感情，イメージを含む非常に範囲の広いものである。

2．基本理論と主要技法

　行動療法の基礎理論は学習理論，特に古典的条件づけ，オペラント条件づけ，観察学習である。学習理論が重要となるのは，行動療法では不適応行動を学習された行動とみなすからである。学習された行動であるから，学習理論に基づいて消去したり，適応行動を再学習することが可能であると考えている。これらの理論は，本章で扱う応用行動分析学，認知行動療法の基礎理論でもあるため，その主要概念について概説しておく。

①古典的条件づけ（レスポンデント条件づけ）

　古典的条件づけは，20 世紀初頭にロシアの生理学者でノーベル賞受賞者でもあるパブロフ Pavlov, I. P. によって明らかにされた学習のプロセスである。彼は犬を用いて消化について実験していたが，肉片がなくても肉片をもってくる助手の足音を聞くだけで唾液を分泌することに気がついた。これは，この犬が助手の足音の後に肉片が続くことを学習したことを意味する。肉片を口に入れると唾液が出るが，これは生得的な反応である。そこで，肉片を**無条件刺激**，肉片による唾液分泌を**無条件反応**とよぶ。本来は足音では唾液は分泌されないので，条件づけの前の足音を**中性刺激**とよぶ。この足音が肉片と同時あるいは時間的に近接して提示されると，足音でも唾液を分泌するようになる。この時，足音を**条件刺激**，足音による唾液分泌を**条件反応**とよび，条件刺激が無条件刺激と等価の機能をもつようになったと考えられる。このタイプの学習を，古典的条件づけ，あるいはレスポンデント条件づけとよぶ。

　パブロフの実験では，1 分間に 100 拍のメトロノームの音で条件づけた犬は，そのすぐ後に 1 分間 80 拍のメトロノームの音を呈示すると，肉片を与えなくても唾液を分泌した。この現象を**般化**とよぶ。さらにパブロフは，1 分間に 100 拍のメトロノーム音で条件づけた犬に，1 分間に 100 拍の時に肉片と対提示し，1 分間に 80 拍の時に肉片を出さずにメトロノームの音だけを単独呈示した。すると犬は，1 分間に 100 拍の時には唾液を分泌したが，1 分間に 80 拍の時には唾液を分泌しなくなった。この現象を**弁別**とよぶ。クライエントの症状の多くは般化という側面を持ち，それに対する介入は弁別という側面を持つ。

　パブロフは，1 分間に 104 拍のメトロノームの音と肉片で条件づけをした後，肉片を出さずに，ただメトロノームの音だけを 30 秒間聞かせた。これを 2 分間の休憩を挟みながら 9 回繰り返したところ，次第に唾液の分泌量が減少し，分泌

までの時間も長くなっていった。すなわち，条件づけが成立した後に，条件刺激だけを単独で提示し続けると，条件反応が弱くなり最後には条件反応が起らなくなるのである。この現象を消去とよぶ。消去手続きの途中でしばらく休止すると，再び条件刺激の単独提示で条件反応が引き起こされるようになる。これを自発的回復とよぶ。

またパブロフは，ベルの音で唾液を分泌するようになった犬に，肉片なしでベルの音に続いて黒い正方形の提示を繰り返した。すると黒い正方形に対しても唾液を分泌するようになった。学習が成立した条件刺激に，新たな中性刺激を対提示することで，この中性刺激に対しても条件反応が起るようになるのである。これを，2次の条件づけとよび，原理的には3次，4次……n次の条件づけが考えられ，2次以上の条件づけをまとめて高次条件づけという。人間の精神的な症状の多くは，高次条件づけによって学習されたものと考えることができる。

行動療法では，不安や恐怖なども不適切な学習によって獲得した反応であると考えるが，その実例がワトソン Watson, J. B. によるアルバート坊やを対象とした実験である。まずアルバート坊やが白ねずみに対して恐怖を示さないことを確認し，次に坊やが白ねずみ（条件刺激）に触れると同時に背後で大きな音（無条件刺激）を出す。坊やはびっくりして恐怖反応（無条件反応）を示す。これを繰り返すと，坊やは白ねずみを見ただけで恐怖反応（条件反応）を示すようになり，白ねずみに対してだけでなく，ウサギ，犬，毛のコート，綿など白いふわふわしたものにも恐怖を示すようになった（般化）。行動療法では，恐怖はこのようにして学習された反応であると考えるのである。

では学習された不安や恐怖を消去するには，どうしたらよいのだろうか。パブロフの犬の実験では，ベルの音（条件刺激）だけ出して肉片（無条件刺激）を出さないことを繰り返すことで，ベルの音に対する唾液分泌は消失した。消去の手続きによって学習された刺激と反応の結合関係を消すことができるのである。

しかし行動療法ではより確実に学習された恐怖を緩和するために，拮抗条件づけ（逆制止ともいう）を用いることが多い。拮抗条件づけは，不適切な反応と拮抗する反応を当該刺激と対提示することで不適切な反応を減少させる。例えば，恐怖や不安を喚起する刺激とリラクセーション反応を対提示する，あるいは承諾を得た上で，アルコール依存症の人にアルコールで不快な反応が起こる薬品などを混ぜてアルコールを飲んでもらい，アルコールと快反応が結合している状態を，不快反応と結合するように条件づける，などがその例である。

古典的条件づけを用いた代表的な技法である系統的脱感作法は，主に恐怖や不

安の緩和に用いられる。不安や恐怖の強さを序列化した不安階層表を作成し，不安と拮抗するリラックス反応を導出した後に，不安階層長の弱い不安場面から順番に不安場面を対提示し，拮抗条件づけを行うことで不安への感受性を弱めていく（脱感作）方法である。

②オペラント条件づけ

　スキナー Skinner, B. F. によって提唱されたオペラント条件づけは，自発的反応とともに生じた環境の変化に応じて，当該行動の自発頻度が変わる学習である。古典的条件づけが学習する反応の前の条件を重視するのに対して反応の結果を重視している。自発頻度が増えることを**強化**，減ることを**弱化**（罰），頻度を増やす環境の変化を強化子，減らすそれを**嫌悪刺激**とよぶ。例えば子どもが自発的に片づけをし，母親が褒めたら，その後自発的に片づけることが増えたとする。この場合，片付け行動が「強化」されたといえ，強化子は「母親が褒める」という環境の変化である。なお，強化子には正と負があり，与えることで自発行動の生起率を増やすものを正の強化子，取り去ることで増やすものを負の強化子という。これに対して罰は，自発行動の生起率を減少させるもので，正の罰は与えることで減少させるものであり，負の罰は報酬を下げることで減少させるものである。

　強化子の与え方を強化のスケジュールとよび，大きく分けると連続強化と部分強化の２種がある。連続強化は，特定の反応に対して必ず強化子を随伴させる，つまり強化子を与えるもので，部分強化というのは，その行動が起こっても強化子を与えない場合があるものである。一般に，新しい行動を学習するときには連続強化の方が効果的で，一度獲得した行動を維持するには部分強化の方が効果的である。また一般に部分強化では，連続強化で学習した行動よりも消去に時間（試行数）が必要となる。これを，消去抵抗が高いという。部分強化の例として，パチンコや競馬などの賭け事や魚釣りをあげることができる。

　オペラント条件づけによる行動の消去は，正の強化子を与えないか嫌悪刺激を与えることで行なう。また，古典的条件づけと同様に，類似した行動が増加する般化や，特定の行動のみに強化子を与えることで，当該行動のみが増加し類似した行動は増加しない弁別も起こる。

　またオペラント条件づけにも二次以上の条件づけを考えることができる。仕事をした後に強化子として食べ物ではなくて賃金を与え，それを食べ物と交換できる場合，賃金は二次の強化子である。

　オペラント条件づけを用いた代表的な技法は，応用行動分析学でも用いられる

ため第Ⅱ節で紹介する。

③観察学習

　以上2つの学習のタイプは，学習者の反応に直接働きかけるものである。しかし私たちは他者の行動を観察するだけでも学習する。バンデューラ Bandura, A. は，それを観察学習（observational learning），あるいはモデリング（modeling）とよび，彼の社会的学習理論の中心に置いた。モデリングは，他者（モデル；多くの場合治療者）がクライエントに適切な行動を示範し，それを観察させて，クライエントの行動を変容させるものである。観察だけでは効果が弱いので，実際に同じように実行させ，それを肯定的に評価し強化することも多い。

▌ Ⅱ　応用行動分析

1．基本用語と主要技法

　応用行動分析は，スキナーが体系化した行動療法の理論モデルの一つであり，オペラント条件づけの「強化」の概念が理論の中心となっている。行動を分析する際の基本単位は，先行刺激（A: Stimulus）－行動（B: Behavior）－結果刺激（C: Consequent Stimulus）であり，頭文字から ABC 分析／機能分析とよばれる。また，この三者の関係を三項随伴性とよぶこともある。

　臨床場面では，適切な行動の増加，あるいは不適切な行動の消去／減少が課題となる。行動分析学では，自発的な行動の後に続く結果刺激（C）が，当該行動の生起頻度を高める時，その結果刺激を**好子**（reinforcer）とよび，逆の場合を**嫌子**（aversive condition）とよんでいる。

　適応行動を形成する技法としては，シェイピング，トークンエコノミー，プロンプト，などがある。これらはいずれも行動療法でも用いられる技法である。シェイピングは，自発可能な行動か目標行動に至るまでのプロセスをスモールステップに分け，正の強化を与えて適応行動を形成する方法である。決められた行動を獲得するたびに一定のトークン（代用貨幣，シールなど）を与え，ある数になったらほしい物と交換することをトークンエコノミー法と呼ぶ。プロンプトは，行動の直前や遂行中に提示される刺激で，強化を受ける行動が起きやすいようにサポートする手がかりやヒントである。例えば，挨拶行動の前に「ご挨拶しようね」という言葉かけをする言語プロンプト，子どもの手をもって適切な場所に遊具を戻す身体プロンプトなどさまざまな種類がある。できるだけ自立的な動きへ

と近づけていくために，プロンプトを用いて適切な行動を経験した後は，徐々に
プロンプトを弱めていく。これをプロンプト・フェイディングという。最終的に
はプロンプトを用いず，自然な社会的手がかり刺激によって行動できるようにし
ていく。

　これに対して不適応行動は，誤って学習され，強化子によって維持されている
行動と考えられる。介入としてはそれを弱めるために強化子を与えない方法や罰
を与える方法が選択される。前者には，消去，タイムアウト，レスポンス・コス
トなどがある。タイムアウトは，一定時間，不適切な行動が起きている場面から
対象者を引き離したり，無視するものである。不適切な行動が，ある場面で繰り
返し生じているならば,そこには何らかの強化子があると考えらえるからである。
レスポンス・コストは，トークンエコノミーでは適切な行動にトークンを与える
が，あらかじめ決めた不適切な行動に対してはトークンを没収する方法である。
これらの方法は，怒りや悲しみなどネガティブな感情を引き起こしやすいため，
不適切な行動で得ていた強化を適応的な行動で得られるような介入手続きを考え
ることが望ましい。

2．応用行動分析と認知行動療法

　応用行動分析や第Ⅲ節で扱う認知行動療法は広義の行動療法に含められるが，
狭義の行動療法と応用行動分析の違いはどこにあるのだろうか。オペラント条件
づけに基づく行動療法の技法の場合はほとんど重なっている。しかし主要な学術
雑誌に掲載された論文のタイトルから両者の違いを検討した研究は，行動療法は
応用行動分析より DSM の診断分類を論文タイトルに多く用いている，行動療法
では行動原理に焦点を当てた研究が減少しているが応用行動分析にはこの傾向は
認められない，他方，応用行動分析では発達障害に焦点を当てた研究が増加して
いるが行動療法にはこの傾向は認められない，とそれぞれの特徴を報告している
（O'Donohue & Fryling, 2007）。

■ Ⅲ　認知行動療法

　認知行動療法は，行動療法の第二世代ともいわれ，行動的アプローチと認知的
アプローチをより介入効果が高くなるように統合した治療パッケージの総称であ
る。行動的アプローチは，これまでの節で説明してきたので，この節では認知的
アプローチについて概説する。

1．認知的アプローチの背景

　認知的アプローチには大きく2つの背景がある。一つは1960年代から1970年代にかけて三大認知療法と呼ばれるエリス Ellis, A. の論理情動行動療法（REBT: Rational Emotive Behavior Therapy, 1950年代後半），ベック Beck, A. の認知療法（1960年代前半），マインケンバウム Meichenbaum, D. のストレス免疫訓練（1970年代後半）が関心を集めたことである。特にベックは，うつ病になるからネガティブに考えるという考え方を逆転させ，ネガティブに考えるからうつ病になると主張し，抑うつの本質を感情の障害ではなく認知の障害，すなわち情報処理過程における障害としたことで知られる。もう一つは同じ頃に，それまでの学習理論ではブラックボックスに入れられていた思考や記憶を，コンピューター・シミュレーションを用いて直接扱う領域，認知心理学が現れたことである。

2．基本理論と主要技法

　認知的アプローチの基本モデルとしてエリス Ellis（1977）による REBT の ABC がある。A（Activating events）は実際に起こった出来事や出来事に関する推論や解釈，B（Belief）は出来事に対するその人の態度や評価を伴った認知／思考／観念，C（emotional/behavioral Consequences）は結果としての感情的／行動的問題である。何か不快な感情を感じると，その原因は出来事にあると考えるが，この不快さがどれだけ長く続くのか，またどれだけ深いものとなるのかは出来事だけでは決まらず，ビリーフが大きく影響するというモデルである。したがって，介入の中心はビリーフをより適応的なものへと変えていくことになる。同様に，認知療法では比較的表層にあるネガティブな自動思考を適応的なものへと変えて深層にある非機能的なスキーマを機能的なものに変容することを目指し，ストレス免疫訓練では自己陳述（self-statement）をネガティブなものからポジティブなものへと置き換えてストレス対処を目指す。こうした認知を変える技法は，認知的再体制化／認知的再構成法とよばれる。

　認知行動療法における行動的技法は，第Ⅱ節と第Ⅲ節で紹介したものとなる。認知行動療法では，これらの行動的技法と認知的技法である認知再体制化を適切に組み合わせて，クライエントの問題を解決していこうとする。

Ⅳ　マインドフルネス

　マインドフルネスは行動療法の第三世代とも称される。第一世代の行動療法は妥当性を実証されている学習理論や行動理論に基づいた行動変容のための理論と技法といえ，変容の対象は問題となる行動や情動である。第二世代の行動療法は，変容の対象に認知を加えた認知行動療法であり，両者はいずれも望ましくないものを望ましいものへと変容させることを目指すものである。これに対して第三世代の行動療法は，問題となっている行動や情動を直接変容させることではなく，それらとの関係性を変えることを目指している。自動的に繰り返される行動や不安やネガティブな思考は，消去すべき対象や変えるべき対象ではなく，素朴な好奇心を持って，それがどのような状況で，どのように作用しているのかを探るための対象として位置づけられる。そしてこのような観察態度を育成するために用いられるのがマインドフルネス瞑想である。マインドフルネス瞑想を中核に置く介入プログラムとして MBSR（Mindfulness-Based Stress Reduction），MBCT（Mindfulness-Based Cognitive Therapy），要素として取り入れているものに，弁証法的行動療法（DBT）と ACT（Acceptance and Commitment Therapy）がある。

1．マインドフルネスとは

　マインドフルネス瞑想は仏教の伝統的瞑想にその源をもつが，心理臨床で用いられるマインドフルネスは宗教とは一線を画し，脳の構造と機能の変化をはじめとする科学的エビデンスによって裏付けられているものである。マインドフルネス瞑想を臨床領域に適用したパイオニアであるカバットージン Kabat-Zinn, J.（1994）は，「マインドフルネスは，ユニークな方法で注意を向けること——意図的に，今この瞬間に，判断することなく」と説明している。後に，「注意を向けることで現れる気づき」と傍点を加えているが，マインドフルネスが，「注意制御スキル」という側面を中核とすることは変わらない。またマインドフルネス瞑想は，呼吸瞑想やボディスキャンという諸技法が示すように，注意を向ける対象として身体を重視しているという特徴をもつ。

2．基本理論と主要瞑想

　マインドフルネスのメカニズムを説明する理論に，マインドフルネス認知療法の開発者のひとりであるティーズデール Teasdale, J. D.（1999）による ICS モデ

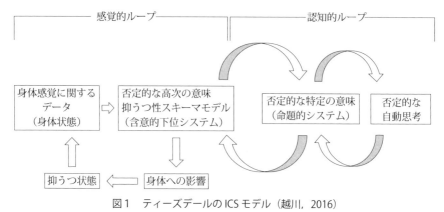

図1　ティーズデールの ICS モデル（越川，2016）

ルがある。これは視聴覚に身体感覚を加えて，私たちの意味づけと情動と身体の相互関係を論じるかなり複雑な情報処理モデルである。もともとはうつ病の再発予防に関するマインドフルネス瞑想の効果機序モデルであるが，不安障害をはじめとする他の精神疾患にも応用可能性の高い理論である。ここでは主要な部分のみを説明する（詳細は牟田・越川（2018）を参照のこと）。

　ICS は図1のように表現できる（越川，2016）。認知ループは否定的な自動思考が否定的な特定の意味づけと相互作用し，それがスキーマと相互作用していることを示しており，認知療法の効果機序のモデルとしても適用できる。感覚ループは，身体の状態と気分がスキーマと連動していることを示している。うつ病は再発を繰り返すたびに，きっかけとなるできごとなしに再発しやすくなることが知られているが（Post, 1992），このモデルではうつ状態の時の身体感覚と同様の感覚が生じるとスキーマが活性化され，ネガティブな自動思考が生成されていくというプロセスが明示されており，できごとなしに再発する理由を説明できる点で優れている。

　認知療法では症状と関連するスキーマの内容を，自動思考を変えることを通して積極的に書き換えて症状を緩和するのに対して，マインドフルネスではスキーマの内容には直接働きかけず，生じている自動思考や身体感覚を，意図して評価せずに観続ける。このように観続けることには，次のような効果が仮定されている。第1に，症状に関連する思考や身体感覚は自動的・反射的に生じ，そこからいつもの症状を増幅させる悪循環のループが始まることが知られているが，それを抑止することができる。第2に，生じていることを意図して評価せずに観察するので，これまでは反射的に生じた評価によって切り捨てていた新しい情報が手

表1　マインドフルネス呼吸法

座布団あるいは椅子に座って行います。

１．できるだけ，富士山のように気高くどっしりと座ってみます。安定して，根を下ろす感じです。背骨の自然なＳ字カーブは残しますが背すじを伸ばし，両肩の高さを揃えてリラックスし，力を抜きます。両手は膝頭あるいはももの上に掌を下にして置きます。まず座布団や椅子と体の接触面の感覚に意識を向けます。

２．次に，自分の呼吸に意識を向けます。息を吸うと膨らみ，息を吐くと縮んでいくお腹に注意を向けます。あるいは，息が通過する鼻腔や喉の感覚に注意を向けてもよいです。

息が体に入り，息が体から出ていくのを，ただ感じます。呼吸の感覚の波に乗る感じです。体に入る一息ごとの息と最善を尽くして触れ合います。息が身体から出ていくまでずっと，その感覚を感じ続けます。

３．心が離れても大丈夫です。それを非難／批判する必要はありません。心が離れていくのは心の習性なのです。ただ「今，ここに何が起こっているのだろう」「どんな感覚があるのだろう」と好奇心を持って眺め，それらに穏やかで優しい態度，つまり「何があっても大丈夫，ただそれを観察してみよう」という態度で，優しく思いやりのある注意を向け続けます。今ここにあることを拒否せずに，自分の考えで色づけしたりせずに，そして自分や他人を批判したりせずに，ただ好奇心を持って，何が起こっているのだろうと観察することで，心の性質について重要な発見をしているのです。今，ここに起こっていることをより適切に知ることができるのです。心は寄せては返す波のようだということです。それを止めようとはしません。考えを封じ込めようとしたり，心を真っさらにしようとしているわけでもないのです。ただ心の性質やあり方と親しくなっているのです。何度でも，穏やかで，優しい態度で，心が呼吸から離れたことに気づいたら，それを呼吸の感覚にしっかりと連れ戻します。この繰り返しによって，気づきの力が育まれます。そして心を連れ戻してくる力も育まれます。起こったことを変えるのではなく，ただ，自動的／反射的に反応することをやめ，今ここにあることを観察し，必要があれば心を引き戻し，それから，次の一歩を選べるようになるのです。

この呼吸法を終えたら，このような心の態度で一日の残りの時間を過ごしてみましょう。

に入り，スキーマの書き換えや新しい意味づけが促進される。

またマインドフルネス瞑想には，注意を向ける対象によって，呼吸瞑想，ボディスキャン，ボディムーブメント（ストレッチ／ヨガなど），音に対する瞑想，思考に対する瞑想などの諸技法がある。もっとも基本的で主要なマインドフルネス呼吸瞑想法の実践方法を表１に紹介した。ポイントは，受容的な気づきと注意のシフトである。マインドフルネス瞑想は無になること，雑念がなくなることを目指す瞑想ではなく，気づくこと，自覚の瞑想である。呼吸など何かに集中するとほどなくそこから注意が離れていくが，これは瞑想に失敗したわけではなく心の習性である。心が離れたことを非難せずに，ただそうであったと受け止め，また呼吸に注意を引き戻すことが求められる。非難を向けずに受け止めるには思いやりの態度を運び入れることが役に立つ。例えば，「そのことが気になっているんだね。だって不愉快だったんだものね」というようにである。気づきに思いやりを

届けることを繰り返すことで，非難や批判から離れた態度で気づく回路が育成されていく。否定的なことが生じても非難や批判の態度で気づくのではなく，それをあるがままに受け取り，より適切な次の反応／行動を選択する回路が育っていくのである。また呼吸に優しく注意（意識）を連れ戻すことを繰り返すことで，心が過去の失敗や未来の不安でいっぱいになっている時に，必要であれば自分の注意を呼吸に引き戻す回路も育成されていく。マインドフルネス呼吸法の単純な手続を反復することで，ネガティブな心の悪循環に早く気づき，必要があればそこから離れ，今，ここにある課題に注意を向け変える力が育成されていくのである。

3．マインドフルネス瞑想の効果

　マインドフルネスの効果に関しては，心理検査に基づくものと脳の機能と構造に関する神経科学的データに基づくものがある。前者に，209の研究からの12,145名を対象としたコーリー Khoury ら（2013）のメタ分析を用いた効果研究がある。彼らは，マインドフルネスに基づく心理療法（MBT; Mindfullness-Based Therapy）は介入前後の比較で中程度（Hedge's g = .55），ウェイトリストコントロール群との比較でも中程度の効果サイズを示し（Hedge's g = .53），CBT や行動療法（n = 9, Hedge's g = − .07）あるいは薬物療法（n = 3, Hedge's g = .13）とは差がないと報告し，MBT はさまざまな心理的問題に効果のある介入で，特に不安，抑うつ，ストレスの減少に効果があるとまとめている。後者の例としては，大脳機能の構造と機能に変化をもたらすという報告がある。例えば，レイザー Lazar ら（2005）は，マインドフルネス瞑想を継続的に行うことで，右大脳皮質の前部島，上部・中部側頭溝，前頭前野の厚みが増加することを報告している。これらは，注意，内受容性（身体感覚等）の気づき，外部刺激の処理と関係し，まさにマインドフルネス瞑想の手続きと直接関連する部位に変化が認められている。またヘルツェル Hölzel ら（2011）は，MBSR の前後で記憶や情動調整に関わる海馬において灰白質の密度が増加することを報告しており，PTSD（外傷後ストレス障害）やうつ病ではこの部位の灰白質の体積が減少し，抗うつ薬によって回復することが知られている。これらの研究は，マインドフルネス瞑想の継続的実践によって大脳の機能と構造に一定の効果を及ぼしうることを示している。

　以上，本章では行動療法系の心理療法について概説した。本章で取り上げた行動療法（第1世代），応用行動分析，認知行動療法（第2世代），マインドフルネ

表2　行動療法（第1世代），応用行動分析，認知行動療法，
マインドフルネス，応用行動分析の比較

	およその時期	主要な背景理論	主要な技法	主要な適用
狭義の行動療法（行動療法第1世代）	1960年代〜	古典的条件づけ オペラント条件づけ 社会的学習理論	系統的脱感作法，暴露反応妨害法，条件性制止療法，シェイピング法，トークンエコノミー法，ソーシャルスキルトレーニング（SST），モデリング	限局性恐怖症，強迫性障害，物質使用障害，行動的スキルの獲得等
応用行動分析	1970年代〜	行動分析学（オペラント条件づけ，古典的条件づけ）	トークンエコノミー法，プロンプト，プロンプト・フェイディング，タイムアウト法，オペラント条件づけを背景理論とする行動療法の諸技法	発達障害，摂食障害，不登校，行動的スキルの獲得等
認知行動療法（同第2世代）	1980年代〜	REBTのABC原因帰属理論 第1世代の背景理論	認知的再体制化／認知再構成法（認知療法），自己教示訓練（ストレス免疫訓練）第1世代と応用行動分析の技法	うつ病，パニック障害，強迫性障害，摂食障害，行動的スキルの獲得等
マインドフルネス（同第3世代）	1990年代〜	ICSモデル IAAモデル	マインドフルネス呼吸法，ボディスキャン，マインドフルムーヴメント，マインドフルウォーキング，無選択の気づき，3ステップ呼吸法（MBCT）	うつ病の再発予防，軽・中程度のうつ症状，不安障害，境界性パーソナリティ障害等

ス認知療法（第3世代の一つ）を比較対照したものを表2にまとめたので参考にされたい。

　近年，行動療法系の研究では脳科学の進歩を背景に，介入の効果を脳研究の立場から実証しようという動きが進んでいる。個々の技法が直接に脳に影響を与えることもあるだろうが，心理療法全般のもつ共通性，何らかの心理的介入を受けることで自己受容の増進や自己効力感の増強が生じ，そのことによるストレスの緩和が脳における海馬等の変化を媒介している可能性も考えられる。心理療法全般の効果機序を実証的に明らかにする上で，脳科学の観点からの効果研究の展開に期待するところである。

◆学習チェック表
□　行動療法（狭義）の基本理論と主要技法について理解した。

□　応用行動分析の基本理論と主要技法について理解した。
□　認知行動療法の認知的アプローチの基本理論と主要技法について理解した。
□　マインドフルネスの基本理論と主要技法について理解した。

より深めるための推薦図書

貝谷久宣・熊野宏昭・越川房子編（2016）マインドフルネス―基礎と実践．日本評論社．

杉山尚子・島宗理・佐藤方哉・Malott, R. W.・Malott, M. E.（1998）行動分析学入門．産業図書．

竹田伸也（2010）認知行動療法による対人援助スキルアップ・マニュアル．遠見書房．

山上敏子・下山晴彦（2010）山上敏子の行動療法講義 with 東大・下山研究室．金剛出版．

文　　献

American Psychological Association（2020/08/20 閲覧）*APA Dictionary of Psychology*.（https://dictionary.apa.org/behavior-therapy）

Elis, A.（1977）The basic theory of rational-emotive therapy. In: Ellis, A. & Grieger, R.（Eds.）: *Handbook of Rational-Emotive Therapy*. Springer, pp.3-34.

Hölzel, B. K. Carmody, J., Vangel, M. et al.（2011）Practice leads to increases in regional brain gray matter density. *Psychiatry Research,* 191; 36-43.

Kabat-Zinn, J.（1994）*Wherever You Go, There You Are: Mindfulness Meditation in Everyday Life*. Hyperion, p.4.

Khoury, B, Lecomte, T. Fortin, G. et al.（2013）Mindfulness-based therapy: A comprehensive meta-analysis. *Clinical Psychology Review,* 33; 763-771.

越川房子（2016）マインドフルネス瞑想の効果機序．In：貝谷久宣・熊野宏昭・越川房子編：マインドフルネス―基礎と実践．日本評論社，pp.81-96.

Lazer, S., Kerr, C. E., Wasserman, R. H. et al.（2005）*Meditation experience is associated with increased cortical thickness. Neuroreport,* 16; 1893-1897.

牟田季純・越川房子（2018）身体状態の「意味づけ」としての情動―相互作用認知サブシステムとマインドフルネス．認知科学，25; 74-85.

O'Donohue, W. & Fryling, M.（2007）How has applied behavior analysis and behavior therapy changed?: An historical analysis of journals. *The Behavior Analyst Today*, 8; 52-62.

Post, R. M.（1992）Transduction of psychosocial stress into the neurobiology of recurrent affective disorder. *American Journal of Psychiatry*, 149; 999-1010.

Teasdale, J. D.（1999）Emotional processing, three modes of mind and the prevention of relapse in depression. *Behaviour Research and Therapy*, 37; S53-S77.

山上敏子・下山晴彦（2010）山上敏子の行動療法講義 with 東大・下山研究室．金剛出版．

第2部
コミュニティの中での心理的支援

第6章

コミュニティでの心理学的支援の概観

高畠克子

⊶ *Keywords*　コミュニティ心理学，コミュニティ・アプローチ，コンサルテーション，危機
　　　　　　　介入，予防，エンパワメント，多職種との協働，コミュニティ感覚

I　コミュニティ心理学の誕生の歴史

1．コミュニティ心理学が誕生したアメリカの時代背景

　コミュニティ心理学がアメリカで誕生したのは，1965年と言われている。そ
れを遡ること20年前に第二次世界大戦の終結があり，約10年前にベトナム戦争
の開戦があり，国際情勢は2つの戦争の影響を受けて史上最悪の状況にあったと
言える。だからこそ，この国際社会状況を憂う研究者や実践家たちは，新しい理
論や発想を通して，戦争で荒廃した国際社会状況を変えようとして，その結果が
新しいコミュニティ心理学の誕生になったとも言えよう。このような戦争による
国際的・社会的・心理的混乱期にあって，コミュニティ心理学の誕生を後押しし
たのは，①戦争からの帰還兵問題，②反戦運動と公民権運動の2点であったと言
える（笹尾ら，2007）。

1）戦争からの帰還兵問題

　第二次大戦前のアメリカ心理学会は，実験を中心としたアカデミックな学会だ
ったが，大戦中期以降，戦地からの帰還兵で精神疾患（PTSD等）をもつ者への
治療が必要になり，政府はこれを精神医学会はもちろんのこと，アメリカ心理学
会にも要請した。これがきっかけで，1949年にコロラド州ボールダーにおいて，
「科学者—実践家モデル」（ボールダー・モデルとも言う）が提唱され，これが今
日の臨床心理学や特にコミュニティ心理学で重視される「理論家—参加者（当事
者）モデル」にもなった。そして，精神医療においては，臨床心理学（コミュニ
ティ心理学を含む）の専門家とPTSD等の心理的ダメージを負った当事者と共に

協働して事に当ることになった。

2）反戦運動と公民権運動

　コミュニティ心理学の誕生に直接かかわる出来事が，1960年前後に4件ある。①黒人と白人の教育機会不均等に端を発す最高裁判決（ブラウン対教育委員会裁判）で違憲判決が出て，キング牧師の "I have a dream" に始まる公民権運動が「公民権法制定」で終結し，その後マイノリティや女性の権利問題に発展しながら，「エンパワメント」や「市民参加」というコミュニティ心理学の中核概念とドッキングした。②ソ連の人工衛星「スプートニク」打ち上げ（1957年）と有人宇宙飛行（1961年）によって，米ソの宇宙開発戦争で後れを取ったアメリカは，1958年の国防教育法により若者の育成とそれを支えるガイダンスカウンセラーの公立学校への配置を進めていった。③公民権運動により力を得たマイノリティ・貧困層・地域社会に戻った精神障害者（帰還兵）のために，教育水準の底上げを目指し，さらに経済機会法を制定し，ヘッドスタート・プログラムが開始した。④1963年「地域精神保健センター法」の制定で，精神病院で非人道的な処遇をされてきた病者の人権問題と，1960年代に開発された向精神薬の出現によって，精神障害者の脱施設化が相まって進んだ。この状況で，ケネディ大統領の「精神障害者と精神薄弱者に関する大統領教書」（1963年），および「地域保健精神センター法」が同時に出され，地域での精神保健行政が本格化した。今まで精神病院で行われていた専門的治療が，実は精神病院への病者の囲い込みとも言われた状況から脱して，地域への介入がなされるようになり，コミュニティ心理学の誕生とも繋がった。

2．米国コミュニティ心理学の誕生がもたらしたもの

　1965年に米国のボストン郊外のスワンプスコット（Swampscott）に39人の臨床心理学者が集まり，「地域精神保健に携わる心理学者の教育に関するボストン会議」の基に活発な議論が展開して，その後の10年間に3回の会議が行われ，従来の臨床心理学にはなかった新しい視点が提示された。

　1975年のオースティン会議では，以下の4つの視点が確認された（Dalton et al., 2001）。

　1）予防とコンピテンス：個人の精神疾患に始まり，社会病理に基づく社会問題等の深刻化を防ぐために，予防プログラムの開発が行われ，個人の Competence と

Wellbeing の促進が目指された。

2）コミュニティ作り・市民参加・エンパワメント：個人とコミュニティの双方の Wellbeing を実現するために，市民参加を通してコミュニティ感覚が涵養され，相互の Empowerment がなされ，自分たちのコミュニティ作りが実現した。

3）人と文化の多様性の理解：人種・民族・マイノリティなどの文化や生活環境としての多様性を実現するために，偏見・抑圧を排除して，社会正義の実現を目指した。

4）コミュニティでの多様性を重視する研究方法の展開：従来の実験室での仮説演繹法ではなく，多様性に価値をおく質的・エスノグラフィックな研究法が展開された。

■ II　コミュニティ心理学におけるコミュニティとは何か？

コミュニティという言葉は，ラテン語 com と munus の合成語で，英語では with service の「共同の貢献」，「一緒に任務を遂行すること」という意味をもつ。一方，アメリカの Heritage Dictionary によれば，1）同じ地域に生活する人々，その人々の棲む地域，2）同じ興味をもつグループ，3）同質性あるいは同一性，4）全体としての社会および公衆，5）生態学的意味，6）共有地，などと書かれている。以上から，コミュニティ心理学という学問は，「同じ地域に住む人々が，同じ興味や関心のもとで貢献し合い，地域を棲みやすい場所にしていくことを目指す」と定義できる。ただし，コミュニティを地域と訳すと地理学的な意味になるので，コミュニティのまま使うことにする（山本，1986）。また，この定義だと心理学がうまく定義されないので，次のⅢ「コミュニティ心理学の基本理念」のところで，その意味を詳しく述べる。

■ III　コミュニティ心理学の基本的理念とは何か？

コミュニティ・アプローチはさまざまであるが，ここではコミュニティ心理学を基盤にして，具体的に現場での実践のための基本的理念について述べる。

1．生態学的視座（Ecological Perspective）としての人と環境の適合（Person-Environment Fit）

生態学的視座とは，「全ての人の行動は，その人の置かれている（環境という）文脈との相互作用で生起するもので，B = f（P, E）という公式に従う」（Lewin, 1951）のである。この公式は 1975 年に米国のオースティン（前出）で開かれた「コミュニティ心理学の訓練に関する全国会議」でも，共通のテーマとして，「人

と環境の適合（Person-Environment Fit）」が設定された（Duffy & Wong, 1996）。

　この生態学的視座は，コミュニティ心理学では最重点理念であり，人と環境の両面へのアプローチが欠かせないことを物語っている。例えば，川の中でアップアップしている魚を家に持ち帰り，元気になったので元の川に戻したところ，死んでしまう結果になったとする。このように，魚という個体の wellbeing だけでなく，人間や動物を取り巻く環境にも働きかけて，魚と川の環境という両面から働きかけるのが，コミュニティ心理学のアプローチである　（高畠，2011，p.41）。

2．多職種との協働（Collaboration）

　1．の「人と環境の適合」についてさらに述べると，人や環境に関する取り組みには，医師や心理師や社会福祉士などの多職種との協働が不可欠である。学校や職場や近隣などで，何らかの不適応を起こしている人がいる場合，個人に心理療法等を行って環境に適応させるのが従来の考え方だったが，個人が環境を変える主体になったり，多職種と協働したりして，「人と環境の適合」が起こると考えるのがコミュニティ心理学的アプローチである。

　なお，シーバーン Seaburn らは，健康保健の専門家と健康ケアの提供者の協働について，次の6点にまとめている（1996）。1）人間関係，2）協働という共通の目的，3）変化と健康と病気に関するパラダイム，4）コミュニケーション，5）サービスの提供者との物理的距離（location of service），6）柔軟な権力構造に基づく職業上の配慮等を挙げている。また，ハイエス Hayes（2001）は，協働に必要な要因として次ぎの5点を挙げている。1）相互性，2）共有された目標，3）共有された資源（shared resources），4）見通しをもつこと（perspective taking），5）発展的対話等である。

　以上，多職種（当事者も含める）と協働する場合，筆者は必要不可欠な働き方を以下のようにまとめた。「さまざまな臨床現場で続出している困難な問題に対して，その解決が一人の専門家の力量だけでは不可能である状況を踏まえて，さまざまな専門家と時には非専門家も交えて，積極的で生産的な相互交流や相互対話を重ねながら，共通の目標や見通しを確認し，問題解決に必要な社会資源を共有し，必要ならば新たに資源やシステムを開発する活動」と定義した（高畠，2011，p.88）。

3．コミュニティ感覚（Sense of Community）

　サラソン Sarason（1974）は，*The Psychological Sense of Community* を著し，

その中でコミュニティ感覚の定義として次の4点を挙げている。1）他者との類似性の感覚，2）他者との相互依存的関係の承認，3）他者が期待するものを与えたり，自分が期待するものを他者から得たりして，相互依存関係を積極的に維持しようとする感覚，4）自分は，ある大きな依存可能な安定した構造の一部分であるという感覚，としている。なお，Sarason のこの定義以降，コミュニティ感覚についての理論や実践の報告が一旦途絶えてしまい，マクミラン McMillan, D. とチャビス Chavis, D. により再定義され，「コミュニティ感覚尺度（SCI）」が開発された（1986 年）。SCI の構成尺度は以下の4点である。1）メンバーシップ：コミュニティの境界，所属感，情緒的安心感，コミュニティへの投資など，2）影響力（メンバーとコミュニティが相互に影響力を持ち合う）：メンバー間で親密性が生まれることを目的とする，3）統合とニーズの充足：人と環境の適合に通じるもので，コミュニティを通じ個人間のニーズが統合されることから，自己と他者のニーズが充足されるという感覚，4）情緒的結合の共有：コミュニティとメンバーのポジティブで精神的交流につながる。以上のコミュニティ感覚尺度は，自助グループの発展につながったが，次項のエンパワメントにもつながる大事な概念である。

4．エンパワメント（Empowerment）

　エンパワメントという用語が登場したのは，1950 年代以降で，アメリカで起こった人権差別撤回運動や公民権運動，フェミニズム運動の中から，社会的弱者と呼ばれる黒人・女性たちに，失った力を取り戻す運動から生まれた概念である。平川（1997）はラパポート Rappaport（1981）を引用しながら，「エンパワメントとは，個人・組織・コミュニティが自分自身の生活を統制できるその過程であり，メカニズムのことである」と言い，「エンパワメントは，個人が自分自身の生活全体について統制と支配を獲得するだけでなく，コミュニティにおいても民主主義的な参加を獲得するその過程のことである」（Zimmerman & Rappaport, 1988）と言う。これは本項の1．で述べた「人と環境の適合」に通じる概念である。「分析レベルにおけるエンパワー過程とエンパワーの成果の比較」（Zimmerman, 2000）を表1に提示する。これによると「エンパワメントは，コミュニティで働く際の価値方向づけであると同時に，人々の生活，組織の機能，コミュニティでの生活の質に影響を与える決定をコントロールし，影響を与えようとする努力のプロセスであり，結果を理解するための理論モデル」であるとまとめている（村本，2006）。

表1　エンパワーのプロセスとエンパワーされた結果についての3次元の比較

分析の次元	エンパワーのプロセス	エンパワーされた結果
①個人	意志決定スキルの学習　資源の管理　他者との協働	統制感　批判的意識　参加的行動
②組織	意志決定への参与の機会　責任の共有　リーダーシップの共有	資源を求める効果的競争　多組織へのネットワーキング　政策への影響
③コミュニティ	資源へのアクセス　開かれた統治構造　多様性への耐性	組織的な提携　複数のリーダーシップ　住民参加のスキル

出　展：Zimmerman, M. A. (2000) Empowerment theory: Psychological, organizational, and community levels of analysis. In: Rappaport, J. & Seidman, E. (Eds.): *Handbook of Community Psychology.* Springer, pp.43-63.

5．予防（Prevention）

1）公衆衛生分野における予防は，「疾病を予防し，寿命を延長し，身体的・精神的な健康と能率の増進を図る科学と技術」として登場した（Winslow, 1920）。具体的には①一次予防：健康な時期に定期健康診断や予防接種を受け，学校教育において健康教育や性教育などを行い，ライフサイクル上の必要な時期に予防的介入を行なう。②二次予防：兆候が見られる時期や無症状期に行うことで，ある集団やある地域の発症率や有病率を下げることができるので，早期発見・早期治療に当たる。③三次予防：治療による病極期を過ぎて回復の兆しが見えた頃に，リハビリ・プログラム等を行い再発予防も兼ねる。

2）精神医学およびコミュニティ心理学分野における予防は，キャプランCaplan（1964）の考え方を出発点としている。①一次予防：地域社会において，あらゆる精神疾患の発生を減らすこと。②二次予防：それでもなお起こる精神疾患の罹患期間を短縮すること。③三次予防：これらの精神疾患から生じる障害を軽減すること。

以上の一～三次予防の実現のために，コミュニティ心理学の関係者たちは，長期入院している精神障害者の脱施設化のために，コミュニティの中にデイケア，共同作業所，グループホーム，自助グループなどの受け入れ環境を整備する一方，その中でコミュニケーション・スキルや社会生活スキルを提供しながら，精神障害者への差別・偏見を取り除くために，コミュニティ全体への啓発活動や予防教育活動等を行ってきた。

3）新しい予防の考え方としては，アメリカのIOM（Institute of Medicine；科学アカデミー医学研究所）が1994年に出した予防・治療・維持からなる精神保

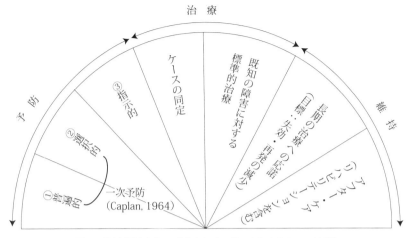

図1　精神保健介入スペクトラム（Patricia & Robert, 1994）

健スペクトラム（図1）により，Caplanの考え方にパラダイム・シフトが起こった。

　①普遍的予防：まだリスク集団とは言えない母集団に行うもので，保健センター等での検診・予防接種・栄養指導等，学校での性教育や禁酒・禁煙教育等，職場や地域でのストレス・マネジメントなど，受けるか否かの決定は本人の意思による。②選択的予防：生物学的・心理的・社会的に高いリスク要因をもつが，まだ障害の兆候は見られない。放置すると障害や問題行動等が顕在化する可能性が高いが，あくまでも本人の意思によるもの。③指示的予防：重大な精神疾患の前兆と思われる不適応状態を示す人を対象にしたもの。Caplanの基準に従えば，①と②が一次予防，③が二次予防と言うことになる。

6．危機介入（Crisis Intervention）

　Caplan（1964）によれば，「危機は，人が大切な目標に向かう時，それが習慣的な問題解決の方法を用いても克服できない時に生じる」と定義されている。従って危機状態とは，難問発生状況（hazardous environment）において，自分が持っている対処方法では解決できずに，情緒的均衡を揺さぶられる状況を指すことになる。

　1）人生における危機とは，①家族コミュニティにおける危機（離婚，DV，児童虐待，高齢者虐待，精神疾患をもつ家族メンバーがいる等），②学校コミュニティ

における危機（いじめ，学級崩壊，スクール・セクハラ，教師から生徒や教師へのパワハラ，構内の侵入者からの暴力・犯罪事件等），③近隣コミュニティにおける危機（通り魔的事件等の人為災害，地震などの自然災害等）などが多発しているため，どのような対処モデルで対応するかに拘わらず，何をおいても関与する人々との協働がもっとも重視される事態と言える。

　2）危機介入モデルはさまざまあるが，コミュニティ心理学的志向性をもつグリーン Greene ら（2000）の解決型危機介入モデルについて簡単に述べる。このモデルは医学モデル（病理・脆弱性モデル）でなく，発達モデル（健康モデル）での強みやコンピテンスを追求するものである。①第1ステップ：危機ワーカーは共感性・受容性・サポート等を提供しつつ，生命の安全と死の危険性を査定する。②第2ステップ（問題の定義）：問題状況とそれにまつわる感情などを言語化し，課題等を焦点化する。③第3ステップ（目標の設定）：過去から未来へと方向転換し，将来の状況・思考・感情・行動等を言語化する。④第4ステップ（解決策の同定）：問題が解決したとして，将来を細かく思い描くと，例外質問・対処質問・過去の成功体験等を質問し，将来のビジョンを現実化する。⑤第5ステップ（行動計画の開発と実行）：クライエントに自分の目標達成能力や解決能力を語ってもらい，例外質問を通してコントロール能力を身に付けてもらい，危機ワーカーは適切な行動計画を作成する。⑥第6ステップ（終結とフォローアップ）：クライエントが元の機能レベルに戻ったことを確認し，何かあれば相談にのることを保証して終える（高畠，2011, pp.69-70）。

7．後方支援（Postvention）とソーシャル・ネットワーキング

　6．の危機介入後のサポートでは，Postvention と言われるように，危機介入の意義を見失わないために，当事者にとっても支援する側にとっても，大変重要な意味を持つ支援である。また，Ⅲの1．で述べた「個人と環境の適合」の観点からも，危機介入は現在危機に陥っている人びとに，直接的な心理的支援を送り届けることになるが，後方支援では個人が再び危機に陥らないように，棲んでいる環境に働きかけて，環境をエンパワメントすることに支援の焦点が置かれる。このように後方支援においては，長期的・持続的に支援する多職種（心理師，社会福祉士，医師や看護師などの医療関係者，弁護士，行政官等）との連携や協働が行われることにより，個人への効果はもちろんのこと，トラウマが起らない環境も，トラウマによって破壊されない健全な生活環境を創り上げて，最終的に個人および環境へのエンパワメントに繋がるような支援に焦点がおかれる。しかも，

そのためには環境を構成している援助職（心理やワーカー等）が，法律家や教育者，行政職等との協働が欠かせないどころか，援助職の協働によって健全な社会的支援ネットワークを展開させることが究極の目標になるだろう。

8．危機介入→後方支援→予防→危機介入とつづく円環的支援

　前述の予防・危機介入・後方支援の３つの支援が，右回りに円環していることを表したものが図１である。ただし，これは DV（Domestic Violence；家庭内暴力）の被害者が，シェルター・コミュニティに３カ月間避難している間に発動し利用できる支援機能図である。まず，楕円の中はシェルター・コミュニティ内で行われる支援であり，１）緊急に安全な場を提供する機能，２）入所者と支援者が相互にエンパワメントし合う機能，３）入所者と支援者が自助グループを通して，新しい人生と人間関係を構築する機能である。このように，シェルター内でそれぞれの支援を受けながら，退所後は OG 会として定期的に集まり，相互に支援し合うことになる。一方，楕円の外に書かれている機能は，シェルターの外で行われるもので，原則シェルター退所前後に地域の関係機関や支援者と出会って，進めて行くものである。例えば，近隣の福祉事務所や保健所，精神科クリニック（walk-in-clinic など）医療機関，法テラスや弁護士や裁判所などと協働して行われる支援であり，基本的には DV 被害者等を支援するものだが，近隣のコミュニティに働きかけて，DV 等が関係する事件を未然に防ぎ，自分たちのコミュニティを安全で棲みやすいものにするための支援にもなる。それがひいては，第二第三の DV 被害者を出さない社会環境作りに繋がり，予防的機能を発揮することにもなるのである。

9．コンサルテーション（Consultation）

　本書第９章で，箕口氏の詳細な記述があるので，ここでは臨床心理学の実践場面で行われるスーパービジョンとは異なり，コミュニティ心理学の独自性をもつ概念として復習しておく。まず，臨床心理学の実践においては，自分の関わっているケースについて，経験豊富な心理師等から，アドバイスや指導を受けるのがスーパービジョン（Supervision; SV）であり，読んで字の通り上からの視点で指導を受けることを言う。これに対して，コミュニティ心理学でのコンサルテーションの概念は，相談・協議・診察などの意味を持っており，コミュニティ心理学では重要な理念である。コミュニティ心理学で使われるコンサルテーションは，心理師同士の指導・被指導の話し合いと言うより，多職種と協議すると言う点か

ら，協働の概念と同意義と考えるのが適切であろう。コンサルテーションを確立した Caplan は，建国当時のイスラエルで精神科医の不足から，さまざまな人びとと協議しながら患者を支えたという。これが正に，コミュニティ心理学でいうコンサルテーションであり，コミュニティにおける心理師の重要な関わりである。

IV　コミュニティ心理学的理念に基づくコミュニティ・アプローチの実際

さまざまな臨床現場において，クライエント個人に向けた心理的支援だけでなく，コミュニティを巻き込んだ支援がコミュニティ心理師に求められることが多い。そこで，個人情報に抵触しない形でアレンジした DV の仮想事例を提示して，Ⅲ．で述べたコミュニティ心理学的理念に基づいて，コミュニティ・アプローチをどのように行ったかを具体例で述べる。

1．仮想事例の提示

1）主訴
男性からの暴力の連鎖に悩む 40 歳代前半の独身女性（Aさん）

2）来談された経緯
Aさんは，両親間の暴力が日常的に起っていた家庭で育ったが，18 歳の大学入学を契機に親元を離れた。それから 20 年以上が経過して，母親が高齢になり要介護状態になり，同居を求められてしぶしぶ帰郷したが，母親の世話をしているうちに，母の要求とは真逆の嫌がることをしたり，時には昔自分がされたように，母を罵倒したり暴力を振ったりして，自分の気持ちを押さえられない毎日を過ごすようになった。「母に本当に酷いことをしている自分」と，事が終わってから自覚する自分に危惧感を抱き，都道府県の女性センターに相談して，筆者を紹介されて来談した。Aさんは，すらっとした長身の女性で，身だしなみも整っていて，母と二人暮らしで話すほど荒れた生活をしているとは感じさせない。遠隔地にいる弟さん一家は，母と姉に近寄らず，没交渉の状態を続けている。

3）現在に至る経過
幼少時から両親間の暴力を見て育ち，怖い思いをして過ごしてきたが，Aさんが小学校に入学したころに，父親は失踪してゆく方知らずになり，母親と弟の三

人暮らしになった。やっと母親に甘えたり，一緒に遊んだりしてくれるようになり嬉しかったが，そのうち自分の反抗期とも重なって，ことごとく母親に逆らい，その結果母親からの干渉や暴力を受けるようになり，母親との関係は酷く悪化した。18歳で親もとを離れ，好きな美術を学ぶために地方の大学に入り，卒後は公務員になり，美術は生かせなかったが，自活してまあまあの日々を過ごしていた。公務員時代には，男性との付合いもあり，一時期は同棲もしたが，結局上手くいかず別れることになった。男性の身勝手さに何度も失望して，その頃付き合っていたストーカー的な男性から逃れるために親元に戻った。そこで，新しい仕事を見つけて，数年間可もなく不可もなくの生活を送っていた。ところが，母親がだんだん認知症気味になり，思い違いや頼んだことを忘れてしまうことが多くなって，今度は逆にAさんが母親に手を挙げることが多くなり，毎日が暴力の応酬になり，このままでは母と共倒れになるだろうと予測できたので，女性センターに相談して，筆者を紹介されて面接をすることになった。

2．コミュニティ心理学の基本的理念に則った支援の在り方

1）エンパワメントによる人と環境の適合：

　Aさんの家庭は，物心ついた頃から毎日暴力の飛び交う場で，〈父親から母親へ〉，〈母親からAさんへ〉，〈父親から弟へ〉，〈Aさんから弟へ〉と，信じ難い暴力連鎖の環境の中で育った。このような生活環境で育った子供は，親を信用できないので，常に距離を取って家庭内でも異邦人のように振る舞うか，暴力の相手を怒らせないように言いなりになるかであり，Aさんもこのような生活環境の中で，自分自身が何者かというCore（核）を持てない人間として生きてきたようだ。そこで，筆者はフェミニスト・カウンセラーとして，自分の核を持たないまま生きてこざるを得なかったAさんの頑張りを認めていくこと，かつての加害者であった母親と一緒に住むという環境から距離を置くことの2点が，回復の第一歩と考えた。まず，彼女が過してきた40余年の人生を振り返り，過酷な環境の中で，親元を離れたり求められて戻ったりした人生に，「Aさん，よく頑張ってこられたわね！　偉い！」の一言で，Aさんは泣き崩れてしまった。こうして，Aさんの家庭外では頑張れる良い面（大学をきちんと卒業して，公務員で働いてきた人生）に大いなる声援を送り，さまざまな面で傷ついてきた彼女と心理面接を開始し，ある程度落ち着いたところで，自助グループに繋げた。この自助グループは，DV被害者の3カ月の一時保護入所期間で，同じ被虐待経験（親から，配偶者からの）をもつ入所者同志が，過去を語り未来に向けて再出発しようとする

自主管理的な傾向の強いグループである。一方，幼少時の母親からの虐待体験と年老いた母親へのリベンジ感情からくる虐待防止を図るために，送迎バスを利用して母親を昼間のデイケアに繋げて，夕方まで施設職員に見守ってもらうことを勧めた。これには母親が最初に抵抗を示したが，この体制を続けるうちに段々慣れてきて，デイケアを楽しめるようになり，これが結果的には母親へのエンパワメントになって，多少なりとも認知症の進行を遅らせることにもなった。

2）当事者グループを基盤にした多職種との協働：

　こうして，Ａさんは今まで母親の介護に取られていた時間を，Ａさん自身の時間として有効活用するために，2週間に1回のカウンセリングと同じ被虐待環境で育ったシェルター仲間とのミーティングに毎週出席して，自助グループのメンバーとして，募る思いを涙と一緒に吐き出し，メンバーから多くの体験を聞いてもらい，自信をつけていった。母娘という最少単位のコミュニティから発生した虐待関係を，自助グループや他の当事者グループと繋がって，当事者の権利を擁護するアドボカシー機能に展開させたり，医療機関や公的な機関等とコラボしたり，協働の目標に向けて少しずつ運動したりも始まった。このような自助グループでの体験を通して，Ａさんも母親も，それぞれに暴力の加害者であり被害者であったことを振り返り，同じ辛い体験をした仲間と繋がることで，Ａさんたちもエンパワーされ，それが彼女たちを支えてきた仲間や環境をエンパワーすることにもなって，「人と環境の適合」に繋がったのである。なお，図2の支援機能図を見ると，危機介入でシェルターに入所した女性たちが，そこを基点に被害者仲間と繋がり，退所後の生活を視野に入れて，医（療）・職（業）・住（居）の確保のために，〈DVを専門にする医療機関・福祉事務所・保健所・職業相談センター・宿所提供施設・母子寮・子供支援センター・法テラス（籍の移動や離婚手続き等）〉等の専門機関や専門職と少しずつ繋がって協働が実を結んでいくのである。

3）まとめに代えて

　幼少時の親からの虐待，学校等での虐め・虐められ体験，恋人・パートナーからのIPV（Intimate Partner Violence）およびDV体験，職場でのパワハラ・セクハラなどのハラスメント，高齢者虐待など，私たちの人生には枚挙の暇がないほど多くの暴力による人権侵害が起こっている。そこで，人権侵害を防止するような積極的な施策が求められる。例えば，①各都道府県や市町村に，24時間暴力防止ホットラインを設置する。②精神保健センターや女性センターで，DVやIPV

防止に関する講座やセミナーを開催する。③学校では，教員・生徒・PTA を巻き込んだ暴力防止セミナーを実施する。④教室の 4 層構造（森田の言う被害者・加害者・観客・傍観者の 4 層構造）の中で，特に傍観者への働きかけを行う。⑤職場におけるハラスメント防止研修など，コミュニティ心理学では，虐待・人権侵害などが起こる前の予防的働きかけ，すなわち前述の 8．円環的支援が重要である。

◆学習チェック表

□　1975 年にアメリカのオースティン会議で，コミュニティ心理学が誕生した背景が理解できた。

□　コミュニティ心理学の基本理念の 9 つの内 6 つ以上が説明できる。

□　コミュニティ心理学における円環的支援とはどういうものかが，具体的に DV 被害者支援で理解できた。

□　幼少時に始まり，高齢者になっても虐待が後を絶たないのは，どうしてかが理解できた。

□　当事者グループや自助グループの活動が，社会の変革を起こすことができるのは何故だろうか？

より深めるための推薦図書

　　山本和郎・原裕視・箕口雅博他（1995）臨床・コミュニティ心理学．ミネルヴァ書房．

　　植村勝彦・高畠克子・箕口雅博他（2006, 12）よくわかるコミュニティ心理学．ミネルヴァ書房．

　　植村勝彦編（2007）コミュニティ心理学入門．ナカニシヤ出版．

　　日本コミュニティ心理学会編（2007）コミュニティ心理学ハンドブック．東京大学出版会．

　　高畠克子（2011）臨床心理学を学ぶ⑤―コミュニティ・アプローチ．東京大学出版会．

文　　献

Caplan, G.（1964）*Principles of Preventive Psychiatry*. Basic Books.（新福尚武監訳（1970）予防精神医学．朝倉書店．）

Caplan, G. & Caplan, R. B.（2000）*Mental Health Consultation and Collaboration*. Waveland Press

Dalton, J. H. Elias, M. J. & Wandersman, A.（2001）*Community Psychology: Linking Individuals and Community*. Thomson Learning.（笹尾敏明訳（2007）コミュニティ心理学―個人とコミュニティを結ぶ 実践人間科学．トムソンラーニング．）

Duffy, K. G. & Wong, F. Y.（1996）*Community Psychology*. Allyn & Bacon.（植村勝彦監訳（1999）コミュニティ心理学―社会問題への理解と援助．ナカニシヤ出版．）

Greene. G. J. et al.（2000）How to work with clients' strengths in crisis intervention: An solution-focused approach. In: Roberts, A. R. (Ed.) *Crisis Intervention Handbook: Assessment, Treatment, and Research.* Oxford University Press, pp.31-55.

Hayes, R. L.（2001）カウンセリングにおけるコラボレーション．東京大学大学院教育学研究科心理教育相談室紀要，**24**; 108-113.

平川忠敏（1997）コミュニティ心理学におけるエンパワメント研究の動向―エンパワメントの実践面から．コミュニティ心理学研究，**1**(2); 161-167.

Lewin, K.（1951）*Field Theory in Social Science.* Harper & Brothers.（猪俣佐登留訳（1956）社会科学における場の理論．誠信書房．）

箕口雅博編（2016）コミュニティ・アプローチの実践―連携と協働とアドラー心理学．遠見書房．

村本邦子（2006）基本的発想8―エンパワメント．In：植村勝彦・高畠克子・箕口雅博・原裕視・久田満編：よくわかるコミュニティ心理学（第2版）．ミネルヴァ書房，pp.38-41.

Patricia, J. M. & Robert, J.(Eds)（1994）*Reducing Risks for Mental Disorders: Frontier for Preventive Intervention Research.* National Academy Press.

Rappaport, J.（1981）In praise of paradox; A social policy of empowerment over prevention. *American Journal of Community Psychology.* **9**; 1-25.

Sarason, S. B.(1974)*The Psychological Sense of Community: Prospects for a Community Psychology.* Jossey-Bass.

笹尾敏明・渡辺直登・池田満（2007）コミュニティ心理学の誕生から現在まで．In：日本コミュニティ心理学会編：コミュニティ心理学ハンドブック．東京大学出版会，pp.4-20.

Seaburn, D. B., Lorenz, A. D., Gunn, W. B. et al.（1996）*Models of Collaboration: A Guide for Mental Health Professionals Working with Health Care Practitioners.* Basic Books.

高畠克子（2011）コミュニティ・アプローチ．東京大学出版会．

高畠克子（2016）女性・子どもへの「暴力と貧困の連鎖」に対するコミュニティ・アプローチ．In：箕口雅博編：コミュニティ・アプローチの実践―連携と協働とアドラー心理学．遠見書房，pp.236-251.

Winslow, C. E.（1920）The untilled fields of public health. *Science*, **51**; 23-33.

山本和郎（1986）コミュニティ心理学．東京大学出版会．

Zimmerman, M. A. & Rappaport, J.（1988）Citizen participation, perceived control and psychological empowerment. *American Journal of Community Psychology*, **16**; 725-750.

Zimmerman, M. A.（2000）Empowerment theory: Psychological organizational, and community levels of analysis. In: Rappaport, J. & Seidman, E. (Eds.): *Handbook of Community Psychology.* Springer, pp.43-63.

福祉の中での心理学的支援

村松健司

🔑 *Keywords*　児童養護施設，児童虐待，多職種連携・協働，共感疲労，情緒的境界，専門職
連携教育，環境療法モデル，面接志向モデル，施設における心理職の専門性

I　児童福祉心理臨床の現状と課題

1．社会的養護と児童福祉施設

　本章では福祉の中での心理学的支援について，児童の福祉心理臨床を中心に述
べてみたい。

　児童相談所への児童虐待相談件数は統計を取り始めた 1900 年以降増大の一途
をたどり，2018 年には速報値で約 16 万件となった。社会的養護は，「保護者の
ない児童，被虐待児など家庭環境上養護を必要とする児童などに対し，公的な責
任として，社会的に養護を行う」（厚生労働省，2011）とされ，児童福祉施設が
虐待を受けた子どもの主たる受け皿となってきた。児童福祉施設は大まかに，表
1 のように分類される。

　②の児童養護施設は 2017 年 12 月現在，全国に 615 箇所あり，26,000 人ほど
の子どもが生活している（厚生労働省，2017）。児童養護施設入所児の半数以上
に被虐待体験があり，その困難な背景への対応として，1999 年から心理職（心
理療法担当職員）配置が開始され，2011 年には義務化となった。さらに 2005 年

表 1　児童福祉施設の分類

①助産院，保育所，児童厚生施設（児童館や児童遊園）など子どもの誕生と成長を支援する施設
②何らかの理由で親子が家庭で共に生活することができず，子どものみが入所して支援を受ける入所施設（乳児院，児童養護施設，情緒障害児短期治療施設，児童自立支援施設）
③母子共に入所して生活基盤の構築を目指す施設（母子生活支援施設）
④障害児のための施設（知的障害児施設，肢体不自由児施設など）

度からは家庭支援専門相談員（ファミリーソーシャルワーカー）の配置が開始され，その他にも個別対応職員や児童自立支援専門員（兼務であることが多い）などが加わり，児童養護施設は児童指導員や保育士といった，いわゆる直接処遇職員（ケアワーカー）だけでなく，多職種連携・協働によって子どもや家族を支援していく場となった。

　このチームで，あるいはネットワークで子どもを支援するという発想には大きな意味がある。京都大学（2006）による「自殺の経済社会的要因に関する調査研究報告書」によると，自殺は複合的な要因を持つものの貧困はその要因のひとつであり，かつ自殺リスクを防ぐ要因としてソーシャルサポートがあるという。これらの指摘から，経済的ゆとりだけでなく，心理的なつながりが危機的状況を防ぐと考えることができる。しかし，虐待に至る家庭は地域から孤立し，経済的な問題などを抱えていることが多い（西澤，2010）。児童虐待を「家族の危機」と捉えれば，その支援はこれまで心理支援の中核を担ってきた個別の心理療法だけでは十分でなく，自殺対策と同様に総合的な視点が求められる。その総合的支援のモデルが，多職種連携・協働であると言えるだろう。

2．福祉施設における連携・協働と課題

　児童福祉領域では，1990年代の児童虐待問題を皮切りに，「早期発見」のための専門職・多職種連携が強化され続けている。2007年には「乳児家庭全戸訪問事業」が始まったが，この試みは，時代的な要請のなかで「相談を待つ」というスタンスから，「支援を届ける」というアウトリーチへの変化が生じてきたことを象徴的に示すものであった。

　子どもや家庭，あるいは教育・援助機関を取り巻く環境の変化，そして複雑化・多様化する困難に対応するために，心理職の職域も拡大してきた。心理職は伝統的に，面接室のなかでクライエントの内的な世界をともに探求し「クライエントの自己体験をつなげる」役割を担ってきたが，学校や施設という既存組織への参入によって，心理職は援助ニーズを持つ人たちを「コミュニティとつなげる」役割も要請されるようになった。そのために，心理職自身が教育・援助組織やコミュニティとつながる必要があり，連携・協働は心理職にとって重要な課題となっている。

　医療領域では「チーム医療」を実現するために，専門職連携教育への取り組みが始まっているものの，社会的養護においては多職種協働のあり方のみならず，専門職連携教育の具体的な教育プログラムもほとんどない状況にある（村松・塩

谷・山邊，2014）。このことについてはあらためて検討するが，ケアワーカーとの連携・協働のために，あるいは生活施設における心理職の立ち位置を明確にするために，児童福祉領域では「生活場面面接」や「環境療法」といった技法が関心を集めてきた。

3．生活場面へのかかわり

環境療法（milieu therapy）のひとつの流れは，第二次大戦後の貧しく暴力的な家庭で育った子どもたちへの精神分析的介入プログラムとして，アイヒホルン Aichhorn，ベッテルハイム Bettelheim，レドル Redl とウィネマン Wineman による治療環境のコンセプトであり，それは生活場面面接（the life-space or marginal interview），治療教育（therapeutic education），心理療法（psychotherapy）から構成されている（Cohler & Zimmerman, 1997）。ベッテルハイム（1950）の著書『愛はすべてではない』では，自閉症児が環境への見通しを持てること，個人あるいは集団心理療法は日々の生活の文脈に置き換えることができることなどが提唱され，我が国の環境療法の実践に大きな影響を与えた。

施設の雰囲気やスタッフとの温かな関係が被虐待児に大きな効果があることは言うまでもない。しかし，このアプローチは総合的なものであり，かつ，施設の生活場面は基本的に人手が少なく，個別対応，すなわち二者関係へのアプローチが難しい。生活場面が重要だからこそ，その中で繰り広げられる子どものさまざまな言動を，総合的な子ども理解としてまとめ上げていくスキルも求められよう。この意味でも生活場面への参加が生きるためには，心理職に一定の経験と訓練が必要になると考えられる。

■ II　児童福祉施設で生活する子どもへの支援

1．事例

つぎに，筆者が経験したある事例（村松，2013a）をもとに，福祉施設における支援について考えてみたい。

【事例】

小学校高学年の女子Ａは，実母からの身体的，心理的虐待を理由に施設入所した。

Ａは入所後何事にも意欲がわかず憂うつな表情で過ごす一方，時折スイッチが

切り替わったようにハイテンションになり，他児から浮いてしまうことがしばしばだった。Aの部屋はきちんと整理されているもののどこか殺風景で，ぬいぐるみなど女子が好むものには関心がないようであった。そんなAであったが，次第に女性の担当ケアワーカーBとの個別活動を楽しみにし，やがて一緒にクラフトワークをして小さなマスコットを作り大切にするようになった。そんな折，Aの想いと異なることを繰り返し，Aの希望はうやむやにしようとする態度を母親が繰り返すうちに，次第に母親に対するAの怒りがこみ上げてくることになった。しかし，母親に直接その怒りを向けることはできず，その矛先はあることをきっかけに筆者に向かい，「先生とは話したくない」と言って，2カ月ほど面接で一言も発せず押し黙っていた。それでも面接には毎回やってきた。

　筆者が〈自分のことをどう思っているか，分かるように話して欲しいのかな……〉など無理のない言語的交流を続けるうち，少しずつ筆者への反発は影を潜め，「先生はお母さん，怖いと思ったことある？」と尋ねたりするなど，母親との関係の振り返りが始まった。しかし，このときもAの怒りは母親ではなく身近な担当女性ケアワーカーBに向き，「いちいち確認してくるからうるさい！」とイライラしては，拒否的態度を取った。Aは，その怒りを面接のなかで語ったため，毎週の面接は"B先生の意図を確認する"セッションとなった。「あー，そうも考えられるのか…」と考え込むこともあれば，「そんなの絶対ない！」と怒りが収まらないAに〈ここで話し合ったらどうなるとか，君のイライラはそんな簡単なことじゃないんだな〉と筆者が共感的に語るしかないこともあった。この時期，Aは悪夢を頻繁に見たが，「飛んでいる空から落ちる夢」はほぼ毎回報告された。そんな折，自宅に外泊したAはついに母親に「前に殺されそうになった」「どうせ私なんかどうだっていいって思っているんでしょ！」と直接抗議した。ただ，このあとの母子の揺れ方は想像以上で，ケアワーカーBからAが母親への怒りをノートに書き殴っている状況報告を受け，筆者はAに毎日面接を行うことにした。その面接の中で，Aは「私は（自分への虐待を母親に）謝って欲しいわけじゃない。何でこうなったか知りたいだけ」と言った。その後は，中村（1999）のジェノグラム・プレイバック法を参考に，Aとは直接話し合えない母親に代わって，筆者が当時の状況をAに伝え，Aの生い立ちと家族理解を進めていくことになった。最後にAは，「いまはお母さんを許すことはできないけど，自分がお母さんと違う生き方をすればいつか少しは平気になれるかもしれない」と言って，「自立した女性」への歩みを進めていくことになった。

2．施設における個別支援の意義

　虐待を受けた子どもは PTSD（心的外傷後ストレス障害）に代表される心理的後遺症だけではなく，海馬の体積の減少など反復される虐待の種類によって脳のさまざまな部位に器質的な影響があるとされる（友田，2011）。心と身体に大きなダメージが残る結果，社会的活動が制限されることで，彼らは心理的，身体（生理）的，社会的側面での総合的なハンディを負うことになる。その意味で，子どもへの心理，身体，そしてソーシャルサポートへの支援は欠くことのできない三本柱である。

　このようにして開始される総合的支援の前提として，子どもが誰からも暴力を受けることがないという環境を用意する必要がある。私たちが生活のふとした瞬間に自分を内省したり，思いがけない自分の考えに出会うように，「自分を見つめる」ためには安全な生活環境を持てることが基本前提であり，そうでない場合は，まず子どもの現実生活への直接的支援が必要になる。

　子どもへの個別支援は，安全な環境のもとで子どもの行動問題，成育の背景，発達状況，子ども自身のニーズなどからケース・フォーミュレーションを行い，できればそれを子どもと共有したい。福祉領域では行政が子どもを家族から分離し，社会的に保護する経緯をとることが少なくなく[注1]，子どもが家族から離れるという傷つきを抱えていたり，十分なこころの整理がつかないまま心理支援が始まることがある。しかし，どんな場合でも「治療（あるいは支援）契約」はその後の経過に大きな影響を与えることになるので，このことの意味はとくに強調しておきたい。

　個別心理面接で行われることは，主に二者関係の修復である。子どもが不安でいるときに無視をされたり[注2]，逆に叱責されるといった体験を繰り返してきた子どもが，大人と 2 人で同じ時間を過ごすことは，大きな脅威であろう。児童福祉領域における個別面接については多くの文献で紹介されているので，ここでは詳細に記述しないが，大人への脅威と共に「自分のことを考えてくれている」これま

注1）行政用語である「措置」は，親に代わって子どもを養育するという行政処分を表すものである。

注2）トロニック Tronick ら（1978）の「無表情実験（still face experiment）」は，子どもの情動や働きかけに応えない養育者に対して，子どもが著しい混乱を見せることを示した。この映像は YouTube で視聴することができる。妙木（2012）は，ビデオに登場する子どもの混乱の様は，怒りや不安，恐れなどが入り交じった被虐待の内的世界を知るヒントになると述べている。

でにない存在と出会い続けることの意義は少なくない。Aは筆者に激しい攻撃性を向けてきたが，それは子どもの攻撃によっても対象が「生き残る」（Winnicott, 1974）ことの重要性と，それでも「いま－ここで」の子どもの気持ちを推し量ろうとする大人の存在が必要となることを物語っている。後者は大人（養育者）のメンタライズ機能[注3]と考えられ，その相互関係が子どものメンタライズ機能を少しずつ育んでいくことになると考えられる。「怒りをぶつけ，受け止めてくれる大人」「言い過ぎても，その気まずい関係を修復してくれる大人」との関係を通じて，変化が多く不確実で，複雑な状況であっても，子どもはその場にとどまることができ，「自分はどうしたらよいか」を学んでいく。この学びが「内省」と呼ばれるもので，被虐待児の支援では，個別面接や生活場面における援助者との個別の場において人や物との関係性と，物事のなりゆきを学ぶことが，自身の歴史の関係性を紡ぐ礎石となるのである。内省は，自身の葛藤に直面し，現実（リアリズム）を歪めることなくその葛藤に取り組もうとする能力を示すものだ。AがB先生という同性の関係性に踏み込んでいったことは，女性性（あるいは母なるもの）との対決であるとともに，母親との対決でもあり，その意味を個別面接でそのことをともに考えることによってAの内省過程が展開していったと考えられる。妙木（2010）による「風景としての精神分析」という表現によると，共に眺められたパースペクティヴはやがて，ストーリーになっていく。被虐待児は生活の中でも自らの虐待体験を語ることが多いが，生活場面は他児もいて，スタッフがずっといられるほど人手もない上，生活には自分のリズムと異なる流れもある。個別心理支援はこういった視点からも欠くことができない。

3．過去と折り合いをつける

　虐待体験は，「過去」の経験が「過去のもの」になりきれていず，だからこそ「現在」の出来事を含めた子ども自身の体験に「意味」や「ストーリー」を見出しにくいという困難を生じさせる。しばしば，被虐待児が刺激に弱く，刹那的であるという指摘をされるのも，断片的な生活体験を余儀なくされてきたゆえと考えることができるだろう。

　いわゆる「虐待の連鎖」を防ぐ要因（レジリエンス）に，「過去の体験の客観

　注3）メンタライゼイションは，「心を知る心の働き」と考えられ，アレン Allen とフォナギー Fonagy（2006）らによって理論構築と臨床実践が進められている現代精神分析の中心的展開のひとつである。

「化」がある。この客観化は，支援者とともに内省を深め「過去と折り合いをつける」こと，すなわち「過去を過去のものとすること」と換言することができよう。このとき，Aが悪夢で悩まされたように，子どもは大変脆弱になる可能性があるため，生活におけるきめ細かい支援と，無理のない活動，また筆者が実施したような面接回数の変更などが十分検討されなければならない。さらにAがケアワーカーBとの個別活動（初期の関係づくり）のあと，ケアワーカーBとのより踏み込んだ関係に分け入っていったことを積極的に支援し，Aの現実生活における個人的コンピテンシーを意識したかかわりも重視した。このようにして，Aのこころ（内界）と現実（外界）につながりができることによって，過去と折り合いをつけるという困難なプロセスが進んでいく。近年注目を集めている「ライフストーリーワーク」は，こういったクライエントの内省と個人的コンピテンシーの両面に十分な注意が注がれる必要がある。

4．心理職の共感疲労

　読者の中には，地震や大規模災害などテレビ画面で繰り返し流される映像にひどく疲れた経験をした人がいるかもしれない。トラウマは非日常的体験をその特徴としており，出来事が暴力的だったり大惨事であるがゆえに，それにかかわる人（見たり聞いたりするだけでもかかわっていることになる）があたかもその出来事に出くわしたような反応に陥ることがある。これらは共感疲労（compassion fatigue），あるいは二次的外傷性ストレス（secondary traumatic stress）と呼ばれ，トラウマへの支援の「ケアの代償（costs of caring）」（Figly, 1982）となることがある（藤岡，2008）。この共感疲労は，支援者の個人的生活にも影響を与えることがあり，家族と不仲になったりするなど，支援者の家族への三次ストレスも考慮される必要がある。

　初学者のセラピストの困難として「情緒的境界（emotional boundaries）」が緩すぎたり厳しすぎたりするという指摘があるが（Sknovholt & Rønnestad, 2003）トラウマにかかわる支援者が自らの情緒的境界をどう柔軟に維持するかも問われる必要があるだろう。支援に没頭するあまり寝ても覚めてもクライエントのことを考えたり，逆に自己防衛的となって素っ気ない態度をとるのではなく，クライエントのトラウマから過度に影響を受けすぎないように支援者自身のソーシャルサポートや日常生活を大切にするなど，支援者自身の情緒的境界をうまくコントロールしていくことが求められる。

III　福祉領域における多職種連携・協働

1．子どもの育ちのネットワーク

　個人のストレスが緩和されより幸福な生活が成り立つ要因として，ソーシャルサポートがある。カーン Kahn とアントヌッチ Antonucci（1980）は，生涯にわたるソーシャルサポートのネットワークとして「コンボイ」というモデルを提起した。コンボイは，護衛隊という意味があり，「その時々の個人の役割と，他者との関係性に基づいて維持されるソーシャルサポート」と理解することができよう。筆者は，こういった話しをする際，「みなさんが困ったときに相談できる人を，目を閉じて思い浮かべ見てください」と紹介することにしている。コンボイを形成する他者は平均7～8名ほどという指摘があり（高橋，2013），こういった複数の他者によって支えられているというネットワークなしに私たちが社会的生活を送ることは難しい。

　しかし，社会的養護の対象となる子どもたちはその多くが養育者の離婚，離職や転居など流動的な生活を経験してきた上に，施設はスタッフの離職率も高く，安定した他者（大人）関係を持ちにくい状況がある。国の施策である社会的養護における「家庭的養護」と「施設の小規模化」の結果，グループホームの担当者が毎年入れ替わる施設の状況を聞くことも少なくない。こうして，子どもたちにとってのコンボイは限定的，流動的にならざるを得ない。

　子どもの主たる養育者は mother ではなく primary caregiver と，幼児に対する養育者の育児語は motherese から infant-directed speech あるいは child-directed speech へと置き換えられつつあるように，多様化する社会の中で，子育てを担うのは「家族」であり，一部の「養育者」（主に母親）であるという偏った認識は是正される必要があるだろう。イスラエルの集団養育としてのキブツは，現代では親子の関係に焦点が移り，週末は子どもが家で過ごすという形態に変化したとは言え，いまもその共同生活はイスラエルの国力の拡大に大きな役割を果たしているという（米山，2017）。そして，ヒトがチンパンジーなどの類人猿と異なるのは，「共同繁殖」のシステムを獲得したことによるという長谷川（2011）の指摘からも，子育てに最終的責任を持つのは社会であるという「共同養育」の発想が求められてくると考えられる。厚生労働省は 2017 年に「新しい社会的養育ビジョン」を発表したが，その中で強調されている里親委託率の向上と特別養子縁組の強化は，「脱施設化」の視点からではなく，これまで述べてきた「共同養育」，

あるいは「子どもの育ちのネットワーク」がいかにあるべきかから論じられる性質のものと考えられる。

2．福祉領域における多職種連携・協働の現状と課題

　イギリスの専門連携教育（IPE; Interprofessional Education[注4]）は，CAIPE（Centre for the Advancement of Interprofessinal Education；専門職連携教育推進センター）による「複数領域の専門家がその連携とケアの質を向上させるために共に学び，そしてお互いを学ぶこと」という定義が定着している（村松ら，2014）。このことを前提にして，CAIPE（2002）の実践を参考にすれば，施設における協働に必要な要素は「施設内の状況に知悉していること」「お互いに学び合おうとしていること」「共に行動する姿勢を欠かないこと」と言える。では，この前提となる福祉領域の「専門性」をどう考えればいいのだろう。

　児童福祉領域におけるケアワーカーの専門性は，伝統的な「集団養護」の発想にも現れているように，「子どもに生活習慣を身につけさせ，社会性を涵養すること」にあると考えられる。一方，心理職の専門性の特徴は，鈴木（2017）によれば，「クライエントとの関係性の構築と維持」「正確で独自の視点からの見立てと見通し」「カウンセラーの的確な介入」「クライエントの感情面への方向づけ」であるという。大まかに捉えると，ケアワーカーは「社会性」という子どもにとっての「外側の枠組み」を，心理職は「心の動き」という「内側の枠組み」を重視していると言える。この専門性を特徴付けるベクトルの違いが，時として両者の連携・協働を難しくさせる要因の一つと考えられる。

　連携・協働は，自らの専門性に固執せず，「少しだけ自らの領域（専門性）からはみ出し（はみ出て）つながること」の態度と実践である。例えば，子どもの心理支援は心理職だけが担うものではなく，生活場面のケアワーカーとのかかわりも重要な心理支援として，そのやりとりを子どもの全体的な理解に生かしていく必要がある。また，心理職が子どもの生活場面に何らかの形でかかわり，子どもの行動の背後にある心の動きをケアワーカーと共有するしようとすることもあるだろう。しかし，お互いの連携・協働への意識は異なっており，その違いを認識しておくことこそが重要なのではないかという指摘もある（村松，2016）。子ども支援の視点の違いも含めて，こういった差異を認め合うことが連携・協働の基

注4）専門職連携教育は Interprofessional Learning という表現もあるが，ここでは CAIPE によるものを記載した。

本に他ならない。

　一般の家庭を考えても，子どもの求めに応じて父親，母親，または祖父母などが登場し，お互いのかかわりを尊重しながら柔軟に既存のシステムに変更を加え危機を乗り越えて行こうとするのが健康な家族の姿であろう。福祉領域における連携・協働もまた，お互いの専門性を尊重し，自らの専門性や職場での意思決定のプロセスなどのシステムに適宜変更を加えていくことが連携・協働を機能させる重要な要因に他ならない。チーム・ビルディングのプロセスを示した。タックマン・モデル（Tuckman, 1965）によれば，チームが形成される際には「形成期」「混乱期」「統一期」「機能期」のプロセスを経ていくという。こういったプロセスにおける連携・協働を阻む要因には，「固執と葛藤の投影」があると考えられる。自分の価値観や専門性，役割などへの「固執」はやっかいなものである。また，人間関係で生じる葛藤を相手の責任に帰すのではなく，相互に葛藤を解決しようとする努力である「葛藤マネジメント能力」（松岡，2009）を大切にしたい。困難に直面した際，「大変なことになった」という感情（情緒）は共有されやすいが，その困難にはあくまで理性的な対応が求められるように，連携・協働でも「情緒が共有されること」は欠かせないが，葛藤解決の際には「理性」で対応することが不可欠となる。多職種連携・協働は，「差異を認め，意見の食い違いを乗り越えながら，相互に変化しようとし続けるプロセス」とまとめることができよう。

3．児童福祉領域における心理職の働き方

　心理面接は伝統的に面接室の中という「非現実」で行われ，例えば買い物や自転車の乗り方などと行った「現実」への関与はケースワークの領域とされて，「現実」と「非現実」の境界を曖昧にすることは避けるべきことと見なされてきた。ただ，児童養護施設は「生活施設」であり，マンパワーの問題などから，心理職が食事や行事などの生活参加[注5]を要請されることも少なくない。こういった心理職の専門性の変更をどう考えればいいのだろう。

　フロイトの精神分析が毎日分析を基本として神経症圏のクライアントへの外来治療から始まり，その後，大人から子ども，外来から入院，神経症から精神病，個人と集団，あるいは家族へと対象を拡大し，技法を変化させてきたように，児童福祉施設における心理支援にも技法の変化が求められるだろう。

注5）より積極的にケースワーク領域に踏み込み，入浴など生活スキルへの対処を「生活指導」と呼んで両者を区別することにしたい。

流動的な生活を余儀なくされてきた子どもたちに，施設が可能な限り安定した環境であるよう志向することは，傷ついた子どもたちの成長にとっての基本的前提である。この意味で，環境療法的な支援はひとつの重要なモデルを提供している。ただ，その際の心理支援のスタンスについては，ケアワークとの関連についての言及はあるが，十分な考察がなされているとは言いがたい。児童福祉施設においては，従来の非現実的な場面設定による心理面接を重視する「面接志向モデル」と，子どもの生活環境そのものにアプローチしようとする「環境療法モデル」があると考えられ，心理職のオリエンテーションと施設の状況によって，いわば十人十色の実践が行われていると指摘できる。まとめとして，施設における心理支援のスタンスを再考してみたい。

　施設で期待される心理職の役割には，心理面接，危機介入，生活支援，グループ活動，家族支援や地域支援，施設スタッフへのコンサルテーションなどさまざまな活動がある。これらの要請に柔軟に対応していくために，「環境療法モデル」が受け入れられてきたという側面がある。このことは，福祉施設というコミュニティに心理職がいわば「後発参入」していく際のいわばジョイニング（joining）として自然な流れだったと言えるだろう。心理職は，働き方のスタンスを修正して施設に受け入れてもらう必要があった。しかし，生活支援に対する施設心理職の評価は分かれており（村松，2013b），施設における心理支援とケアワークに「重なり」が生じる結果，時としてその専門性の境界が曖昧になってしまうことへの戸惑いが生じる。また，ジョイニングは家族システムへの介入技法であり，そのシステムに則って心理職は家族の変化を働きかけるという専門性である。ジョイニングにとどまっている心理職の専門性とは何かが問われかねない。

　施設心理職は，専門職としてのアイデンティティをどこに求めたらいいのだろうか。このことに関しては，齋藤（2015）による大学コミュニティにおける心理職の機能についての論考が重要な示唆を与えている。齋藤のモデルを援用して，施設心理職の機能を以下のようにまとめてみたい（図1）。

発達促進機能：子どもの状況に応じて，支援者からの働きかけにより，施設や学校などでの適応を促す機能。

治療的機能：子どもの主訴をもとにケース・フォーミュレーションに基づいた面接契約を結び，その改善を目指すとともに，学校や施設に適応できる状態への回復を支援する機能。

コミュニティ機能：施設，地域コミュニティを視野に入れ，個人や集団に働きか

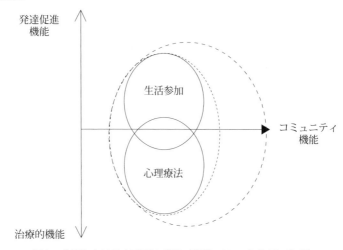

図1　施設における心理職の機能（齋藤, 2015 を参考に作成）

け，メンバーの相互作用などから，発達促進機能，治療的機能に多様性を持たせる機能。

　齋藤は，これらの機能は「二者関係の連動から，施設・地域のネットワークにおける連動までそのときどきで働きかけを変容させていく」行動的な試みであり，その時々でどういった機能を自分が用いて行動しているか，その自覚が重要であると述べている。「面接志向モデル」か「環境療法モデル」かの二者択一でなく，子どもや家族，施設や地域のニーズによってさまざまな機能を用いて対応できる守備範囲の広さが施設心理職の専門性と考えられる。そして，施設は地域に開かれた生活施設なので，心理職の専門性は図1の点線からコミュニティ機能が強化されていく方向（破線の部分）に移行していくだろう。ただ，この「個に対応しながら全体を見る」というスタンスは，熟練の技である。茶道では，自らの型は，基本的な型を守り，離れ，破ることを通じて見出されるという（保坂, 2010）。公認心理師もまた，初学者時代には治療的機能を伸ばすこと，すなわち心理面接のトレーニングを十分に受け，心理臨床の臨床観とベーシックな基本技法を身につける必要があることを確認しておきたい。

◆学習チェック表
□　児童福祉施設の種類と心理職の現状について理解した。
□　虐待を受けた子どもを支援する際の共感疲労や二次的外傷性ストレスについて理解

した。
□　児童福祉施設における多職種連携・協働と，心理職の専門性について理解した。

より深めるための推薦図書

浅井春夫・黒田邦夫（2018）〈施設養護か里親制度か〉の対立軸を超えて―「新しい
社会的養育ビジョン」とこれからの社会的養護を展望する．明石書店．

中釜洋子・齋藤憲司・高田治（2008）心理援助のネットワークづくり―"関係系"の
心理臨床．東京大学出版会．

文　献

Allen, J. G. & Fonagy, P.（2006）*The Handbook of Mentalization-Based Treatment.* John Wiley &
Sons.（狩野力八郎監修・池田暁史訳（2011）メンタライゼーション・ハンドブック― MBT
の基礎と臨床．岩崎学術出版社．）

Bettelheim, B.（1950）*Love Is Not Enough: The Treatment of Emotionally Disturbed Children.* Free
Press.（村瀬孝雄・村瀬嘉代子訳（1969）愛はすべてではない．誠信書房．）

CAIPE（2002）The Definition and Principles of Interprofessional Education. http://caipe.org.
uk/about-us/the-definition-and-principles-of-interprofessional-education/（Retrieved
2015.12.30）

Cohler, B. J. & Zimmerman, P.（1997）Youth in residential care: From war nursery to therapeutic
milieu. *The Psychoanalytic Study of the Child*, 52(1); 359-385.

Figley, C. R.（1982）*Traumatization and Comfort: Close Relationships May Be Hazardous to
Yourhealth. Keynote Presentation at the Conference on Families and Close Relationships:
Individuals in Social Interaction.* Texas Tech University, Lubbock, TX.

藤岡孝志（2008）愛着臨床と子ども虐待．ミネルヴァ書房．

長谷川寿一（2011）人間行動進化学の動向．学術の動向．

保坂亨（2010）いま，思春期を問い直す―グレーゾーンにたつ子どもたち．東京大学出版会．

Kahn, R. & Antonucci, T. C.（1980）Convoys over the Life Course: Attachment, roles, and
social support. In: Baltes, P. B. & Brim, O. G.（Eds.）: *Lif-span Development and Behavior, Vol.3.*
Academic Press, pp.253-286.

京都大学（2006）自殺の経済社会的要因に関する調査研究報告書 . www.esri.go.jp/jp/prj/hou/
hou018/hou18.pdf（Retrieved 2018. 5.1）

厚生労働省・児童養護施設等の社会的養護の課題に関する検討委員会・社会保障審議会児童部会
社会的養護専門委員会とりまとめ（2011）社会的養護の課題と将来像．http://www.mhlw.
go.jp/bunya/kodomo/syakaiteki_yougo/dl/08.pdf（Retrieved 2018. 3.30）

厚生労働省（2017）社会的養護の現状について（参考資料）．www.mhlw.go.jp/file/06-
Seisakujouhou-11900000-Koyoukintoujidoukateikyoku/0000187952.pdf（Retrieved 2018.
5.20）

松岡千代（2009）多職種連携のスキルと専門職教育における課題．ソーシャルワーク研究, 34(4);
314-320.

村松健司（2013a）施設心理の関係づくり．臨床心理学，13(6); 807-811.

村松健司（2013b）児童養護施設における心理面接の状況と課題．子どもの虐待とネグレクト，
15(3); 328-335.

村松健司・塩谷隼平・山邊沙欧里（2014）心理臨床における他職種協働．首都大学東京学生相

談レポート，9; 18-29.

村松健司（2016）児童福祉施設の専門職連携教育プログラムの開発．平成25年度〜27年度科学研究費補助金研究成果報告書．

妙木浩之（2010）初回面接入門—心理力動フォーミュレーション．岩崎学術出版社．

妙木浩之（2012）第3回全国施設心理懇話会でのコメント．

中村伸一（1999）不登校の家族療法—ジェノグラム・プレイバック法．In：下坂幸三監修, 中村伸一・森山敏文・生島浩編：実効ある心理療法のために．金剛出版，pp.30-46.

西澤哲（2010）子ども虐待．講談社現代新書．

齋藤憲司（2015）学生相談と連携・協働—教育コミュニティにおける「連動」．学苑社．

Skovholt, T. M., & Rønnestad, M, H.（2003）Struggles of the novice counselor and therapist. *Journal of Career Development*, **30**; 45-58.

鈴木優佳（2017）ロールプレイを用いた専門家と非専門家の悩みの聴き方の違いに関する検討．心理臨床学研究，35(1); 15-26.

高橋惠子（2013）絆の構造—依存と自立の心理学．講談社現代新書．

Tronick, E., Als., H., Adamson, L. et al.（1978）The infant's response to entrapment between contradictory messages in face-to-face interaction. *Journal of the American Academy of Child Psychiatry*, **17(1)**; 1-13.

Tuckman, B. W.（1965）Developmental sequence in small groups. *Psychological Bulletin*, **63(6)**; 384-399.

友田明美（2011）いやされない傷—児童虐待と傷ついていく脳．診断と治療社．

Winnicott, D. W.（1974）*Playing and Reality*. Penguin Books.（橋本雅雄訳（1979）遊ぶことと現実．岩崎学術出版社．）

米山伸郎（2017）知立国家イスラエル．文春新書．

第8章

教育の中での心理学的支援
——学校教育の資源を生かす教師との協働

伊藤亜矢子

Keywords　学校臨床，スクールカウンセリング，教育センター，適応指導教室，コンサルテーション，コラボレーション，リファー，支援会議

I　教育の中の心理的支援を支えるもの

1．教育現場での心理臨床の特徴

　教育の中の心理的支援には，大きな特徴がある。それは，「教育」という制度の中で行われ，教育職と協働して行われるということである。

　学校教育は，憲法や教育基本法，学校教育法などに基づき，学校のあり方や運営は，法や教育政策で定められている。教科学習は学習指導要領で定められ，生徒指導も生徒指導提要でガイドラインが示されている。教育センターの教育相談や不登校の生徒が通う適応指導教室なども，教育行政の中で行われている。

　そうした法体系と行政の意思決定の中で動く学校は，計画的で明確な構造を持ち，公共性の高い場である。それに対して臨床心理学は，答えもなく計画的でもない不確かな個人の心の世界の探求に寄り添う（Miller et al., 2013）。両者の文化の違いは大きく，この違いは違和感や誤解の原因にもなる。

　一方で，例えば教育基本法1条は教育の目的に，心身ともに健康な国民の育成を掲げる。教育の場と心理支援は，異なる文化的背景を持ちながらも，子どもの健康な成長促進という目標を共有している。教科学習や学校行事は，子どもにとって負担にもなるが，本来子どもの成長を促進するためのものである。授業時間や長期休暇などの学校独自の構造も，教育を効率的に行い子どもの成長を促すための構造である。守られた空間で個別の面接をする，という心理面接の構造を，公共性の高い学校にそのまま移行しようとすると，文化や構造の違いが際立つ。しかし，文化の違いがあっても，同じ目標に向かう時，異なる手段（文化）を持つパートナーは，むしろ強い味方である。しかも，教師と心理職の視点や行動には，

両者が想像するよりも多くの共通点があることが知られている（高嶋ら，2007）。

　例えばスクールカウンセラー（以下 SC）は，臨床心理学や発達心理学，教育心理学など各種の心理学を背景に，子どもの置かれた状況や困難を理解することや，保護者の戸惑いを尊重しながら親子の変容を支えることに長けている。他方，教師は，個別支援の時間を確保しにくい反面，学級全体に働きかけることができる。日々の学校生活の中で，席替えやグループ活動などさまざまな現実的な介入を通して，子ども達の人間関係や成長を促進できる。

　学校だから，教師だからできる支援は数多くある。教師の視点や行動には，上述のように，心理職と共通点がある。丁寧なコミュニケーションによって，教師と SC が共通理解を持って協働すれば，SC の勤務が週 1 日（年間 35 回）程度であっても，毎日勤務する教職員が途切れなく支援を行える。教育領域の心理支援では，個別心理面接やアセスメントなどの心理職の専門性を基盤とした上で，教育という心理支援とは異なる構造を持つ場で，専門性を活かして他職種と積極的に連携・協働していく発想が必要になる。

2．スクールカウンセリングの重要な技法コンサルテーション

　こうした協働を，実際にどう行うのか。その有力な方法のひとつが教師コンサルテーションである。コンサルテーションには，行動コンサルテーションなどいくつかの種類があるが，SC によるコンサルテーションの典型的なものは Caplan によるメンタルヘルス・コンサルテーションである（Caplan, 1970; Caplan et al, 1994; 山本，1986）。これは，教師と SC という異なる専門性を持つ専門家同士が対等な立場で，支援対象の子どもについて意見交換をすることで，事例についての理解を深め，教師の職務の範囲で可能な手立てを見出す過程である。両者が異なる文化や専門性を持っていれば，双方の理解を持ち寄ることで，多面的に子どもを理解でき，新たな手立てを見出すことができる。しかも，この過程によって，教師自身の理解の幅も広がり，後続の類似事例についても教師の理解や手だての幅が広がるはずである。

　教師コンサルテーションでは，子どもに直接の支援を行うのは教師であり，最終的にどのような手立てを選択して実施するかは教師の責任となる。そのため，SC の役割は，間接的で限定的なものとなる。

　しかしここで，間接よりも直接の支援が効率的と短絡的に考えるのは早計である。なぜなら，教師の関与なしに SC だけで支援を行えば，支援の受け手は対象の子に限定される。しかしコンサルテーションであれば，教師の視点に新たな視

点が加わり，多様な手立てが可能になることで，教師自身も学級全体も変化する。こうした事例が校内に蓄積すれば，学校全体の支援の力が増進し，校内の支援体制の充実に繋がる。SCの影響は，子ども個人に留まらず，より効果的・効率的な支援となる。下記の例1，2を比べてほしい。

〈支援の例1〉

　中学2年生女子のAさんは，友達との関係がうまくいかず，1学期の終わりから欠席が増えてしまった。夏休み後，出席することができず，2週間ほどして担任が本人と保護者を呼び，SCを紹介した。Aさんは，週に1回相談室に通い，SCにカウンセリングを受けることになった。他の生徒に見られないかを気にしながら，Aさんは相談室に通った。行事や定期試験で間があくこともあったがAさんは自分の心の課題を見つめ直すことができた。3年の春からは，次第にカウンセリングのない日にも週に1，2回保健室登校するようになった。教室に戻ることはなかったが，希望のサポート校に進学を決めて卒業した。

〈支援の例2〉

　中学2年生女子のBさんは，友達との関係がうまくいかず，1学期の終わり近くには，授業中にも暗い表情が多くなった。担任教師はSCに相談し，SCも授業参観や休み時間・給食訪問などにBさんの学級に接するようにした。

　その中でBさんが体調不良で欠席し，翌日登校した際に，担任はBさんに声をかけて放課後に話をした。Bさんからポツポツと友達関係の悩みが語られた。

　担任は一部始終をSCに話し，Bさんについてのインフォーマルなコンサルテーションとなった。教師によれば，Bさんは，思いつめやすくて悩んでいるが，実際には周囲の友達は拒否的ではないという。SCは，Bさんの思いつめやすさは内省力というリソースと考え，友達と安全に関わる場面が増えれば，Bさん自身が状況を客観的に捉えて内省し，不安感を減少できる可能性を感じた。

　こうした見立てをSCから伝えると，担任教師も賛同した。修学旅行準備など，担任教師の見守りの下で行われる構造化された活動など，安全に友達と関われる機会を担任が設け，担任教師も生徒各人の良さを認める発言をするなど，友達とBさんの双方がお互いを認め協力的な関係を体験できるようにする方針が決まった。学年の教師達からも協力を得て，そうした支援を重ねた。Bさんは欠席せずに修学旅行準備のグループ活動に参加し，友達との作業に笑顔も増えた。その後は欠席もなく，Bさんは中学校生活を無事に過ごすことができた。

上記の例で，支援1では，SCとの間でAさん自身が心理的な課題を個別面接で見つめ直し，自分らしい進路を開いて行った。思春期の子どもにとって自分を見つめ直す作業をSCの支えで行うことには大きな意味がある。

　他方支援2では，主な支援者は担任教師であった。担任教師がいち早くBさんの行き詰まりに気づき，SCと協力し，コンサルテーションでBさんへの理解を深めて教室で可能な支援方策を重ねた。そのことで，Bさんは自然な文脈の中で，欠席を重ねることもなく友達関係の課題を乗り越えていった。

　いずれの支援も，子どもにとって大きな支援であるが，支援2では，早期からの校内連携によって長期の不登校を予防できた。学齢期の子にとって，学校での社会生活が保障されることは，心身の健康な成長や学力保障の面からも重要である。心の作業をじっくり行うために，社会生活をいったん中断し，支援1のAさんのように欠席しながら問題を乗り越えることがどうしても必要な場合もある。しかしAさんも，支援2のように，早期からの適切な支援があれば，登校を継続しながら課題を乗り越えられたかもしれない。心の課題に専念しないと問題が先延ばしになって将来再び壁に当たるという見方もあるが，その時はまた，社会生活の傍らに小さな行き詰まりを乗り越えていく手もある。

　支援2のような早期からの予防成長促進的な支援は，治療相談専門機関ではできない。学校ならではSCならではの支援である。SCの行動は間接的限定的であっても，支援はBさんにも，そしてBさんだけでなく，担任や学級・学校全体にとっても大きなものとして展開していく。

　このように，学校現場での支援は，SCが相談室で行うだけでなく，校内の多様な場や活動，支援者を通して行える。後述のように，SC自身もBさんや，その保護者に直接関わるコラボレーションであれば，教師とSCが，それぞれの支援を重層的に行える。まさにコミュニティ・アプローチである。

　こうした点から，SCだけが問題解決に関わって，いわばひっそりとAさんが変化した支援1よりも，教師の力や学校コミュニティの機能が活かされる支援2のコンサルテーションの方が，学校コミュニティにおいて有力であることが多くある。また，守秘など心理面接に必要な構造が設定しにくい学校では，Aさんが安心してカウンセリングを受けられるように，教育センターなど，学校外の場にリファーすることも大切になる。学校では，個別カウンセリング，コンサルテーション，コラボレーション，他機関へのリファー，など多様な選択肢から，校内で支援する利点を最大限に活かせるように，支援を選択し，組み合わせていくことが重要である。

また，コンサルテーションでは，教師の支援の力をSC自身が理解し，教師を信頼して意味のある意見交換をする必要がある。冒頭に述べた文化的な違いを超えるためにも，教育領域で働く心理職には，教育現場や教師への理解，文化差を超えるコミュニケーション能力が，心理の専門性に加えて必要になる。

3．多職種によるコラボレーション

　上記の支援2のように，コンサルティである教師が直接の支援者となり，教師の責任で支援を行うのがコンサルテーションである。しかし実際には，学校に定期的に勤務しているSCであれば，SCも直接の支援の役割を分担して教師と共に支援を行うのが自然である。先の例でも，次のような展開が考えられる。

〈支援の例3〉

　先のBさんについて，学級での配慮と同時に，保護者会の折に担任がSCを母親に紹介し，Bさんの母親がSCと面談するようになった。

　母親面接は，1学期が終わるまで，隔週で4回行われた。Bさんの落ち込みや登校意欲の低下を母親も懸念しており，小学生の時に同様のエピソードがあったことが語られた。その時の対応を確認しながら，母親とSCの間で，Bさんが話した時には家庭でも丁寧に話を聞くことや，今は成績など友達以外のことでBさんに追い打ちをかけないようにすること，保護者自身がいたずらに不安感を高めてBさんに問い詰めたりしないことが対応として確認された。

　Bさん自身も，給食訪問などで顔見知りになったSCのところに放課後数回やってきて，15分ほど不安感や友達関係の試行錯誤を話し，そのたび笑顔になって帰って行った。Bさんは持ち前の内省力を活かし，短時間の面接であっても，自分の考えをSCと確認することで，客観的な状況把握を進めていった。

　支援3では，母親とSCのコンサルテーションで家庭環境が整い，SCとBさんの直接の面接で，Bさんの変化がより確実なものになった。これは，担任・学年教員・保護者・SCというチームでの支援であり，SCも教師もそれぞれが直接の支援を行うコラボレーション（協働；Caplan et al, 1994）である。

　このように校内では，複数の支援者がそれぞれの立場を活かして支援を行うことで，SCが長期間に渡る個別面接を行わなくとも，SCの専門性を活かした学校と家庭が連携しての支援を効果的に行える。場合によっては，教師と保護者とSCの3者が同席して面接するなど多様な支援が学校であれば可能である。

このように，SC も応分の責任を持って直接の支援に加わるあり方を，コラボレーション（協働；Caplan et al, 1994）と言う。教師と SC の協働だけでなく，スクールソーシャルワーカー（SSW）や，図書館司書支援員，特別支援の巡回相談員など，地域によって多様な専門性を持つ援助資源が学校には配置されている。そうした多職種での多様な協働は，会議を開いてフォーマルに行うだけでなく，インフォーマルなコンサルテーションのように，お互いに見立てを共有して，できることを提案しあうことで日常的に無理なく行える。

　2015（平成 27）年の中教審「チーム学校」答申（文部科学省，2015）では，生徒指導や特別支援教育等の充実のために，国が，学校や教員が心理や福祉等の専門スタッフと連携できる体制を整備すべきであることが示された。また，2017（平成 29）年の学校教育法施行規則においては，SC は学校における児童の心理に関する支援に従事すると規定され，校内の支援スタッフとして SC が初めて法律上に位置づけられた。さらに同年の，文部科学省「教育相談等に関する調査研究協力者会議（平成 27 年 12 月 4 日〜）」（文部科学省，2017）では，事後の個別事案への対応だけではなく，不登校，いじめ・暴力行為等の問題行動，子どもの貧困や虐待など幅広い子どもの困難について，未然防止や早期発見，早期支援，改善・回復・再発防止までの一貫した支援を校内の関係者がチームとして行う体制づくりが強調され，多職種連携の方向性が明確に示された。

　実際，いじめ防止対策推進法による校内のいじめ対策の組織や，特別支援教育に関わる校内支援委員会など，現在では，SC が校内の支援に関する会議に正式なメンバーとして加わることが一般的である。生活指導委員会や校内支援委員会など多様な会議に SC が参加して，意見を述べることも臨床活動の重要な要素である。そこでは，集団守秘のなかで，校内全体の子どもへの理解や支援が促進されるように，心理の専門性を活かした見立てや対応についての意見を，適格に発言するスキルが求められる。

　このように学校内では，SC だけで支援を完結するのではなく，多職種で連携協働しながら，次に述べる他機関連携も含めて，校内外の資源を活かす支援が求められ，それに応じた力が SC に求められる。

　ところで，多職種と校内で深く協働することは，従来 SC の特徴として言われていた「外部性」を失うことになるのではないかと思うかもしれない。だが，「外部性」は，単に部外者ということよりも，教育と異なる心理の専門性を保持していることに根ざすのではないだろうか。協働することは，心理職が持つ文化や専門性を失うことではない。むしろ教師と異なる専門性を活かして協働することで，

学校全体の支援の幅が広がり，重層的な支援の一翼を SC が担える。個別の心理面接や見立て（アセスメント）を丁寧かつ的確に行う心理職の基本は協働を支え，教育とは異なる独自の文化や専門性という意味での「外部性」は，協働によっても保持され，活かされる。

■ II　他機関へのリファーと連携

　ここまで校内での支援について述べたが，虐待なら児童相談所への通告，精神疾患の疑いなら精神科受診など，学校外の他機関へのリファーも必要になる。

　リファーというと，他機関を紹介して任せるのだから簡単というイメージかもしれない。しかしクライエントからすれば，未知の機関に行くというだけで敷居が高く，身体的なトラブルと違って，何を主訴に支援を求めたら良いのかも分かりにくいことがある。リファーの際には，支援を求めることの抵抗感に寄り添い，クライエントから見た問題状況を整理し，支援機関の利点を具体的に説明して，リファー後も学校で何ができるか，支援機関と学校との連絡連携方法などをクライエントと確認することが必要になる。もちろん，複数機関を紹介する配慮や，管理職・担任との相談も必要である。

　こうした過程を丁寧に行うには，支援者の側が，他機関の役割や人的資源について十分に理解していることが重要になる。

　福祉関連であれば，児童相談所，子ども家庭支援センター，（生活保護などを扱うソーシャルワーカーが在籍する）自治体の福祉事務所，民生委員，児童委員，主任児童委員など。医療保健関連であれば，地域の基幹病院，小児科，思春期外来，精神科クリニック，学校医，学校薬剤師，保健センターなど。司法関連であれば，少年センターや少年院，鑑別所が社会貢献として地域に開いている相談所，警察など。教育関連であれば，教育センター・発達障害の療育や学習支援の機関・広域通信制高校とサポート校などがある。こうした機関の役割や，その地域での現状について SC は確認しておく必要がある。

　多様な地域資源との連携や協働は，子どもの支援をより確かなものにする。

　たとえば虐待事例でも，要保護児童対策地域協議会やそれに準じた支援会議を地域の関係機関で開催できれば，多機関が協働する支援体制を構築できる。要保護児童対策地域協議会は，児童相談所等が中心となって，学校，保健センター，福祉事務所，警察，SSW，民生委員など関係の担当者が一堂に会して，お互いの守秘義務を超えて情報を交換し，子どもと家庭への理解を深めて各立場で可能な

支援を確認し，協働して子どもを支えるものである。

　学校は，家庭での虐待を直接止める役割こそ担えないが，こうした地域の支援体制があれば，校内支援を確実に行うことで効果的な子ども支援が行える。たとえば家庭での虐待は，学校生活でも物質的・心理的な困難を生む。たとえ物質的な支援ができなくとも，学校は，子どもの苦境や精一杯の努力への理解を通して，教職員全員で，子どもを心理的に支えることができる。虐待を受けている子どもにとって，学校は，自己表現を受け止めてもらえる唯一の場かもしれない。そこでの教師の温かい理解や，教室内での目に見えない小さな配慮は，子どもにとって大きな支援になる。

　SC は校内で，こうした学校の機能や，虐待についての知識，当該事例の見立てなどを教師に伝えて，校内の支援体制を促進し，必要に応じて，要保護児童対策地域協議会などの会議で意見を述べることで，地域連携に貢献できる。

1．教育センターと教育支援センター（適応指導教室）での心理支援

　ここまで，教育領域の支援として主に SC の役割を述べてきたが，教育領域の心理職は SC だけではない。都道府県あるいは市区町村など地方自治体の多くが，教育センター（教育研究所）で教育相談を行っている。教育センターは，教育研究や教員研修，子ども向けの科学教室などの多様な教育活動を行うだけでなく，地域の子どもと保護者に，総合的な相談や療育などを行っている。教育センターは，プレイルームなど専門の施設を備える場合も多い。気楽に立ち寄れる校内の相談室よりも，予約などのハードルが高い反面，学校や教師とは距離を置いて相談したい場合や，プレイセラピーなど本格的な心理支援が必要な場合には，校内の相談室とは異なる利点がある。

　また，教育センターと並んで教育支援センター（適応指導教室）では，在籍学級に通えない不登校の児童生徒に対して，学習や相談の場を提供し，子ども達が主体的に進路を考えられるよう支援している。具体的には，自治体内の各小中学校から集まる子ども達に，個別あるいは少人数での学習指導や，レクリエーションなどの小集団活動，個別面接などを組み合わせて居場所を提供し，自己成長や社会性の育成等を行っている。学校と異なる場として，しかし同じく教育委員会設置の学校と近い要素を持つ場として，子ども達は，人との関わりや自己を見つめ直す体験をし，自己信頼感を回復していける。1対1のプレイセラピーとは異なるが，集団の場での子ども理解や見立て，さりげない接触を通した心理的成長の促進は，心理面接と同様に，心理職の専門性が生きる心理

臨床活動である。

　こうした自治体の教育センターや所轄の適応指導教室で働く相談員は，かつては校長経験者などの教育職も多かったが，臨床心理士の増加と並行して心理職が増えた。地域によっては，教育センター所属の心理職が，地域の小中学校の SC を兼務する例もある。教育センターや適応指導学級は，学校と同じ教育委員会の所轄であることからも，学校との緊密な連携が期待される。

2．教師と協働する心理的健康教育

　このほか近年，教育領域で期待される心理支援のひとつに予防教育（山崎・戸田・渡辺，2013）がある。予防教育には，アンガー・マネジメントや教室でできるソーシャルスキル・トレーニングなど多様なものがある。危機支援で，危機的状況でのストレス反応への理解を配布物で周知するなども予防教育である。

　こうした活動は，発信型であり，気持ちを受け止め理解するという受信型の心理臨床実践とは対照的な面がある。しかし発信においても，学級全体や子どもたちの状況を捉え，潜在的なニーズや受け手の理解力を見立てて，相手の心に届く発信を行うことは，カウンセリングやコンサルテーションと同じである。紋切型の教材を借り物として使うのではなく，発信の仕方や内容に，いかに見立てを反映した工夫を行えるか。また，心理的な意味をいかに生きた形で伝えられるか。押し付けではなく，受信側の自己理解が刺激され，好ましい行動の選択を行う際の選択肢が増えるように，受け手にそった発信を工夫したい。

　同時に，こうした活動のほとんどは，学級担任教師や養護教諭・保健体育の教科担任などとのコラボレーションで行われる。また，正規の教育活動として，企画書や授業案，校内の運営委員会や職員会議での検討や承認を必要とする。「相談室だより」など配布物を通しての発信でも，校内での決済が必要になる。こうした校内の手続きも，周囲の教職員からの支援を得ながら円滑に進めたい。

■ III　教育領域の支援に必要な知識

　教育領域では，不登校・発達障害・いじめ・暴力・虐待・学習不振・非行・貧困・LGBT などが支援課題となる。これらの詳細は他巻に譲るが，いずれの課題においても，当該の課題についての知識理解と共に，教育現場における支援の可能性と背景にある制度や関連機関についての知識が欠かせない。

　不登校であれば学校とのつながりを増進すること，発達障害であれば被害者責

めのように本人だけが問題視される構造を回避し，その子だけでなく周囲の成長も視野に入れた支援を行うことなど，教育領域だからこそポイントとなる点がある。教育という場にあるから発想できること，実現できることを，その限界も理解しつつ，豊かに発想できる知識理解が，心理臨床の力と共に必須である。そのような観点から，心理支援の基本と共に，教育現場で行える支援の可能性とそれを支えるコミュニティ・アプローチ，コミュニティ心理学などの諸理論について学習を継続することが重要である。

◆学習チェック表
☐　教育の中での心理的支援の特徴を説明できる。
☐　スクールカウンセリングと教育センターでの相談活動の違いについて説明できる。
☐　コンサルテーション，コラボレーションについて説明できる。

より深めるための推薦図書
　伊藤亜矢子（2009）学校臨床心理学―学校という場を活かした支援．北樹出版．
　近藤邦夫（1994）教師と子どもの関係づくり―学校の臨床心理学．東京大学出版会．
　村山正治・滝口俊子（2007）現場で役立つスクールカウンセリングの実際．創元社．
　定森恭司（2005）教師とカウンセラーのための学校心理臨床講座．昭和堂．
　村山正治ほか（2009～2018）子どもの心と学校臨床［第1号～第19号］．遠見書房．
　山本和郎（1986）コミュニティ心理学．東京大学出版会．

　　　文　　　　　献
Caplan, G.（1970）*The Theory and Practice of Mental Health Consultation*. Basic Books.
Caplan, G., Caplan, R. B., & Erchul, W. P.（1994）Caplanian mental health consultation: Historical background and current status. *Consulting Psychology Journal: Practice and Research*, 46(4); 2-12.
Miller, L., Taha, L., & Jensen, E.（2013）From guidance to school counseling; New models in school mental health. In: Clauss-Ehlers, C. S., Serpell, Z. N., & Weist, M. D. (Eds.) *Handbook of Culturally Responsive School Mental Health: Advancing Research, Training, Practice, and Policy 2013th Edition*. Springer, pp.43-56.
文部科学省中央教育審議会（2015）チームとしての学校の在り方と今後の改善方策について（答申）（中教審第185号）http://www.mext.go.jp/b_menu/shingi/chukyo/chukyo0/toushin/1365657.htm
文部科学省（2017）教育相談等に関する調査研究協力者会議（平成27年12月4日～）報告．http://www.mext.go.jp/b_menu/shingi/chousa/shotou/066/gaiyou/1381049.htm
高嶋雄介・須藤春佳・高木綾・村林真夢・久保明子・畑中千紘・山口智・田中史子・西嶋雅樹・桑原知子（2007）学校現場における教師と心理臨床家の「視点」に関する研究．心理臨床学研究，25; 419-430.
山崎勝之・戸田有一・渡辺弥生（2013）世界の学校予防教育．金子書房．
山本和郎（2000）危機介入とコンサルテーション．ミネルヴァ書房．

第9章

コンサルテーション

箕口雅博

Keywords　コミュニティ中心主義，支援ネットワークづくり，連携（リエゾン），協働（コラボレーション），間接的援助，キーパーソン

I　はじめに―コンサルテーションという支援の発想

　コンサルテーション（consultation）という用語には，話し合い・相談・診察・協議といった意味が辞書では与えられているだけだが，これはコミュニティ・モデルにもとづく心理支援活動を進めていくうえで，きわめて重要な概念であり，有力な介入方法の一つである。すなわち，コンサルテーションという援助方法は，コミュニティの人びとが共にクライエントを支えようという理念を，方法論的に具体化させ，技術的にも発展させたもので，コミュニティの中での心理学的支援活動における実践上の重要な戦略の一つである（Caplan, 1970; Caplan & Caplan, 1999；山本，1978, 1986, 2000）。

　現在の地域精神保健活動モデルの基礎を築いたキャプラン Caplan（1961）は，建国当初のイスラエルにおける精神科医の絶対数の不足に対応するため，診察を依頼された出先の児童施設で，子ども本人を診察することよりも，子どもを支えているスタッフ（看護師や保育士など）を対象に，子どもの理解や現状分析，より適切な対応の仕方に関する話し合いに重点を置く援助サービスを実施した。マンパワーの不足や時間的限界のためにこうした関わりしかできなかったのだが，そうした話し合いが予想外に効力を発揮し，メンタルヘルス・コンサルテーションという援助方法が体系化されていったのである（山本，1986）。

　ここには，クライエントの心理社会的問題の解決は心理支援・メンタルヘルスの専門家ひとりによって行われる（専門家中心主義）のではなく，クライエントをとりまくコミュニティの人びとと，心理支援・メンタルヘルスの専門家との連携（liaison）と協働（collabolation）によって行なわれる（コミュニティ中心主義）という発想がある（Caplan, 1970；山本，1978；山本，1986；Orford, 1992；

Caplan & Caplan, 1999；山本，2000；箕口，2016）。

■ II　コンサルテーションの概念と目的

　コンサルテーションとは，「一方をコンサルタント（consultant），他方をコンサルティ（consultee）と呼ぶ異なる領域の専門家の間の相互作用であり，たとえば，クラスに不登校生徒を抱える教師（教育の専門家：コンサルティ）に対し，そこで生じている心理的なさまざまな問題の解決がコンサルティの仕事の中で効果的に行われるように，心理支援・メンタルヘルスの専門家（コンサルタント）が側面から協力していく働きかけ（間接的援助）」である（この定義は，キャプラン Caplan［1970］の記述を山本［1978; 1980］がまとめたものを，主旨をそこなわないように，著者が再定義したものである）。この方法は，コンサルティが自らの専門性を最大限に生かしながら，心理社会的問題に対処する力をつけ，その結果がコミュニティや組織全体の心理社会的問題の対処能力の向上と発生予防につながることを最終的に目指している。

■ III　コンサルテーション関係および介入プロセスの基本的特徴

1．コンサルテーション関係の基本特性と構造的特徴

　コンサルテーションは，個人や集団や組織の抱える問題の解決構築をめざすという点ではカウンセリングと同様であり，似たような介入過程を経ていく。しかしながら，コンサルテーションにおいて心理支援専門職が援助する相手はクライエントではなく，別の専門性をもったコンサルティである。その意味で，コンサルテーションにおけるコンサルタントとコンサルティの関係は，カウンセリングにおけるカウンセラーとクライエントの関係とは異なったものになる。コンサルテーション関係のもつ基本的特徴は次のような点である。

①コンサルテーションは，それぞれが異なった領域の専門家同士のあいだでおこなわれる対等な援助関係である
　コンサルタントは通常，心理・医療・福祉などの専門家であり，コンサルティは教師，看護師，保健師，企業の上司，保育士，民生委員など，コミュニティで活躍している専門家・準専門家である。この両者のあいだには上下関係はなく，お互いの自由意志にもとづく契約関係である。すなわち，コンサルテーション関

係は，コンサルティがコンサルタントの力量を認めて，自分がかかわっているケースの理解と課題解決に役立てられると判断したうえで招待するところから始まる。その関係は強制されたり，命令された関係ではない。

②コンサルテーション関係は，始めと終わりがはっきりしている

　それは，いつ，どんなことでコンサルテーションをおこなうかが明確になっているからである。しかも，クライエント（当該ケース）に対する責任はあくまでコンサルティの側にあり，コンサルタントはコンサルティが依存的になることを防ぎ，一定の距離をもって援助することが重要となる。すなわち，コンサルティが心理支援専門職（コンサルタント）の支援のもとで，実際にクライエントの問題に責任を持って取り組むことが，コンサルティ自身の専門家としての解決能力の向上につながるからである。

③コンサルタントは原則として，コンサルティの属する組織の局外者（外部コンサルタント）であることが求められる

　これは，同一組織内に，コンサルタント（内部コンサルタント）とコンサルティが存在すると，さまざまな利害関係がかかわることになり，コンサルティの置かれた状況や問題を客観的に把握することが難しくなるからである。一方，コンサルティはコンサルタントの助言をすべて取り入れる必要もない。利用できそうなところだけを取り入れればよいし，役に立たなければ関係を解消することもできる。こうしたビジネスライクな関係を維持することは，同一組織内でのコンサルテーション関係では，さまざまな困難が伴うが，あらかじめコンサルテーションの目的とコンサルタントの役割を組織内で共有することによって，内部コンサルタントの導入も可能となる。

④コンサルテーション関係は，課題中心で成り立つ

　コンサルテーションのなかでは，コンサルティが現在抱えているケースや問題状況の解決にどのように取り組むかに焦点が当てられる。その過程でコンサルティの個人的な問題や内面的な問題が出された場合には，コンサルタントが共感的態度をもって聞いても深入りはせず，原則としてコンサルテーション関係のなかでは取り扱わない。必要に応じて他の治療者・相談者を紹介するか，機会を改めてその問題を取りあつかう方法をとる。コンサルテーションのなかでは，あくまでもコンサルティのもっている専門性をどのように課題解決に活かしていくかに

焦点がむけられる。この点がコンサルテーションとカウンセリングの大きな違いである。

　以上のように，コンサルテーションにおける人間関係の相互作用過程は，「カウンセリング」「スーパービジョン」のいずれとも異なる。コンサルテーションの目的は，コンサルタントがコンサルティに精神保健・心理学の知識や情報を増加させることにあるのではなく，コンサルティがそれぞれの専門性のなかで身につけている知識や情報を，ケース理解と現前の課題解決のためにいかに有効に活用するかを共に話し合い，援助することにある。したがって，「カウンセリング」と異なるのは，コンサルティの個人的・人格的なことを問題とするのではなく，あくまで課題中心であり，時間的制限がはっきりしている関係という点である。また，「スーパービジョン」と異なるのは，「スーパービジョン」が同一の専門職の経験のある者と少ない者との関係で成り立ち，スーパーバイザーはケースに対してスーパーバイジーと共に責任をもっている点である。

　表1に示すように，黒沢（2004）は，コンサルテーション関係の構造的特徴と他の援助法とを比較しながら，コンサルテーション関係の基本的特徴を浮き彫りにしている。これら3つの援助法の構造的特質の異同について整理しておくことは，実践場面での混同を避けることにつながり，コンサルテーションを適切に実践する上でも不可欠であると考える。また，黒沢（2004）は，コンサルテーションとして行ったものの，実際には，カウンセリングやスーパービジョンと混同した事例をとりあげ，コンサルテーションを展開していく上の留意点について論じ

表1　コンサルテーションの構造的特徴と他の援助法との比較

	コンサルテーション	カウンセリング	スーパービジョン
特徴項目	〈コンサルタント　－コンサルティ〉	〈カウンセラー　－クライエント〉	〈スーパーバイザー　－スパーバイジー〉
専門性の相違	異業種	クライエントは専門家ではない	同業種
関係性の構造	三者関係	二者関係	三者関係
主導権	コンサルティ（対等だが主導権を持つ）	カウンセラー（心の問題の専門家）	スーパーヴァイザー（経験豊富な指導者）
時間的要因	短期的・即応的	長期的	長期的
ケースに対する責任	コンサルティ	カウンセラー	スパーヴァイザー＆スーパーバイジー

　※黒沢（2004, p.194）をもとに，項目を加筆して作成

ている（黒沢，2004, pp.196-203）。

2．コンサルテーションの介入プロセス

　コンサルティが自らの仕事をより効果的に遂行することを目的として，コンサルタントとのコンサルテーション関係が開始されるが，その開始から終結までには，いくつかの段階がある。ブラウン Brown ら（2000）は，8段階に分類している。わが国においては，石隈（1999）が①パートナーとしての協力関係づくり，②問題状況の具体的な定義と仮の目標の設定，③問題状況の生態学的アセスメント，④目標の決定，問題解決の方針と方略の選択，⑤問題解決方略の実践・実践の評価・フォローアップ，の5つのステップを提案している。いずれのモデルも要点は類似しており，簡潔に述べれば，表2に示すような6つのステップに沿ってなされる（丹羽，2015）。

■ IV　コンサルテーションのモデルとタイプ

　コンサルテーションの基本的な概念と目的，コンサルテーション関係の特徴については，これまで述べてきたとおりであるが，コンサルテーションには，いく

表2　コンサルテーションの介入プロセス

ステップ①コンサルテーションの依頼 　⇒依頼を受けるかどうかを検討する／依頼機関についての理解を深める
ステップ②コンサルテーションへのコミット 　⇒管理職からの承認と職員全体の理解や受け容れを図る／契約する
ステップ③コンサルティとの対等な協力関係の形成と維持 　⇒職員（コンサルティ）にコンサルタントの役割とコンサルテーションの目的を知ってもらい，対等な協力関係のもとで問題解決を図る姿勢を伝える
ステップ④情報収集とそれをもとにした問題のアセスメント 　⇒コンサルティからの情報収集（コンサルティの個人的な内面に踏み込まず，ケース・状況のイメージや問題解決につながる豊富な情報を引き出す）
ステップ⑤問題を解決する方針と方略の立案と実行 　⇒コンサルティに理解でき，実施可能で受け容れやすい方針と方略を協働して立案する／コンサルティの取り組みを勇気づける
ステップ⑥評価とフォローアップ 　⇒コンサルテーション・サービスの有効性を評価し，今後のコンサルテーション・プログラムの改善につなげる

※丹羽（2015）をもとに改変

つかのモデルとタイプが存在する。以下に，そのモデルとタイプを紹介する。

1. メンタルヘルス・コンサルテーション（mental health cosultation）

　コンサルテーションという方法を確立させたキャプラン（1970）は，自らのコンサルテーションをメンタルヘルス・コンサルテーションとよび，次のような4つのタイプに分けている（山本，2000; 丹羽，2015）。

①クライエント中心のケースコンサルテーション

　コンサルタントもコンサルティもともに異なった領域の専門家として，クライエントにケース責任を負いながらコンサルテーション関係をもつ場合を指す。病院や教育相談室の心理支援専門職が，担当ケースのキーパースン（教師や親，職場の上司など）にコンサルテーションをおこなう場合などが含まれる。

②コンサルティ中心のケースコンサルテーション

　コンサルテーションのなかで最も中心となる活動である。コンサルタントは，コンサルティの抱えているクライエントをいかに理解し，どのように働きかけていったらよいかという課題に対してコンサルテーションをおこなう。この場合，コンサルタントはクライエントに会うことはあっても治療関係はもたないし，クライエントに直接責任を負うことはない。あくまでもコンサルティを専門家として尊重し，専門家の"よろい"をはぐことはせず，コンサルティの専門性をより強化する形で援助することが重要となる。

③コンサルティ中心の管理的コンサルテーション

　コンサルティのかかえている組織管理上の対策・活動計画上の困難に対し，コンサルタントが専門家の立場から援助する場合を指す。たとえば，いじめ対策が思うように進まない校長や学年主任の先生に，心理の専門家の立場から意見を述べる場合などが含まれる。

④対策（プログラム）中心の管理的コンサルテーション

　対策（プログラム）それ自体に関与するコンサルテーションである。コンサルタントは，たとえば学校や職場のメンタルヘルス対策に意見を具申したり，対策に具体的な技術提供をしたりする。施設の設計立案，計画への参画，専門スタッフの導入と組織化，コミュニティの他の資源に関する情報提供などが含まれる。

2．システムズ・コンサルテーション（systems consultation）

　システム論にもとづくコンサルテーション（吉川，1999）は，①解決志向である，②コンサルティの方がクライエントの問題とそれを解決する方法を知っている，③コンサルティの取り組みをエンパワーするなどの特徴をもち，解決志向にもとづく11ステップモデルを開発し，効果の検証がおこなわれている（黒沢・西野・鶴田ほか，2015）。

3．行動コンサルテーション（behavioral consultation）

　行動理論にもとづいたコンサルテーション（加藤・大石，2011；大石，2015）は，発達上の課題のある子どもたちを学校で支援するために適用されることが多い。行動の分析と介入の計画，実施，効果の評価までが明確に体系化されており，コンサルティにとっても介入の効果を認識しやすい一方で，導入にあたっては，コンサルティがコンサルタントに依存的にならないような工夫が求められる。

4．アドレリアン・コンサルテーション（Adlerian consultation）

　アルフレッド・アドラー Adler, A. の創始したアドラー心理学にもとづくコンサルテーション（浅井，2015；Dinkmeyer et. al., 2016）であり，①共同体感覚の育成，②教育的実践志向性，③能動的アプローチ，④社会的平等の実現などの臨床実践上の特徴を有しているため，とりわけ，学校コンサルテーションを展開していく上で有用である。

5．組織コンサルテーション（organizational consultation）

　組織モデルによるコンサルテーションの焦点は，組織の全体的な効果を高めることである。組織の構成員がより満足し，生産的になり，結果として組織システムに変化が生じる助けとなるように介入は計画される。組織コンサルテーションは，産業・組織領域における EAP（従業員援助プログラム）サービスの重要なツールであり（大林，2015），学校システム全体への働きかけ（伊藤，2009）にも貢献しうるモデルである。

6．その他の分類によるコンサルテーション

　以上の分類のほかに，コンサルティとの契約関係のもち方で，「危機コンサルテーション」と「定期的・継続的コンサルテーション」に分ける場合もある。「危機

コンサルテーション」は，何らかの危機的問題が発生した場合，問題を抱えている当事者（コンサルティ）から要請があったときにコンサルテーション関係をもつやり方である。一方，「継続的・定期的コンサルテーション」は，問題発生があろうとなかろうとコンサルタントがコンサルティの現場に定期的に出かけていくやり方である。この場合は，学校をはじめ，保育園，児童福祉施設，障害者通所施設，外国人・中国帰国者等の研修施設（箕口，2000）といった施設・機関とコンサルテーション契約を結び，複数の担当職員をコンサルティとする集団コンサルテーション（箕口，1995）を行うことが多い。継続的・定期的にコンサルテーション・サービスを行うことは，問題の掘り起こし効果が働き，その結果として早期の介入が行われ，適切なフォローアップもなされる，という予防効果を期待できる利点をもっている。また，ニーズに応じて，コンサルティ集団に対する研修型のコンサルテーションを実施する場合もある（藤崎・木原，2005）。

　さらに，コンサルティの所属する職域による分類として，①産業組織メンタルヘルス・コンサルテーション，②学校コンサルテーション，③精神医学的リエゾン・コンサルテーションなどがある。

V　コンサルテーションをおこなう際の留意点とコンサルタントの要件

　コンサルテーションをより効果的に実施していくためには，コンサルタントはどのような点に留意すべきだろうか。また，コンサルタントのもつべき要件としてどのようなことが考えられるだろうか。以下に，山本（1986, 2000），光岡（1995），黒沢（2004），ブリッグマン Brigman ら（2005），箕口（2011），加藤・大石（2011），ディンクマイヤー Dinkmeyer ら（2016）の指摘をもとにいくつかのポイントをあげておく。

1．コンサルティの抱えている問題やニーズに，能動的にアプローチする

　コンサルテーションは，カウンセリングよりも能動的である。相手の話を傾聴する技術は，カウンセリングとコンサルテーション双方に必要であるが，コンサルテーションにおいては，コンサルタント側から対話を重ねるかたちで，能動的にニーズ・アセスメントをおこない，コンサルティのニーズを考慮した問題解決の方法を提案し，それをコンサルティと共に検討し，最終的にコンサルティが解決策を考えるのを促進する役割（Dinkmeyer et al., 2016）をとる。

2．変化を計画的におこなう力量を身につけていること

コンサルタントは，特定問題状況に対する即応的な対応を求められる。したがって，コンサルティの提示する情報から，ケースや問題状況の具体的なイメージを短時間に把握したうえで，変化を生み出しうる解決策を示す力量が要求される。そのためには，ケースの心理機制や力動，有効なネットワークのあり方を明確化し，コンサルティに示せるだけの知識や臨床的技能，経験を持つことが不可欠である。また，問題の解決だけでなく，その解決策を実行した結果を評価・吟味する視点と方法論を身につけていることも必要である。

3．コンサルティにわかりやすい形で説明し，理解してもらうプレゼンテーション能力

コンサルテーションでは，コンサルティに，こちらのアセスメントや介入方法の提案を理解・納得してもらう必要があるため，相手にわかりやすい形で説明することが求められる。その際，心理学の専門用語を用いて一般論を述べるのではなく，コンサルティが身につけている専門性の文脈や日常語を用いて問題やケースに即した具体的な説明をおこなうことが大切である。

4．コンサルティをとりまく組織・集団を理解し，その組織・集団のパワーダイナミックスに沿った活動をおこなうこと

どのような組織・集団にも特徴があり，その組織・集団なりのダイナミックスがある。コンサルテーションを効果的に展開するためには，その組織・集団では誰が影響力をもっており，誰が意志決定に力をもっているのか，通常の仕事の流れや仕組みはどのようになっているか，キーパーソンに納得してもらうにはどのような方法が適切か，といった相手の組織・集団をひとつのシステムとして把握しておく必要がある。そのため，集団力動についての観察力や働きかけのための知識，経験をもつことが大切である。コンサルテーションは，組織や集団の中でその相互力動を利用しながら働きかける方がより効果的で永続的作用をおよぼすことが多いからである。

5．コンサルタントに求められる社会性と人間性

コミュニティで活動する心理支援専門職としてのコンサルタントは，コンサルティが仕事をしている現場にコンサルタントが出向いておこなわれることが多

い。したがって，コンサルティの職場や仕事に関心をもち，問題解決の方法を共に検討し，コンサルティの取り組みを勇気づけてくれる人というポジティブな印象を，コンサルティや関係者にもたらす工夫が必要となる。その際大切なのは，常識人としてのセンス，状況把握の適切さ，幅広いものの見方，率直かつ誠実な人柄，さまざまな立場の人びとへの温かい関心や配慮，協働的な姿勢と態度，わき役・黒子的役割に徹する能力と態度などの人間性や社会性を備えていることではないかと考える。

　今後は，心理支援専門職がコンサルテーションという有用かつ有効な援助法を，多様な現場で活用できる教育・訓練プログラムの作成と充実が急がれる（仲田，2009）。

■ VI　おわりに──心理学を共有する方法の確立を目指して

　本章で取り上げたコンサルテーションという介入方法の根底には，コミュニティの中で発生する心理・社会的問題の解決は，クライエントをとりまくコミュニティの人びとと，心理支援専門職との連携と協働によって行われるという発想がある。言い換えるならば，人間に関わる諸問題の心理学的理解と援助の方法を，対人サービスに携わる人びとと共有しながら，ネットワークによる支援をいかに展開していくかがコンサルテーションの最終課題となる。

　コミュニティの心理社会的問題の解決に役立つ心理支援専門職への社会的ニーズがますます高まっている今日，コンサルテーションが心理学を共有する主要な方法としての役割を果たし，社会に有益な援助サービスを提供できるように，実践と研究をさらに積み重ねていく必要があるだろう。

◆学習チェック表
□　コミュニティの中で心理学的支援活動を展開していく上で，コンサルテーション活動がいかなる意義を有しているかについて理解した。
□　コンサルテーションと「カウンセリング」，コンサルテーションと「スーパービジョン」は，関係構造上，それぞれどのように異なるかについて理解した。
□　コンサルテーションのモデルとタイプ，介入プロセスについて理解した。
□　コンサルテーションを効果的に展開していく上で，コンサルタントが留意すべき5つのポイントを理解した。

より深めるための推薦図書
　Brigman, G., Mullis, F., Webb, L. et al. (2005) *School Conselor Consultation: Skills for*

Working Effectively with Parents, and Other School Personel. John Willey & Sons.（谷島弘仁訳（2011）学校コンサルテーション入門―よりよい協働のための知識とスキル．金子書房.）

石隈利紀（1999）学校心理学―教師・スクールカウンセラー・保護者のチームによる心理教育的援助サービス．誠信書房.

国立特別支援教育総合研究所編（2007）学校コンサルテーションを進めるためのガイドブック．ジアース教育新社.

日本コミュニティ心理学会(2015)特集：コンサルテーションの理論と実際―さまざまなモデルと多様な現場における実践．コミュニティ心理学研究，18(2); 157-250.

山本和郎（2000）危機介入とコンサルテーション．ミネルヴァ書房.

文　　献

浅井健史（2015）アドレリアン・コンサルテーションの理論と実践．コミュニティ心理学研究，19; 94-111.

Brown, D., Pryzwansky, W. B., & Schulte, A. C.（2001）*Psychological Consultation: Introduction to Theory and Practice, 5th ed.* Allyn & Bacon.

Caplan, G.（1961）*An Approach to Community Mental Health.* Grune & Stratton.（山本和郎訳・加藤正明監修（1968）地域精神衛生の理論と実際．医学書院.）

Caplan, G.（1970）*Theory and Practice of Mental Health Consultation.* Basic Books.

Caplan, G. & Caplan, R. B.（1999）*Mental Health Consultation and Collabolation.* Waveland Press.

Dinkmeyer, D. Jr., Carison, J., & Michel, R. E. et. al.（2016）*Consultation: Creating School-based Interventions*（4th ed.）. Routlege.（浅井健史・箕口雅博訳（2019）学校コンサルテーションのすすめ方―アドラー心理学にもとづく子ども・親・教職員のための支援．遠見書房.）

藤崎春代・木原久美子（2005）統合保育を支援する研修型コンサルテーション―保育者と心理の専門家の協働による相惠的研修．教育心理学研究，53; 133-145.

石隈利紀（1999）学校心理学―教師・スクールカウンセラー・保護者のチームによる心理教育的援助サービス．誠信書房.

伊藤亜矢子（2009）学校・学級組織へのコンサルテーション．教育心理学年報，48; 192-202.

加藤哲文・大石幸二（2011）学校支援に活かす行動コンサルテーション実践ハンドブック．学苑社.

黒沢幸子（2004）コンサルテーション面接．In：楡木満生・松原達哉編：臨床心理面接演習．培風館，pp.188-205.

黒沢幸子・西野明樹・鶴田芳栄・森俊夫（2015）事例とコンサルティを活かす解決志向ブリーフセラピーのコンサルテーション―11ステップモデルの効果研究と実践への誘い．コミュニティ心理学研究，18; 186-204.

箕口雅博（1995）集団コンサルテーションの展開．In：山本和郎・原裕視・箕口雅博ほか編：臨床・コミュニティ心理学―臨床心理学的地域援助の基礎知識．ミネルヴァ書房, pp.139-140.

箕口雅博（2000）精神保健コンサルテーションの受容過程に関する研究―中国帰国者定着促進センターにおける経験から．立教大学コミュニティ福祉学部紀要，2; 85-99.

箕口雅博（2011）コンサルテーションによる介入と援助．In：箕口雅博編：改訂版　臨床心理地域援助特論．放送大学教育振興会，pp.83-100.

箕口雅博（2016）連携と協働にもとづく援助サービスとは？　In：箕口雅博編：コミュニティ・アプローチの実践―連携と協働とアドラー心理学．遠見書房，pp. 29-44.

光岡征夫（1995）コンサルテーションの技法とコンサルタントの養成・訓練. In：山本和郎・原裕視・箕口雅博ほか編：臨床・コミュニティ心理学—臨床心理学的地域援助の基礎知識. ミネルヴァ書房, pp.139-140.

仲田洋子（2009）コンサルテーション技法を含むカウンセラー養成プログラムの開発（その1）—新米心理士の抱える苦悩と課題. 駿河台大学論集, 39; 139-160.

丹羽郁夫（2015）ジェラルド・キャプランのメンタルヘルス・コンサルテーションの概観. コミュニティ心理学研究, 18; 160-174.

大林裕司（2015）心理臨床実践におけるコンサルテーション—産業領域からの報告. コミュニティ心理学研究, 18; 236-242.

Orford, J.（1992）*Community Psychology: Theory and Practice.* John Willey & Sons.（山本和郎監訳（1997）コミュニティ心理学—理論と実践. ミネルヴァ書房.）

富安哲也・上田将史・小石川比良来ほか（2013）精神科コンサルテーション・リエゾンチームの効果の分析—フォーカスグループインタビューの結果から. 総合病院精神医学, 25; 16-22.

鵜養美昭（1998）教師とのコンサルテーション—学校臨床心理士の場合. In：岡堂哲雄編：スクールカウンセリング—学校心理臨床の実際. ミネルヴァ書房, pp.171-184.

山本和郎（1978）総説コンサルテーションの理論と実際. 精神衛生研究, 25; 1-19.

山本和郎（1986）コミュニティ心理学—地域臨床の理論と実践. 東京大学出版会.

山本和郎（2000）危機介入とコンサルテーション. ミネルヴァ書房.

吉川悟編（1999）システム論からみた学校臨床. 金剛出版.

心の健康教育と予防教育

葛西真記子

⌗ *Keywords*　心の健康教育，予防教育，ハイリスク群

　公認心理師はさまざまな人々への心理的支援を行うことがその第一目標である。心理的支援を必要としている対象のアセスメントを行い，その結果に則って，介入をしたり，他機関との連携を行ったりする。本章では，個別の心理的支援が必要になる前に，あるいは，個別ではなく地域全体に働きかける方法としての「心の健康教育」や「予防教育」について述べる。

I　心の健康教育

　年齢を問わず，私たちが日々受けるストレスは拡大する傾向にあり，労働者は，仕事に関して強い不安やストレスを感じている者が半数を超える状況にある（厚生労働省，2013）。また，精神疾患患者は 2011（平成 23）年には 320 万人以上となり，これは，4 大疾患（がん，脳卒中，急性心筋梗塞，糖尿病）よりも多い状況となっている（厚生労働省，2011）。精神疾患の中では，特に，うつ病等の気分障害や認知症の患者数が増加し，薬物依存や摂食障害，発達障害への対応等社会からの要請も高まってきている。また，年間の自殺者数も平成 21（2009）年までは 3 万人を超え，2010（平成 22）年以降，8 年連続の減少になっているものの，平成 29（2017）年の自殺者数は 2 万人を超えている（厚労省，2018）。年代別にみると，19 歳以下と 20 歳から 29 歳のみ増加している。

　このような状況の中，国民の健康増進を図るための国の方針として「健康日本21」が定められた。2013 年には，「健康日本 21（第 2 次）」として改正され，国民に健康の増進と総合的な推進を各地方自治体へ通知された。基本的な方針としては，すべての国民がそのライフステージに応じて，健やかで心豊かに生活できる活力ある社会を実現するために心身の健康を向上させようというものである。国民の健康増進に 9 つの目標が設定されているが，特に心の健康問題については，

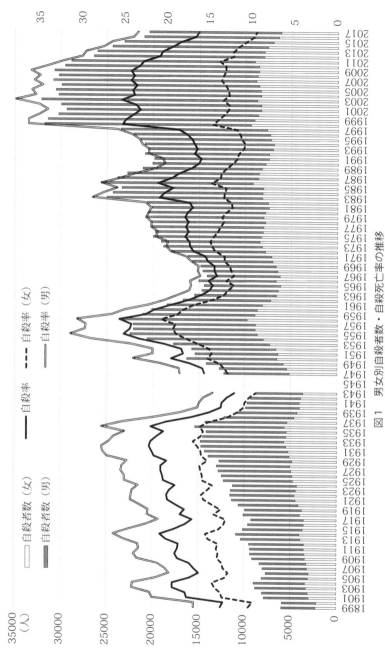

図1　男女別自殺者数・自殺死亡率の推移

注：厚生労働省「人口動態統計」より。1944年～1946年は資料不備のため省略。

「休養・こころの健康づくり」として，ストレスの低減，睡眠の確保および自殺者の減少について設定されている。「たばこ」や「アルコール」についても設定されており，これらは，身体的な健康に影響を与えるものであるが，アプローチとしては，心理的なものが重要な鍵となる。

II　職場における心の健康教育

　「労働者健康状況調査」（2007［平成19］年）によると，仕事や職業生活に関して強い不安，悩み，ストレスを感じている労働者は約6割に上っている。このような状況に対して，厚生労働省は，職場のメンタルヘルス対策，こころの健康問題により休業した労働者の職場復帰支援や，ハローワーク等における職業相談に取り組んできた。2009（平成21）年度からは，こころの健康に関する情報の発信や，ストレスチェックシートやメール相談の周知，さまざまな悩みに関するメール相談の実施などを行っている。

　心の健康問題が労働者，その家族および社会に与える影響は大きく，公認心理師として，労働者やその家族の心の健康確保のために，メンタルヘルスに着目した支援をすることが重要である。産業の分野では2014（平成26）年に「労働安全衛生法」が改正され，事業者によるストレスチェックが毎年1回義務付けられた（50人以上の事業所は義務）。事業者は，定期的に労働者のストレス状況について検査を行い，その結果にもとづいて自らストレスの状況について気づきを促し，個人のメンタルヘルス不調リスクを低減させるとともに，検査結果を集団的に分析し，職場環境の改善につなげることによって労働者のメンタルヘルス不調を未然に防止する必要がある（厚生労働省，2015）。ストレスチェックの実施者は，「医師，保健師，研修を受けた精神保健福祉士または看護師」と定められていたが，それに厚生労働省の定める研修をうけた歯科医師と公認心理師も追加されることになった（厚生労働省，2018）。

　ストレスチェックによって，メンタルヘルスの不調への未然防止である「一次予防」を主な目的にしている。「一次予防」とは，予防的なアプローチの3段階の第1段階である（Caplan, 1964）。一次予防（primary prevention）は，すべての人が不健康になる可能性があると考え，健康なうちにすべての人を対象に行われる予防である。労働者の一次予防では，労働者自身のストレスへの気づきを促したり，ストレスの原因となる職場環境の改善につなげたりすることを目的としている。さらに二次予防（secondary prevention）は，健康問題の早期発見と早期

対応である。ハイリスク群をアセスメントして，問題が深刻にならないようにするものである。職場においては，メンタルヘルスの不調を早期に発見し，適切な措置を行うようにする。三次予防（tertiary prevention）は，すでに病気になった人の障害の程度を最小限にとどめたり，不調が再発することを防いだりする予防である。問題が起こった後のリハビリテーション等もここに含まれる。また，メンタルヘルスの不調となった労働者の職場復帰の支援を円滑に行うこともこれに含まれる。

　これらの取り組みにおいては，教育研修，情報提供および「セルフケア」，「ラインによるケア」，「事業場内産業保健スタッフ等によるケア」ならびに「事業場外資源によるケア」の４つのメンタルヘルスケアが継続的かつ計画的に行われるようにすることが重要である。

■　III　教育における心の健康教育

　また，大人のストレス状況は，子どもの心身健康状態にも影響しており，子どものうつ状態も目立つようになってきた（傳田，2008）。その他にも成人も子どももさまざまな精神的な問題に直面している。大人はうつ等の精神疾患，子どもはいじめ，不登校，暴力行為，不適応などを体験することが多い。これらの問題への対応としてスクールカウンセラーが平成7（1995）年から配置されている。これまでスクールカウンセラーは非常勤として週に1日の勤務が多く，問題として顕在化したものに対応することがその業務の中心だったが，現在は，スクールカウンセラーを常勤で配置する都道府県も増えており，今後は全校生徒を対象にした予防教育にも積極的に力を入れていく必要があるだろう。

　学校教育での一次予防は，すべての児童生徒を対象に行われるものである。これには，心の健康的な側面を伸ばすような心理教育・予防教育がある。自尊感情や自己効力感を高めたり，アサーションやストレスコーピングの方法を学んだりという方法もある。二次予防は，健康問題の早期発見と早期対応であるので，いじめや不登校，不適応の等のハイリスク群をアセスメントして，問題が深刻にならないように対応する方法がある。例えば，いじめや不登校のサインについて教員研修を行ったり，学級の様子を観察し，チーム学校としてのかかわりを検討するということもできるだろう。三次予防は，いじめが起こった後のいじめ被害者や加害者への支援を行い，再びいじめが起こらないように再発を防いだり，不登校の児童生徒が学校復帰したあとの適応の支援やもう一度不登校にならないよう

な支援等がある。

1．予防教育のアプローチ方法

　学校現場において取り組まれている予防教育には，その目標の多様性がある。それらは，問題の予防に焦点をあてたものと，よい側面を伸ばすことに焦点をあてたものである。問題の予防として，例えば行動的問題には，暴力，いじめ，非行，性関連問題行動，薬物乱用等があり，身体的問題には，生活習慣病としての睡眠，食事等がある。さらに，精神的問題には，うつ，不安障害，自殺，ストレス等の予防もある。よい側面を伸ばす予防としては，他者との関係性に注目した社会性と自らの感情に気付くという情動性に着目したものが多い（Social and Emotional Learning）。用いられる方法にはさまざまなものがこれまで開発・実践されてきている。次に，いくつかの例を挙げる。

①ソーシャルスキル・トレーニング

　ソーシャルスキルは，円滑な対人関係を築き，維持する能力として考えられており，乳幼児期から周囲の大人との関係を通して学んでいく（渡辺，2013）。この学びがうまく機能せず，各発達時期に必要なソーシャルスキルが獲得されないと，良好な対人関係が得られず，新たなソーシャルスキルを学ぶことが難しく，学校への不適応を示すようになる。ソーシャルスキルのトレーニング方法としては，①言語的教示，②モデリング，③ロールプレイ，④フィードバック，⑤ホームワークなどを用いて行われることが一般的である（渡辺，2013）。

②ピア・サポート

　ピア・サポートとは，支援を受ける側と年齢や社会的な条件が似通っている者による社会的支援のこと（戸田，2001）であり，学校現場では，同世代の子どもたちが，目的に応じたトレーニングを受けて，おとなの最小限の支えの基で，可能な範囲で支援を行う活動を指している。しかし，その理論的背景は，一貫して明確なものではないと戸田（2013）は述べている。しかし，ソーシャルスキルを教えるような認知行動主義的な心理教育プログラムによる教育を用い，子どもが主体的に実践するものが主である。ピア・カウンセリングやピア・ヘルピング，ピア・エデュケーションと呼ばれるものもある。

③構成的エンカウンターグループ

予防教育に関連して用いられている方法の多くは，西洋がその起源となっているが，構成的エンカウンターグループは，米国で開発されたベーシック・エンカウンターグループ（Rogers, 1970）として導入されたものがその始まりであるが，日本で開発され発展した手法である（葛西, 2013）。「構成的」とは，条件を設定（エクササイズの内容，グループのサイズ・時間，ルール）をして実施されるものであるという意味で，構成的エンカウンター・グループとは，パーソナルリレーション（感情交流）を主軸にして，これに若干のソーシャル・リレーション（役割関係）を加味したグループ体験の場を提供し，その体験を通して，各メンバーの人間的成長を援助する方法である（國分, 2000）。

④ライフスキル教育

　WHO（1994）は，青少年の健康増進のために必要なライフスキルとして，意志決定，問題解決，創造的思考，批判的思考，効果的コミュニケーション，対人関係スキル，自己認識，共感性，情動への対処，ストレスへの対処をあげている。もともと1970年代欧米において，青少年の喫煙，飲酒，薬物乱用などの危険行動を防止するための健康教育の一環としてライフスキル教育が初めて取り入れられた（吉本, 2013）。その後，上記の危険行動に加えて，性に関する逸脱行動，暴力などの危険行動の防止の教育にも適用されるようになった。日本においても，喫煙防止教育プログラム（JKYB研究会, 2005），食生活プログラム（JKYB研究会, 1994），一般的なライフスキル教育プログラム（JKYB研究会, 2005, 2006, 2007）などがある。ライフスキルを理解するうえで重要な点として，1）誰もが学習し，経験し，練習することによって獲得できる能力，2）幅広い問題に適用可能な一般的・基礎的能力，3）心理社会的能力であること（日本学校保健会, 2002）が挙げられている。

⑤ストレスマネジメント教育

　ストレスマネジメント教育とは，自分のストレスに向き合い，望ましい対処を学ぶ理論と実践であり（山中・冨永, 2000），ラザルスら（Lazarus & Fulkman, 1984）のストレス理論を基にしている。ストレスマネジメント教育は日本においては，保健体育の「心の教育」という項で取り上げられており，中学校の保健体育の教科書にも「ストレス対処」としてリラクセーションなどの対処方法が紹介されている（冨永, 2013）。また，災害後の心のケアとしてもストレスマネジメント教育を柱としたこころのサポート授業が行われている（冨永, 2013）。

２．特定の問題に焦点をあてた予防教育

　学校現場では，前述のようなさまざまな手法を用いて児童生徒の問題行動の予防について取り組んでいる。また，児童生徒の健康・適応上の特定の問題に焦点をあてた予防教育もある。例えば，不登校，いじめ，暴力行為，違法薬物・喫煙・飲酒，うつ・自殺など精神的問題，肥満・摂食障害などの食行動の問題，性関連問題などである。それぞれ，自己表現，対処解決，共感性，自己主張，自己理解などの感情面や認知面に焦点をあて，その変容を目指すものが多いが，特に学級担任による教育だけでなく，養護教諭やスクールカウンセラー等との連携による児童生徒への働きかけが有効である。また学校だけでなく，家庭，地域，大学などとの連携も効果的に働く（安藤，2013）。

　特に児童生徒の自殺予防については，文部科学省から通知が出され（2018），8月下旬から9月上旬に児童生徒の自殺が急増する傾向にあることを踏まえ，1）学校における早期発見に向けた取組，2）保護者に対する家庭における見守りの促進，3）学校内外における集中的な見守り活動，4）ネットパトロールの強化などの取組を，学校が保護者，地域住民，関係機関等と連携して実施する必要があることが示された。

■ Ⅳ　地域における予防

　職場や学校に限らす，国民全体のメンタルヘルス対策について次に述べる。特に，対応が急務となっているものについて説明を行う。

１．うつ病

　厚生労働省の患者調査（2011）によるとうつ病の罹患者は，平成 20（2008）年度に 104.1 万人であり，これは，9年前の 2.4 倍であった。また，うつ病患者は，医療機関への受診率が低いことがわかっており，実際はこれより多くの患者がいることが推測される。うつ病にはストレスが関係していると言われており，ストレスへ適切に対処する「ストレスマネジメント教育」がうつ病発症の予防となる。また，多くのストレスがかかっていても，それをストレスと認識せず，不調に気づかない場合も多いので，うつ病についての「啓発活動」も予防として重要である。つまり，うつ病にならないように健康増進をはかるようなストレスマネジメント教育は一次予防であり，不調になってもうつ病であると気がついてい

ない人々の早期発見，早期介入によって，その進行を予防するのが二次予防であり，うつ病に罹患し者を対象に，再発・悪化・他への影響を防ぐのが三次予防である。

　ストレスマネジメント教育とは，予防教育のアプローチ方法のところでも述べたが，ストレス状況下で対処することができないことがうつ病発症につながることから，ストレスへの対処方法として，リラクセーション法や呼吸法などを教育することである。

　啓発活動については，厚生労働省は，一般への普及啓発と並行して，地域の保健医療体制等によるうつ病の早期発見をすすめてきた。「心の健康問題のただし理解のための普及啓発検討会」（平成15［2003］年，16［2004］年）において「こころのバリアフリー宣言」を取りまとめ，精神疾患の正しい理解の普及や啓発の取り組みを実施してきた。また，行政関係者や保健医療従事者向けにうつ病対応のマニュアルを作成し，広く周知を図ってきた。

2．自傷・自殺対策

　厚生労働省の調査によると，平成9（1997）年から平成10（1998）年にかけて，年間2万人台前後だった自殺者数が，3万人を超えるようになり，その後，平成23（2011）年ごろより減少傾向にある。しかし，平成27（2015）年の死因の順位で見ると，20歳代や30歳代における死因の第1位は，自殺である。このような現状の中，平成18（2006）年に「自殺対策基本法」が制定され，平成28（2016）年には改正された。また，政府として，平成19（2007）年には自殺総合対策大綱が閣議決定され，さらに，平成24（2012）年に「自殺総合対策大綱〜誰も自殺に追い込まれることのない社会の実現を目指して〜」が閣議決定された。特に，地域レベルの自殺対策への取り組みや若年層向けの対策，自殺未遂者向けの対策の充実などが揚げられていた。平成29（2017）年にはさらに見直しが行われ，社会全体の自殺リスクを下げること，子ども・若者の自殺対策をさらに推進することなどが盛り込まれ，自殺対策の数値目標も平成27（2015）年と比べて30％以上の減少が案としてあげられた。その中には，自殺対策として，①事前予防：心身の健康の保持増進についての取り組み，自殺や精神疾患についての正しい知識の普及啓発等自殺の危険性が低い段階での予防，②自殺発生の危機対応：現に起こりつつある自殺の危機に介入，③事後対応：不幸にも自殺や自殺未遂が生じしてしまった場合に家族や職場の同僚等遺された人に与える影響を最小限とし，新たな自殺の予防，として段階ごとの対策を講じる必要性を述べて

いる。また，介入を３つに分け，①全体的予防介入：リスクの度合いを問わず万人を対象とする対策，②選択的予防介入：自殺行動のリスクの高い人々を集団として捉え，その集団を対象とする対策，③個別的予防介入：過去の自殺未遂をした人など，自殺行動のリスクの高い個人を対象とする対策，という対象ごとの対策の重要性ついても指摘している。

　自殺の背景には，さまざまな要因があるが，自殺のハイリスク群としてこれまで考えられてきたのは，うつ病等の気分障害を患っていた者，アルコール依存症等が含まれる物質関連障害を患っていた者，自殺未遂をした者等が考えられており，このような方々への対策を講じることが重要である。

　高橋（1999）によると自殺の危険因子として，これまでの多くの研究から次の10 項目があげられる。①自殺未遂歴，②精神疾患の既往（双極性障害，統合失調症，人格障害，アルコール依存症，薬物依存症など），③援助組織の欠如（頻回の転居や転校，親の別居や離婚，崩壊家庭など），④性別（自殺既遂者：男＞女，自殺未遂者：女＞男），⑤喪失体験（病気や怪我，予想外の失敗，友人との関係悪化など），⑥事故傾性（事故を防ぐのに必要な措置を不注意にも取らない，慢性疾患に対する予防あるいは医学的な助言を無視），⑦独特の性格傾向（未熟・依存的，衝動的，完全主義的，孤立・抑うつ的，反社会的），⑧他者の死から受ける影響（精神的に重要なつながりのあった人の突然の死など），⑨児童虐待（児童虐待の経験のある子どもと成長後），⑩その他（例えば，幼少期に重要な家族が重病で入院していたり，長期に不在であったり，また自身の長期な身体疾患のため入院など）。このようにさまざまな自殺への危険因子が存在するが，これ以外にも危険因子であると思った場合は，過小評価するよりも過大評価した方が自殺を予防することができるだろう。

3．児童虐待

　厚生労働省（2018）によると平成 28（2016）年度の児童相談所の児童虐待の相談対応件数は，12 万 2,575 件で，児童虐待防止法が施行される前（平成 11［1999］年度）の約 10.5 倍に増加している。心理的虐待の割合が 51.5％と最も多く，次いで身体的虐待が 26.0％となっていた。また，多数の死亡事例も発生している。死亡した子どもは 0 歳児が 46.2％と多く，さらに 3 歳児以下の割合が 76.5％をしめていた。このような現状に対応するために，一次予防として虐待に至る前に，気になるレベルで適切な支援を行う。虐待につながるリスクとして考えられるのは，経済的困窮，周囲からの孤立，うつ病などの保護者の精神疾患，アル

コールやギャンブル依存，予期しない妊娠などがある。このようなハイリスク群への支援として，厚生労働省では，育児不安の防止をするために子育て世代包括支援センターの全国展開を目指して整備を推進したり，さまざまな妊娠・出産・育児期に生じると予想される心身の不調や子育てに関する悩みに対応したり，周囲からの支えを必要としていると考えられるので，相談体制の整備や支援サービスの充実を図っている。

　二次予防としては，虐待を受けている子どもや支援を必要としている家庭を早期に発見し，早期に対応を行う。そのためには，関係機関の間で情報を共有し，適切な連携の下で対応していく必要がある。要保護児童対策地域協議会（子どもを守る地域ネットワーク）が，児童福祉法（第25条の2）により規定されており，地方自治体はその設置に努めている。同様に市町村にも子どもとその家庭や妊婦に対する支援を担う拠点の設置や児童相談所の体制強化も厚生労働省により推進されている。

　三次予防としては，すでに虐待を受けた子どもに対して，その自立に向けて，親子関係の再構築のために保護者への支援を行ったり，里親委託等の社会的養護体制の質・量ともに拡充を行ったりしている。また，虐待を受け児童が親になり，自分の子どもを虐待するという「世代間伝達・連鎖」の存在も指摘されているので，その発生の予防にもなるだろう。

4．認知症

　高齢化社会日本において，加齢が最大の原因である認知症の増加はさけられない。日本の総人口は，平成28（2016）年10月1日現在，1億2,693万人となっており，そのうち65歳以上の高齢者が占める割合（高齢化率）は，27.7％であり，これは，「超高齢社会」である（内閣府，2018）。これは世界の中でもかなり高い高齢化率であり，今後も，日本においては医療技術の進歩により死亡率が下がり，平均寿命が長くなり，少子化がすすむにつれ，高齢化率は上昇すると推計されている。

　DSM-Ⅳでは，「認知症」と呼ばれていたものが，DSM-5では，「神経認知障害」と変更され，脳の構造的・機能的・神経科学的な変化を原因に発症する障害である。神経認知障害は，複合的注意，実行機能，学習と記憶，言語，知覚・運動，社会的認知の6つの認知領域について，その障害の水準・重症度が判定されるのであるが，日常生活の自立度の程度に応じて，「大神経認知障害」か「小神経認知障害」に分類される。小神経認知障害は，日常生活における障害はほとんど目立

たなく，早期の予防的な治療・介護を可能にするものである。

　神経認知障害の分類の中にアルツハイマー病などがあるが，現在のところ進行を止めたり，回復させたりする効果的な治療薬はなく，経過の前駆期である最初期に注目し介入したり，認知症を予防する生活習慣に注目したりするようになっている。認知症になりにくい生活習慣としては，食習慣（野菜・果物，魚，赤ワイン），運動習慣（週3日以上の有酸素運動），対人接触（人とよくお付き合いをする），知的行動習慣（文章を書く，読む，ゲームをする，博物館に行くなど），睡眠習慣（30分未満の昼寝,起床後2時間以内に太陽の光を浴びる）などがあげられている（厚生労働省，2011）。

　認知症は，本人のみならず，家族にも身体的，精神的，経済的負担が大きく，医療，社会，経済的支援が必要な疾患であり，早期に発見することで，進行を食い止めたり，本人や家族で支援体制を整えたり，備えたりすることができる。

◆学習チェック表
□　心の健康を保つために必要なことについて理解した。
□　一次・二次・三次予防とは何かについて理解した。
□　予防教育のアプローチについて理解した。

より深めるための推薦図書

　高橋祥友（1999）青少年のための自殺予防マニュアル．金剛出版．
　山崎勝之・渡辺弥生・戸田有一（2013）世界の学校予防教育―心身の健康と適応を守る各国の取り組み．金子書房．

　　文　　　献
安藤美華代（2013）問題の予防に焦点を当てた予防教育．In：山崎勝之・戸田有一・渡辺弥生編：世界の予防教育．金子書房，pp.315-332.
Caplan, G. (1964) *Principles of Prevention Psychiatry*. Tavistock Publications.
傳田健三（2008）児童・青年期の気分障害の臨床的特徴と最新の動向．児童青年精神医学とその近接領域，49; 89-100
JKYB 研究会編（1994）学校健康教育とライフスキル．亀田ブックサービス．
JKYB 研究会編（2005）ライフスキルを育む喫煙防止教育― NICE-II　学習材と授業のすすめ方．東山書房．
JKYB 研究会編（2006）JKYB「実践につながる心の能力」を育てるライフスキル教育プログラム―中学生用　レベル2．東山書房．
JKYB 研究会編（2007）JKYB「未来を開く心の能力」を育てるライフスキル教育プログラム―中学生用　レベル3．東山書房．
葛西真記子（2013）構成的グループ・エンカウンター．In：山崎勝之・戸田有一・渡辺弥生編：世界の予防教育．金子書房，pp.41-42.
國分康孝（2000）続・構成的グループ・エンカウンター．誠信書房．

厚生労働省（2011）知ることからはじめよう―みんなのメンタルヘルス．http://www.mhlw.
　　go.jp/kokoro/nation/index.html

厚生労働省（2012）健康日本 21（第 2 次）．

厚生労働省（2012）自殺対策大綱―誰も自殺に追い込まれることのない社会の実現を目指して．

厚生労働省（2013）平成 24 年「労働安全衛生特別調査（労働者健康状況調査）」の概況．

厚生労働省（2015）改正労働安全衛生法に基づくストレスチェック制度について．

厚生労働省（2018）児童虐待防止対策．

厚生労働省子ども家庭局（2018）「児童虐待防止対策の強化に向けた緊急総合対策」参考資料．

厚生労働省（2018）平成 29 年（2017）人口動態統計（確定数）の概況．https://www.mhlw.
　　go.jp/toukei/saikin/hw/jinkou/kakutei17/index.html

Lazarus, R. S. & Folkman, S. (1984) *Stress, Appraisal, and Coping.* Springer.

文部科学省（2018）児童生徒の自殺予防に係る取組について（通知）．

内閣府（2018）平成 30 年版高齢社会白書（概要）．

日本学校保健会（2002）喫煙・飲酒・薬物乱用防止にかかわる用語事典．日本学校保健会．

Rogers, C.（1970）*Carl Rogers on Encounter Groups.* Harper & Row.

高橋祥友（1999）青少年のための自殺予防マニュアル．金剛出版．

戸田有一（2001）学校におけるピア・サポート実践の展望と課題―紙上相談とオンライン・ピ
　　ア・サポート・ネット．鳥取大学教育地域科学部紀要（教育・人文科学），2; 59-75

戸田有一（2013）ピア・サポート．In：山崎勝之・戸田有一・渡辺弥生編：世界の予防教育．金
　　子書房，pp.39-40.

冨永良喜（2013）ストレスマネジメント教育．In：山崎勝之・戸田有一・渡辺弥生編：世界の
　　予防教育．金子書房，pp.47-48.

渡辺弥生（2013）ソーシャル・スキル・トレーニング．In：山崎勝之・戸田有一・渡辺弥生編：
　　世界の予防教育．金子書房，pp.36-38.

World Health Organization (1994) *Life Skills Education in Schools.* WHO.

山中寛・冨永良喜（2000）動作とイメージによるストレスマネジメント教育・基礎編．北大路
　　書房．

吉本佐雅子（2013）ライフ・スキル教育．In：山崎勝之・戸田有一・渡辺弥生編：世界の予防
　　教育．金子書房，pp.42-46

第 3 部

心理学的支援の実際

第 11 章

心理学的支援におけるコミュニケーション

杉原保史

Keywords　コミュニケーション，言語的コミュニケーション，非言語的コミュニケーション，トラッキング，アイコンタクト，ジェスチャー，暗示的メッセージ

Ⅰ　概　　観

1．はじめに

　コミュニケーションは心理学的支援の基本である。心理学的支援においては，対象者の感情のかすかな兆候に気づき，感じ取ることが求められる。同時にまた支援者は，対象者に希望や安心感や思いやりを伝え，勇気を鼓舞し，新しい建設的な行動を引き出し，強めていくことが求められる。こうしたことを効果的に行うためには，当然，巧みなコミュニケーション技術が必要とされる。本章では，心理学的支援のためのコミュニケーションについて，支援者に求められるコミュニケーションのスキルを中心に考えていく。

2．コミュニケーションの 2 つの位相—言語面と非言語面

　コミュニケーションとは，人と人との間の情報の伝達である。注意すべきことは，ここで言う情報は単に言語的な情報だけではないということ，つまり，非言語的な情報も含んでいるということだ。特に，心理学的支援におけるコミュニケーションでは，純粋に客観的な事実についての情報だけではなく，主観的な体験についての情報のやり取りが重視される。それゆえ，言語的な情報以上に，表情や声のトーンなどの非言語的な経路を通して伝わる情報が重要となるのである。

　たとえば心理療法の場面でクライエントが「私ってホントにバカ」と言ったとき，どんな表情で言ったのか，どんな声のトーンで言ったのか，どんな姿勢で言ったのか，などによって，その言葉の意味は大きく異なってくる。非言語的な情報しだいで，同じ言葉が痛々しい自己非難として理解されるかもしれないし，失

敗した自分の温かな受容として理解されるかもしれない。非言語的な情報は，それ自体で意味をもった情報であると同時に，言語的な情報がどのように解釈されるのかを大きく左右する文脈的な手掛かりでもある。

　コミュニケーションにおいて伝達される情報には，言語的なものだけでなく，非言語的なものも含まれているという認識は，沈黙（言語的情報を発信しないこと）もまた重要なコミュニケーションであるという認識をもたらす。ＡさんがＢさんを暴力的にののしっているとき，Ｃさんが沈黙しているなら，その沈黙はＡさんにとってもＢさんにとっても，ＣさんがＡさんの行為を，たとえ消極的にであれ，承認しているというメッセージとなる。

　このように，言語面と非言語面を含めてコミュニケーションを包括的に捉えれば，心理療法において，クライエントの発話量と，支援上有効な情報量との間には単純な比例関係は成立しないということが理解できるだろう。自分の感じていることを隠しながら多くの言葉を発する人もいれば，沈黙の中で素直な気持ちを非言語的に豊かに表現する人もいる。

　同じことはセラピストに関しても言える。セラピストが沈黙していれば，そのときセラピストは情報を発していないということにはならない。クライエントが興奮気味に「先生，とうとうやりましたよ！　彼女にプロポーズしたんです！」と話したとき，もしセラピストが沈黙していれば，それはクライエントにとって拒絶や冷たさとして体験されるだろう。このとき，セラピストは何も情報を発信していないのに，クライエントが現実を歪曲して知覚したのだということにはならない。

　言語的情報と非言語的情報にはそれぞれ異なった性質がある。少し割り切って単純に述べると以下のようになる。言語的情報は，おおむね意識的・意図的であり，思考・認識・説明といった認知的な諸過程（左脳の活動に関連づけられることが多い）が大きく関わっている。今ここに限定されず，過去や未来についての内容が含まれうる。それに対して非言語的な情報は，しばしば無意識的・非意図的なものであり，情動的な諸過程（右脳の活動に関連づけられることが多い）が大きく関わっている。非言語的な情報は，今ここにおける感情状態（目の前にいる他者との関係についての感情も含む）を伝えるものである。また，非言語的なコミュニケーションは何よりもまず身体的なコミュニケーションであり，身体を通して発信され，身体で感じられるものである。

　多くの心理学的支援は主として言葉を用いて行われる。そうしたコミュニケーションにおいては，どうしても言語面のやり取りに注意が奪われがちである。し

かし，そこに見られる言語のプロセスは，非言語のプロセスによって支えられたものであることを忘れてはならない。まだ言語を十分に獲得していない赤ん坊と養育者のやり取りを見れば，応答性のある非言語的なやり取りがいかにコミュニケーションの基礎となっているかがよく分かる。トロニック Tronick（2009）の「スティル・フェイス（still face）」実験の動画を動画サイトで見て欲しい。

3．コミュニケーションの多元性・同時性・双方向性

　会話はしばしばキャッチボールにたとえられる。2 人の人が会話している様子を観察していると，1 つのボールが 2 人の間を行き来するように，言葉が 2 人の間を行き来するように見えるからである。しかし，心理学的支援者にとってはこのたとえは単純すぎて不適切である。心理学的支援においては，コミュニケーションは単線の往復的なやり取りではなく，マルチチャンネルの同時的で双方向的なやり取りとして捉えられる必要があるからである。

　クライエントが言葉を発している間，支援者はクライエントの発言の内容を把握するとともに，クライエントの表情や声のトーンなどの非言語的なチャンネルによって伝わってくる感情的ニュアンスをきめ細かく感じ取っている。そして，そのように情報を受け取りながら，同時に，相づちや表情などのチャンネルを通して支援者の反応を非言語的に発信している。その上で言語的な反応も返していくわけだが，支援者は自分が言葉を発している間も，表情やジェスチャーなどの非言語情報を発信し，また同時に，クライエントのあいづちや表情などを観察し，そこから伝わってくるものを感じ取っている。

　このように，会話のあらゆる瞬間において，言語と非言語の両面で，双方の情報発信と情報受信がすべて同時並行的に働いている。さらには，さまざまな仕方で発信される情報は，それぞれ，常に一貫性のある情報を伝えているとは限らない。「つらい」という言葉を発しつつ，表情は笑顔かもしれない。そして手は固く握られているかもしれない。

　このように，コミュニケーションは常に多元的であり，同時的であり，双方向的である。心理学的支援においては，コミュニケーションをそのように捉える必要がある。

■ II　心理学的支援におけるコミュニケーションのスキル

　以上のようなコミュニケーションの見方を踏まえて，ここからは，心理学的支

援において支援者が身につけておくべきコミュニケーションのスキルについて述べる。便宜上，言語的なスキルと非言語的なスキルとを区別し，さらにそのそれぞれに関して，情報を受け取るスキルと情報を伝えるスキルとを区別して論じる。実際にはそれらは相互に影響を与え合いながら同時的に働くものであり，独立して機能しているわけではないことに注意して欲しい。

1．非言語的なコミュニケーション：受け取るスキル

　支援者はクライエントのコミュニケーションの非言語的な側面に注意を向け，きめ細かく感じ取ることが必要である。ここには，非言語的なサインに注意して詳しく観察する（認識する）スキルだけでなく，そうしたサインに接して自分の中に自動的・即時的に喚起される感情や身体感覚をありのままに感じ取る（感受する）スキルも含まれている。以下において，この2つのスキルについて述べる。これらは意識的に訓練することで高められるスキルである。最初はぎこちなく感じられるかもしれないが，慣れれば自然にできるようになる。

①非言語的なサインを観察するスキル

　非言語的なコミュニケーションは，今ここの瞬間，瞬間に生み出され，瞬間的に変化しうるものである。たとえば，いじめられた体験を笑顔で話していたクライエントが，特定のエピソードに触れたとき，一瞬，つらそうな顔になり，すぐまた笑顔に戻るということがある。このとき，その一瞬の表情に気づくことが重要であり，多くの場合，その直後にそれを取り上げることが有用である。

　こうした場合，クライエントの笑顔はつらさの感情を体験から遠ざけておくための防衛の手段である。つらそうな表情は，その防衛が一瞬緩んで，つらさの素直な体験が生じたことを伝えている。もちろん，こうした防衛の働きに気づき，「つらかっただろうと思うのですが，笑顔でお話しされていますね。笑顔にならずにつらい感情に触れながら話すとしたら，どんなふうに感じられるのでしょうか？」などとコメントすることも，この防衛を和らげようと働きかける際の1つの選択肢である。しかし，防衛を和らげようとする働きかけにおいては，防衛が強く働いているときに注目するばかりではなく，たとえ一瞬でも防衛がすでに緩んでいる瞬間を見逃さず，しっかり捉えることが有用である。そのためには，瞬間，瞬間の非言語的な表現に機敏な注意を払うことが必要なのである。というのも，このような防衛の緩みはほんの一瞬だけであることも多いからである。

　相手のほんの一瞬の表情の変化（眉間の皺，口角の動き，目の潤み，ほほの紅

潮，まばたきの増加など）や，声の変化（大きさ，高さ，テンポ，間の取り方，抑揚など），視線の動き，ジェスチャー，姿勢の変化，呼吸の変化に気づきを向ける。こうした観察のスキルは，「瞬間，瞬間のトラッキング」と呼ばれる。

　トラッキングのスキルを高める訓練としては，たとえば，数人のグループで，誰かひとりがポジティブなイメージ（大好きな人など）とネガティブなイメージ（嫌いな人など）を交互に心に浮かべ，他のメンバーはその際の微妙な表情や顔色や姿勢などの変化を観察する実習が有用であろう（Ledochowski, 2003）。

②自らの身体的反応を感受するスキル

　トラッキングは単なる客観的な観察に留まるものではない。トラッキングは，トラッキングをしている間に喚起される感情や身体的な感覚への気づきに支えられている。繊細なトラッキングができるようになるためには，支援者自身が相手の様子に注意を向けるだけでなく，自分の内側にも注意を向けておく必要がある。それに加えて，自分の内側に湧き起こる感情や感覚に対してオープンで素直な心理状態を維持することが必要である。どのような感情が湧いてきても，どのような感覚が生じてきても，どのような思いが浮かんできても，それらに支配されず，ただ湧いてくるものに気づきながら，湧いてくるままに任せておく姿勢が求められる。

　支援者のこうした姿勢は，マインドフルネスやメンタライゼーションと呼ばれるものとも深く関わるものである。ジェンドリン Gendlin のフォーカシングとも関連している。

　どのような名前で呼ぼうとも，こうした姿勢を可能にするためには，注意のあり方に関わる内面的なスキル（自分の注意のあり方についての気づきを持つスキル）が必要になる。注意が今どこに向けられているのか。注意はどれほどシャープに焦点化されているのか，どれほど幅広くぼんやりしているのか。その注意はどれくらい優しく穏やかな注意なのか，厳しく冷たい注意なのか。このスキルは，外部の第三者が直接的に指導できない性質のものであるから，支援者自身が自覚をもって訓練に取り組まない限り，向上させることが期待できない。

　マインドフルネス瞑想やフォーカシングを自ら体験することは，支援者がこうしたスキルを発展させる訓練として，とても有用である。

2．非言語的なコミュニケーション：伝えるスキル

　非言語的な情報を受け取るスキルに取り組むことで，非言語的な情報を伝える

スキルも自然に高まることが多いだろう。豊かにしっかり感じると，豊かにしっかり反応が表出されるようになるものである。しかしこれは必ずしも常に保証されることではない。豊かに感じながら，それを不十分にしか表出しない支援者を見かけることもよくある。もちろん，クライエントの状態を見て，支援者が内面に感じていることをコントロールし，表出を抑えた方がよいこともある。しかし一般的に言えば，よい心理学的支援は生き生きした非言語的なコミュニケーションによって特徴づけられる。心理学的支援に携わる者は，自らが心と体に感じているものを，クライエントに役立つ仕方で表現できるような道筋を見出すよう，常に精進を心がけたい。

　クライエントが苦しみや悲しみをシェアしてくれたときには，その苦しみや悲しみに波長合わせした情動的反応をしっかりと伝えつつ，コンパッションやケアを伝えたい。クライエントが勇気をもって率直な気持ちを告白してくれたときには敬意や感謝を，クライエントが援助目標に向けて進歩したときには共に喜ぶ気持ちを力強く伝えたい。心理学的支援の全体を通して，クライエントに希望の感覚を伝えたい。

　当然，こうした感情的メッセージは言語によっても伝えられるだろう。しかし，こと感情に関しては，言語的なコミュニケーションの影響力よりも，非言語的なコミュニケーションの影響力の方がずっと大きい（Mehrabian, 1981）。このことを踏まえれば，心理学的支援者には，非言語的な表現力を高める努力が必要である。

　以下，心理学的支援において重要となる非言語的な表現のスキルをいくつか取り上げ，簡単に説明を加えておく。

①アイコンタクト

　非言語的なコミュニケーションにおいてアイコンタクトは極めて重要である。対話のプロセスの中で，クライエントと，時折，しっかりしたアイコンタクトを取ることは，支援の基礎となる信頼関係を形成する上でとても有用である。正面からのしっかりしたアイコンタクトは，正直さ，誠実さ，愛情や思いやりを伝える。逆にアイコンタクトが希薄だと，やましさ，不誠実，自信のなさなどの表れとして受け取られがちである。

　とりわけ面接初期のクライエントは不安から伏し目がちに話すことも多い。そうしたクライエントがふと目を上げたとき，支援者側がしっかりアイコンタクトを取ることが大事である。そうしたアイコンタクトはクライエントを大いにサポ

ートする。

②声

　対人関係学派の精神分析家であるサリヴァン Sullivan（1954）は，面接は何よりもまず音声的コミュニケーションだと指摘し，「コミュニケーションとはなによりもまず言語的だという思い込みはきわめて重大な誤りではなかろうか。述べられた命題文の本当のところが何であるかをおしえるのは，言語にともなう音である」と述べた。

　非言語情報を受け取るスキルに関してもそうだが，伝えるスキルにおいても声は重要である。支援者の声のトーン，高さ，テンポ，間，抑揚などの音声的表現は，単調にならず，クライエントの感情状態にきめ細かく波長合わせされていることが大切である。

　この波長合わせも実は単純ではない。クライエントが，作り笑顔で話しているとき，支援者はクライエントのその笑顔に波長合わせをすることもできるだろう。他方，笑顔とは裏腹に，一瞬かすめる表情や声のトーンや抑えられたジェスチャーにかすかに感じられる悲しみに波長合わせをすることもできるかもしれない。こうした場合，かすかに感じられる悲しみに波長合わせした音声を発することは，それ自体，クライエントがその悲しみに触れていくよう促進する積極的な介入なのである。

　あいづちには言語的・概念的な内容がないため，音声が持つ影響力が端的に表れる。あいづちは，言葉によるコミュニケーションを支える重要な非言語的基盤である。クライエントが話している間，あるいは沈黙している間にさえ，支援者はクライエントの情動状態に波長を合わせた音声を発することで，クライエントに繋がり感やサポート感を与えることができる。

③ジェスチャーと姿勢

　会話中のジェスチャーの中でも最も基本的なものはうなずきである。うなずきは肯定的で支持的なメッセージを伝える。うなずきがいかに会話を支えているかは，うなずかないで相手の話を聞く実習を体験してみればすぐに理解できる。こうした実習をしてみると，われわれは言葉だけで会話しているのではなく，身体を使って会話しているということが分かるだろう。

　身振り手振りや姿勢も重要である。コミュニケーションは決して首から上だけでするものではない。身体全体がコミュニケーションの道具なのである。

　クライエントのジェスチャーや姿勢を適度に模倣することによって，親しさや受容の感覚を伝えることができる。こうしたスキルには，相手と同一のジェスチャーや姿勢を取るマッチング，相手のジェスチャーや姿勢を左右逆にして鏡に映っているように真似るミラリングなどがある。呼吸のペース合わせもこれと同種のスキルである。

　マッチングやミラリングを離れても，支援者の姿勢は相手にメッセージを伝えている。リラックスしていて，オープンな姿勢。どっしりと安定した姿勢。気さくでフレンドリーな姿勢。わくわくと好奇心たっぷりな姿勢。支援者は，姿勢によって全身で援助的なメッセージを発するよう心がけたい。

3．言語的なコミュニケーション：受け取るスキル

①言葉と内的体験の兆候との対応のあり方に注意を払う

　言葉は，特定の内容を表象するよう，その言語コミュニティにおいて集合的に取り決められた音である。具体的な事物（たとえばリンゴ）については，音と，その音によって表象されているものとの対応関係を学ぶことも，その対応関係の適切さを確認することも容易である。しかし感情や欲求といった内的体験（たとえば淋しさ）については，必ずしもそうではない。そして心理学的支援における会話では，まさにそうした領域の話題が重要なものとなる。

　そのため，クライエントの言葉を聞いて，それを単純にそのまま受け取ることには慎重である必要がある。たとえば，人との関わりを避けて生活しているクライエントが「1人でいるのが好きなんです」と言っている場面を考えてみよう。この言葉はどんな体験を表象しているのだろうか？　そこにはいろいろな可能性がある。もちろん，単純にその通りに受け取ってよい場合もあるだろう。しかし，そうではない場合もある。たとえば，「人と親しく付き合いたい」「みんなと仲良くしたい」という切実な欲求を抱えながら，その欲求に従って行動することを怖く感じている人が，人との関わりを避けて結果的に1人になってしまう生活を送る中で，1人でできる活動に妥協的な満足を見出すようになり，「自分は1人でいるのが好きなんだ」と考えるようになる場合もあるだろう。

　心理学的支援者は，クライエントが「1人でいるのが好きだ」と言っているから1人でいるのが好きなんだろうと単純に受け取っていてはいけない。クライエントの言葉を聞きながら，その言葉だけにとらわれず，言葉と，その言葉に関連するクライエントの内的体験との対応のあり方についてよく吟味することが必要である。そのためには，言葉だけに注目せず，クライエントの話しぶりから伝わ

ってくる非言語的な情報にも注意を払い，ぴったりくるか，不自然だったり不調和だったりする感じがあるか，といった微妙な感触に感受性を働かせる必要がある。また，クライエントの主訴や行動傾向や生活史などの大きな文脈的情報をも参照し，クライエントの内的体験のあり方について総合的な理解を組み立てていくことが必要である。

②言葉の選び方によって伝えられるメッセージに注意を払う

　何かを言葉で表そうとするとき，同じ内容を表現するのにも多くの表現の仕方がある。心理学的支援者はそうした言葉の表現における微妙な違いに敏感である必要がある。つまり，同じことを伝えるためにほぼ無限といっていいほど多様な表現の仕方がありうるのに，なぜその特定の表現が選ばれたのかという点に対する繊細な感受性が必要である。

　たとえば，心理療法においてクライエントが「イライラしないこともない」という表現を使ったとしよう。クライエントはなぜ「イライラする」と言わずに，「イライラしないこともない」という婉曲な表現を用いたのだろうか？　クライエントはイライラしていながら，そうはっきり言うことに何らかの恐れがあるのかもしれない。あるいは，そのイライラする感じには別の重要な感情も混じっていて，クライエントにとっても明確に体験されていないのかもしれない。

4．言語的なコミュニケーション：伝えるスキル

　心理療法をはじめとする心理学的支援においては，クライエントの話を聴くことの重要性が強調されることがよくある。このように聴くことが強調される背景には，聴くスキルの不足が目立つ支援者が多いという事情があるのであろう。しかしながら，心理学的支援の目的は，支援者が対象者に影響を与え，変化をもたらすことにあるという認識に立てば，支援者の話すスキルは，少なくとも聴くスキルと同じくらいに重要であることは自明である。

　とりわけ心理療法においては，支援者はクライエントに伝えようとする概念的内容を具体的にどんな言葉で言い表すかについて，繊細な感受性と工夫が必要である。

　ワクテル Wachtel（2011）は支援者の言語表現のスキルについて，さまざまな視点から考察している。以下にワクテルの見解に基づき，反治療的で素朴な表現と治療的に工夫された表現の例をいくつか対比して提示する（表1）。この表において対比されている2つの表現は，いずれも同じ概念的内容を表現したものであ

表1．同じ概念的内容を伝える対照的な2つの言語表現

	素朴で反治療的な言語表現	治療的に工夫された言語表現
A	どうして電話しなかったのですか？	あなたが電話しなかったのには何かもっともな理由があるはずです。その理由を一緒に考えてみませんか？
B	この問題について，あなたは夫（妻）と話し合っているんですか？	あなたの夫（妻）はこの問題についてどう考えているんでしょうね？　彼（彼女）はこの問題についての自分の意見をあなたに伝えてきましたか？
C	あなたは面接をもっと深めたいと口では言っていますが，私が実際そうしようとするといつもそれに抵抗しますよね。	あなたは変化したいのですね。でもそれと同時に，あなたは気がつくと変化をとても難しくさせるようなことを自らしてしまっているのですね。
D	あなたは喜んでいると言いますが，本当は非常に不満足なのでしょう。	あなたの中には喜んでいる部分もある一方で，不満足を抱いている部分もあるように思えます。そして，あなたはその不満足な気持ちを抱いたり表現したりすることに安心できないでいるように感じられます。

ることに注意して欲しい。

　それでは，これらの例に体現されている言語表現上の工夫について簡単に説明しておこう。

①言葉の選び方によって伝わる暗示的メッセージに注意を払う

　同じ概念的内容を伝えるのにも，温かく優しい印象が伝わるような表現もあれば，冷たく非難的な印象が伝わるような表現もある。たとえ伝えられる概念的な内容が有用なものであったとしても，具体的な言葉の選び方次第でその効果は大きく左右される。

　表1において反治療的なものとして挙げられている表現の多くが，非難，疑い，疎外などのメッセージを暗に伝えていることに注意して欲しい。こうしたメッセージをただ無思慮に伝えていると，治療関係を不必要に悪化させてしまう危険性が高い。

　たとえば，表中のAにある「どうして電話しなかったのですか」という表現は，「あなたは電話するべきだったのにそうしなかった」と責めているように受け取られてしまいがちである。たとえ支援者の側に相手を責める意図がまったくなく，

単に理由を尋ねているだけのつもりであったとしても，この表現はクライエントに支援者から責められていると感じさせる可能性が高い。

　支援者は，自分の言葉の選び方が不必要に治療関係を脅かすような暗示的メッセージを伝えるものとなっていないかに繊細な感受性を持つようにしたい。

②相手の責任の及ばないところから話を始める

　非難的と受け取られるのを避けるためにも，可能であれば，支援者の探索的な質問はクライエントの責任の範囲内の事柄よりも，クライエントの責任の範囲外の事柄から始める方がよい。表中のBにある「この問題について，あなたは夫（妻）ときちんと話し合っているんですか？」という問いかけは，クライエントの責任の範囲内の事柄（クライエント自身の行為）について問うている。これに対して「あなたの夫（妻）はこの問題についてどういう考えをお持ちなんでしょうか？」という質問はクライエントの責任の範囲外の事柄（パートナーの行為）についての質問であり，クライエントにとってはより気楽に取り組めるものとなっている。それでいてこの質問は，クライエントがパートナーと話し合っているのかどうかを明らかにするものとなっていることに注意して欲しい。

　表中のCにある「あなたは面接をもっと深めたいんだと口では言いますが，私が実際そうしようとするといつもそれに抵抗しますね」は，クライエントの責任の範囲内の行為，しかも不適切な行為を正面から取り上げたものである。クライエントは批判されたと感じて不安になる可能性が高い。これに対して，「あなたは変化したいのですね。でもそれと同時に，あなたは気がつくと変化をとても難しくさせるようなことを自らしてしまっているのですね」というコメントは，クライエントの責任の範囲内の事柄を扱いながらも，その責任を棚上げにするような表現となっている。こうした表現上の工夫は，クライエントに安心感を与え，自分のしていることをより生産的に検討できるよう助けるだろう。

③葛藤を抱えるように描き出す

　人は，不安やうつなどの否定的な感情が強まると，葛藤を抱えておくことが難しくなり，白か黒かの二分法的な思考に陥りやすくなる。支援者はクライエントのそうした傾向に巻き込まれて同じような二分法的思考に陥らないように気をつける必要がある。こうした場面では，支援者がクライエントの葛藤の両面を穏やかに抱えるように表現することが助けになる。

　表中のDにあるように「あなたは本当は〜なのです」という表現は，葛藤を抱

えるのとは逆に，白黒を明確につけていくような表現であり，不要な抵抗を引き起こす可能性が高いものである。また，こうした表現は，クライエントの心理的な柔軟性や複雑性を高めるものでもない。これに対して「あなたの中には〜と感じている部分もある一方で，〜と感じている部分もあるように思えます」という表現は，葛藤の両面を抱えるように描き出すことで，クライエントがこの両面を心に抱いておけるよう助けるものである。

■ III　まとめ

　以上，心理学的支援におけるコミュニケーションについて，とりわけコミュニケーションのスキルについて論じてきた。本章に書かれていることを，単なる知的な理解にとどめていてはいけない。スキルについて理解していることと，スキルを身につけていることとはまったく異なる次元のことである。これらのスキルは，相手を見つけて，繰り返し自覚的に練習してはじめて身につくものである。本章の内容をもとに，実習に取り組むなど，練習を重ねることが必要である。

◆学習チェック表
□　コミュニケーションの言語面と非言語面それぞれの性質について理解した。
□　コミュニケーションの多元性・同時性・双方向性について理解した。
□　非言語的コミュニケーションのスキルについて理解した。
□　言語的コミュニケーションのスキルについて理解した。
□　実習を通してこれらのスキルを練習した。

より深めるための推薦図書

Wachtel, P. L.（2011）*Therapeutic Communication, 2nd Edition: Knowing What to Say When*. The Guilford Press.（杉原保史訳（2014）心理療法家の言葉の技術—治療的コミュニケーションをひらく. 金剛出版.）

杉原保史（2012）技芸（アート）としてのカウンセリング入門. 創元社.

Havens, L.（1986）*Making Contact: Uses of Language in Psychotherapy*. Harvard University Press.（下山晴彦訳（2001）心理療法におけることばの使い方—つながりをつくるために. 誠信書房.）

文　献

Chapman, A. H.（1978）*The Treatment Techniques of Harry Stack Sullivan*. Brunner-Routledge.（作田勉監訳（1979）サリヴァン治療技法入門. 星和書店.）

Ledochowski, I.（2003）*The Deep Trance Training Manual Volume 1: Hipnotic Skills*. Crown House Publishing.（大谷彰訳（2009）催眠誘導ハンドブック. 金剛出版.）

Mehrabian, A.（1981）*Silent Messages: Implicit Communication of Emotions and Attitudes*（*2nd ed.*）. Wadsworth.

Sullivan, H. S.（1954）*The Psychiatric Interview*. W. W. Norton & Company.（中井久夫ほか訳（1986）精神医学的面接．みすず書房．）

Tronick, E.（2009）https://www.youtube.com/watch?time_continue=2&v=apzXGEbZht0

Wachtel, P. L.（2011）*Therapeutic Communication, 2nd Edition: Knowing What to Say When*. The Guilford Press.（杉原保史訳（2014）心理療法家の言葉の技術：治療的コミュニケーションをひらく．金剛出版．）

第12章

個人支援とコミュニティ支援の橋渡し

香川　克

⊶ *Keywords*　面接の構造，面接の場，生活の場，あたりまえのつきあい，コンサルテーション，スクールカウンセリング，デイケア

I　はじめに

　個人を対象とした心理療法を中心とした支援では，いわゆる面接構造に支えられた関係を通じて支援がなされており，しかもその構造は比較的安定していることが多い。一方で，コミュニティの中での支援では，面接構造ははっきりとは意識されていないことがほとんどである。この2つの支援は，面接構造という観点からは，かなりはっきりと区分けできるように，一見思われる。しかし，心理的支援・心理臨床の現場における実践においては，個人支援とコミュニティ支援とは，分かちがたく結びついていることがほとんどなのではなかろうか。

　本章では，まず，心理療法的な個人支援における構造の特徴について整理した上で，実際の支援場面の中での実例を取り上げながら，個人支援とコミュニティ支援が実際にはどのように結びついているのかを示す。

II　心理療法の面接構造：〈生活の場〉と〈面接の場〉

　筆者は，以前，心理療法やカウンセリングの持つ構造的な特徴について，〈生活の場〉と〈面接の場〉という視点からまとめたことがある（香川，2015）。ここで簡単に紹介しておきたい。

　人はみな，日常の〈生活の場〉の中で暮らしている。その暮らしの中で，人が「①何かうまくいかないと思う」ことがあったとしよう。そしてさらにこの人が「②この『うまくいかないこと』は，心と関係のあることだと思う」場合があろう。さらに，「③専門家に会うコストを払おうと思う」となったとするならば，こ

の人は，日常の〈生活の場〉を離れて〈面接の場〉へと赴き，カウンセラーに会うことになることがある。この時に，この人は「クライエント」と呼ばれることになる。この〈面接の場〉で，クライエントは，カウンセラーとの間で「カウンセリング」や「心理療法」と呼ばれる面接関係を体験し，その結果，何らかの変化がクライエントの心理的な側面に変化が生じ，最初にあった「うまくいかないこと」が改善する。

　典型的な面接の構造では，〈面接の場〉は，時間的・空間的に日常の生活の場と区別されることになっている。時間的には，たとえば「週1回・50分」のような形で取り決めがなされる。また，日常の〈生活の場〉とは離れた場所に〈面接の場〉が設定される。さらに，〈面接の場〉に入る時には，料金をカウンセラーに払うことになる。この，面接の料金は，面接の構造という観点からは，〈面接の場〉を，他の時間・空間と区別する「入場料」の側面を持つ。

　このような，時間・空間・料金といった外的構造をクライエントとカウンセラーの間で取り決め，その構造に支えられて，クライエントとカウンセラーの間に面接関係が展開していく。これが心理療法やカウンセリングの構造的な特徴である。〈生活の場〉を共にする中で他者へ関与していくという「人を支える」ことの一般的なイメージからすると，かなり人工的な構造物が，支える者と支えられる者の周辺に形作られているように思われるかもしれない。

　もっとも，この〈面接の場〉の構造は実際にはかなり多様である。〈生活の場〉と近接したところで行われることもしばしば見られ，構造の明確さ，枠の堅さはさまざまである。

　このような，構造の多様性という観点から最もしばしば論じられてきたのは，スクールカウンセリングを中心とした学校現場における心理支援である。スクールカウンセリングでは，学校という，子どもたちの〈生活の場〉の内側に，あるいは，〈生活の場〉と隣接して，〈面接の場〉が設けられる。また，〈面接の場〉の外の〈生活の場〉で子どもたちに直接関与することになる場合も少なくない。

　また，養護施設や児童心理治療施設のような，児童の入所施設では，〈生活の場〉である施設自体の中に，面接室やプレイルームが設置され，その中で心理療法的な面接が行われることが多い。また，面接室の中だけでなく，子どもたちが寝起きしている，文字通り〈生活の場〉となっている施設の生活の中で，心理支援的な関与が行われることも少なくない。

　医療領域でも，典型的な心理支援の場である検査室や，面接室における心理検査や心理面接のほかに，病棟におけるベッドサイド（入院患者にとっては病棟や

表1　〈面接の場〉〈生活の場〉と「心理学的支援」

	〈面接の場〉	〈生活の場〉
構造	明確・定式化されている	多様で柔軟・あいまいで多義的
対象と方法	個人に対する心理療法	コミュニティの中における個人に対する多様な関与 コミュニティに対する支援
学校領域	学校外の教育相談機関での面接 学校内の面接室における面接	教室など面接室外での関与 相談室登校・教育支援センターなどでのグループへの関与 家庭訪問 授業場面での心理教育 コンサルテーション・教職員の会議への参加
児童福祉入所施設	施設内面接室やプレイルームでの面接やプレイセラピー	施設の生活場面における児童の心理的な見立て 施設の生活場面における児童への関与 多職種へのコンサルテーション
医療領域	検査室・面接室での心理検査・心理面接	病棟におけるベッドサイドでの関与 病棟行事などによる支援の計画立案 デイケア 多職種とのチームでの活動による支援

* コミュニティ支援の中には，子育て支援サークルの育成のような，「場を作る」営みも含まれるが，この表には反映されていない。

* この表のさらに右側には，専門家以外の個人の間で社会の中で営まれている，さらに多様な支えあいの領域が広がっている。

病室は〈生活の場〉としての側面も持つ）での心理支援や，病棟行事などへの関与がある。また，長期的な経過を示す精神疾患を抱えた方々に対する「デイケア」による支援も，医療領域における〈生活の場〉での支援として非常に重要である。
　こうした〈面接の場〉と〈生活の場〉における心理支援の対比について，表1にまとめた。〈面接の場〉での心理療法・カウンセリングとしての心理支援と，〈生活の場〉での心理支援の，双方が補い合いながら進んでいくことも多いことがイメージできるだろう。

■ III　〈生活の場〉における心理支援の実際

　前節で述べたように，〈面接の場〉における心理療法・カウンセリング的な心理支援と，〈生活の場〉における心理支援とがあるが，この2つは厳密に分けられる

わけではなく，重なり合い，絡み合いながら進んでいくことが多い。このような臨床場面の1つを取り上げてみたい。この臨床場面は，筆者の体験に基づいてはいるが，複数の事象から素材を集めており，いわゆる「事例」ではないことをお断りしておく。

［臨床場面］

　中学生のA君は，小学校時代に知能検査の結果などから，軽度の発達の遅れがあることが指摘されていた。さまざまな事情から，中学校に進学してからも通常の学級に在籍していた。やがて中学2年になった頃から，授業内容の理解が難しいA君は授業中に授業と関係のない発言や行動を繰り返すようになり，「授業を邪魔する」と教員が指摘するような状態になってしまった。さらに，多くの教員に対して茶化すような素振りを見せることもあったので，「反抗的な生徒だ」と見られることも多くなっていった。その中で，2年生の秋頃から，3年次からは特別支援学級に就学するという話が進み始めた。年が変わる頃には保護者の了解も得られ，3年からは特別支援学級で学ぶことが決定した。

　ところが，3年生になっても，授業内の学習場面への適応は順調には進まなかった。2年生までの，学習習慣が身についていない状況は変わらないため，特別支援学級の授業に参加する姿勢にはなれず，そのために担任はかなり厳しく叱責することになる。その中で，A君は，先生の制止を振り払って教室を飛び出すことも多く，前年度に続いて「反抗的な生徒だ」という理解と，いささかうんざりしたような困惑したような空気がA君の周りには流れていた。

　そんな中，A君の言葉の中に「死んでやる！」「死にたい」といった発言が混ざるようになった。周囲の教員の間で「反抗的な生徒がたまたま口走った言葉に過ぎない」という理解と，「それでもやはり心配だ」という理解とが入り混じる中，スクールカウンセラー（以下，SCと略記）が本人との「面接」を行うことになった。「面接」とはいうものの，実際には，特別支援学級の授業のうち3校時の1時間をSCと一緒に過ごす，というものであり，教員の中には，「別室での授業」のような理解もあった。

　さて，A君との初回の「面接」で，SCはA君を相談室に誘ったが，A君は「やだよおー」の一言で拒絶した。そして，「ついてくんなよおー」と言いながら，学校の中を歩き回り，SCから逃げるように走り回った。SCは，相談室への入室の拒絶はある程度想定していたが，ここまで逃げ回ることは予想外であった。逃げるA君に困惑しつつ，それでも「1時間の時間をともに過ごす」ことだけは心に

決めながら，歩き回るＡ君の後をひたすらついていった。Ａ君も，嫌がる様子もありながら，「うんざりした様子」と「関与してもらえることが少しばかり嬉しい様子」の間を揺れ動くような様子も見せていた。逃げるＡ君，追うＳＣ，といった様子で１時間が過ぎ，Ａ君は次の時間には自分の教室に戻って行った。

　それ以来，毎週１時間，ＳＣとＡ君は一緒に時間を過ごすことになった。そのほとんどは，初回と同じように鬼ごっこのような時間である。それでも，Ａ君は，ＳＣと会うこと自体は拒絶しなかった。「教室から離れられるのがうれしいんでしょう」というような，一部の教員からの冷ややかな視線が無いわけではなかったし，ＳＣ自身もそう思わないこともなかった。しかし，それでも，一緒に過ごす時間の中で，たとえばＡ君が逃げ疲れたように足を止めて腰を下ろした時など，ふと漏らす言葉や様子から，Ａ君の，「これまで人から構ってもらったことがない」とでもいうような寂しさのようなものがしみじみと伝わって来る時があった。次第に，ＳＣの中に，Ａ君の「反抗的な態度」の向こう側にある，「本当のＡ君」とでも言いたくなるようなＡ君の姿が像を結んできた。Ａ君の中には，みじめな気分を抱えた小さな子どものようなＡ君がいる。そのみじめさや劣等感に自らの目を向けずに済むためには，また，批判的で叱責的な他者のまなざしからも逃れるためには，半端に突っ張るような反抗的な態度を取る以外にどうしようもないように，Ａ君は感じているのだ。

　そのようにＡ君の在り方についての理解がＳＣの中で深まってきた頃，あることをきっかけに，Ａ君は相談室に入るようになった。相談室の中では，ＳＣとの関係は，もはや"鬼ごっこ"ではなく，心理療法的面接の経過として記述・検討できるプロセスが続くようになった。言語を介した「カウンセリング」ではなく，プレイセラピーに近いプロセスであった（教室に入るようになった経緯や，面接室の中での経過については，ここでは述べない）。

　相談室に入るようになった頃，教室の方でのＡ君の様子も，多少の変化が見られてきた。授業への抵抗感は相変わらず強かったものの，担任を始め何人かの教員の前では，時に，学習に取り組む様子を見せ始めた。その中で，当初のＡ君の周囲に漂っていた「苛立った空気」はかなり穏やかなものになっていた。

　面接室の中では，ＳＣとの間で，カウンセリングのようなプレイセラピーのようなプロセスが進んではいたのだが，現実場面でＡ君の行動が落ち着き，学習も進むようになりつつあったことから，Ａ君の変化や成長の中心は，むしろ教室を舞台にしたものとなっていった。

　この一連の経過の中で，ＳＣは，Ａ君への直接的な関与の他，教員へのコンサ

ルテーションも行っていた。彼の状況からすると，前年度までのように，通常の学級での授業に参加することは，理解できない言葉が飛び交う中で，分からないという劣等感ばかりが刷り込まれることであっただろう。そのころ感じていたと思われるみじめさは，Ａ君からはっきりと伝わって来ていた。反抗や怠けと見える行動の背後にある，Ａ君の「みじめさ」や「孤立感」などを教員の方々へ伝えていくことは，SC の関与の重要な側面であった。また，Ａ君と良好な関係を取り結ぶ教員が現れてからは，「Ａ君から好かれる教員」と「Ａ君から嫌われる教員」が，はっきりと出てきた。SC は，Ａ君をめぐって教員の間の分裂や葛藤が深刻なものとならないよう，どちらの立ち位置にも意味がある（嫌われることにも意味がある）ことを伝え続けた。

　Ａ君の卒業が近づいた頃，進路のことがＡ君や両親と学校の教員との間で話し合われることが続いた。就職するか進学するか，Ａ君自身も迷いを深める中，SC との面接の中でもＡ君は迷いを言葉にするようになってきた。戸惑いや不安が語られる中，それでもＡ君は最終的に進学を決め，卒業していった。

Ⅳ　心理学的支援の現場におけるさまざまな留意点

　前節の［臨床場面］で見たように，心理学的支援の現場では，〈面接の場〉における心理療法やカウンセリング的な関与と，〈面接の場〉を取り巻く〈生活の場〉における，コミュニティ全体を視野に入れながらの支援の 2 つが，絡み合いながら進むことがある。このような現場での留意点を整理したい。

1．構造を柔軟に運用していくこと

　ここに示した臨床場面では，関わりが開始された最初の頃には，心理療法の場合には標準的とされる「面接室」という外的な構造には，Ａ君は全く応じてこなかった。援助者側が設定する人工的な構造や枠組みが，心理的な支援には必須であると考える立場からは，面接室に入るまでの関わりは，支援＝セラピーが始まるまでの準備段階としてしかとらえられないかもしれない。しかし，少し想像してもらえれば分かるであろうが，「面接室」に入る前の経過の中でも，SC とＡ君の間には，かなり多くの心理的な交流が行われている。また，Ａ君がその頃抱えていた"うまくいかないこと"の中核とも言えるような主観的な体験が，その交流の中で SC に伝わっている。このように，心理療法の観点からは「前提」とされている「面接室」という外的な枠組みの外側でも，現実には，心理支援として

大切なことが起きている。

　もっとも，外的な構造については顧慮しないで関与を進めるのがよいというわけではない。Ａ君との関わりの中でも，Ａ君が学校から出ようとした時にはSCは全力で止めることがもとめられるであろう。言ってみれば，「相談室」ではなく「学校の敷地」を面接構造の中で重要な外的な枠組みとして意識することは大切だ。もちろん，「面接室」とは違って「学校の敷地」には，Ａ君とSCの２人だけが存在するわけではない。他の生徒たちや教員の方々のまなざしにもさらされながら（あるいは，Ａ君の場合，まなざしを向けてもらえずに），また，他の生徒たちや教員の方々とも関わりながら，経過が進むことになる。「あの２人，何をうろうろしているのだろう？」という疑惑のまなざしを向けられることもあれば，「SCの先生，よくまあ根気よくＡ君につきあってくれていること！」という感心した気持ちを向けられることもあろう。また，「Ａ君，また授業を抜け出している！」と，非難めいたまなざしが向いてくることもあり得る。こうした多くのコミュニティ構成員の「思い＝主観的体験」がＡ君の周囲に渦巻いていることを直接的に感じ取りながら，「学校の敷地」全体を〈面接の場〉とする関与の営みは進んでいく。構造が存在しないのではなく，構造を柔軟に運用していくことが，個人支援とコミュニティ支援の橋渡しをしながら関与を深めようとする場合には，まず，求められる。

２．多くの方々の思いが渦巻くことに対応しながら進めること

　さて，前節で述べたような，たとえば「学校の敷地全体」を心理学的支援の行われる場として想定しながら関わるような場合には，その現場の中に，関与の対象となる人以外にも多くの人たちがいる。このような場合，コミュニティを構成する多くの方々のいろいろな思いや考えを重層的に読み取りつつ関与していくことが求められる。それは煩雑なことのようでもあるが，そのような営みを続けて行く中で，「いろいろな人の思い」だけでなく，関与の対象となる当の本人の主観的な体験への思いを深めることができる場合がある。

　Ａ君とSCの間のやり取りに戻って例を挙げよう。前述のように，SCは，学校の中でＡ君との「鬼ごっこ」を続ける中で，周囲のいろいろな"思い"を感じていた。心理療法やカウンセリングのような，はっきりとした人工的な構造の中での二者関係における援助を"想定"して，個人への支援を任務と考えるならば，学校の敷地内での周囲の人々のいろいろな"思い"は，"ノイズ"にすぎない。しかし，SCは，非難めいた感慨であれ，感謝の思いであれ，感じ取り続けながら関与

を続けた。また，SC 自身の中に，言われなき非難に対するいらだちや，A君との「鬼ごっこ」の中での子どものような自分の動きに関する気恥ずかしさがあることを自覚していた。

　そんな中で，ある時，次のような場面があった。

　「鬼ごっこ」の中で，A君が校門から出ていこうとしたのである。SC は，「出ちゃダメ！　出てしまったら，学校の中の人たちとのつながりを投げ出したことになってしまう！」と伝えながら，一生懸命，A君を止めた。このやり取りは，A君との間では，〈面接の場〉の枠を守ろうという動きであることは言うまでもない。一方で，このやり取りをする中で，SC の中には，怒りのような感情がわいてきた。なぜ，先生たちは，様子を見に来ないのだろう？

　冷静に考えれば，授業中なのだから校舎は静まり返っていて，職員室などからは見えにくい校門前でのことである。先生たちが気づかずにいるのは，不思議なことではない。しかし，この時に SC の中に生じた「放っておかれている！」という思いは，A君自身の孤立感と重なるものであるように SC は感じていた。このあたり，「SC の中にパーソナルに生じた，SC 自身の感情」と，「場の中に漂っている，当事者（たち）の感情」とを分別していくことは時に困難であり，コツがいることではあるのだが，〈生活の場〉と〈面接の場〉が重なっているような事態の中で，重層的な関係の中で起きていることを読み取るためには，場に漂うさまざまな感情や，それに応じた関与者（この場合は SC）の感情を吟味することは，かなり大きな役割を果たす。

3．生じてきた理解をしかるべきところに伝えること

　構造を柔軟に把握しながら，〈生活の場〉と〈面接の場〉が重なり合う中で，関わり合う人々の重層的な主観的な体験を読み取る営みを続けていく。ここで読み取ったことをしかるべき時にしかるべき相手にコミュニティの中で伝え返していくことが大切になってくる。もちろん，"守秘義務" への配慮，当事者の同意は必須ではあるのだが，一方で，中心的な当事者（たとえば A君）にとって，むしろ，「伝えてほしいこと」も多い。「伝えてほしいこと」と「伝えてはいけないこと」を，的確に弁別する必要があろう。こうした「伝える作業」の中では，〈生活の場〉を共にする中で，同じコミュニティの一員としての関係の中で伝えていくことが望ましい。

　A君への関与の場合であれば，A君の反抗的で不真面目だと周囲が受け取っている行動の背景にある孤独感や孤立感を，教員の方々に伝えることになろう。ま

た，反抗や逃走は，劣等感を覆い隠すために周囲生徒の行動パターンを取り込んでいる可能性が高いことや，さらに，「死にたい」などの発言については，自死が差し迫っているわけではないにしても，希死念慮としての側面は十分にあり，ふざけていたりするわけではないことも伝えることが求められる。

「A君と一緒にいると，ほんとに一人ぼっちな気分が伝わってきますよ。彼の持っている言葉の理解の力では，これまで通常の学級にいた時は，訳の分からない言葉が飛び交っているみたいな中で放っておかれるみたいな気分になっていたかもしれませんね」

「こんな，やるせない中にいて，しかも，自分は『分からない』『できない』わけで，そんな自分から目を逸らすためには，周りの，『半端にツッパリ気味の生徒たち』の真似でもしないとやってられない感じがします。また，そうすれば，『できない』のではなくて，『ふざけてる』ことにしておくことができますし。どこまで意識してやっているかは微妙だとは思いますが」

「『死にたい』という言葉にしても，ほんとに自死のリスクがあるかというとそうでもないのかもしれませんが，でも，『もういなくなってしまいたいような気分』自体は，かなり本物だと思います」

書き言葉にするといささか説教くさくなって，「同僚間のコミュニケーション」ではなくなってしまうのは，筆者の文章能力ゆえであろうが，こんなことを教員に向けてつぶやいてみたいものである。

4．主観的体験を感じ取ること──「共感する」ということ

さて，ここまで述べてきたように，A君との関与場面の中で SC の中に生じてきた理解は，本来は〈生活の場〉である学校での“鬼ごっこ”などの関わりを通して，A君の主観的体験を共に味わいながら過ごす中で生まれてきたものである。特別なことは何もしていない。

筆者は，大学の学部生が不登校の児童生徒に関与する事業に長く携わってきたのだが，そのようなアマチュアのボランティアによる関与の中でも（むしろ，アマチュアのボランティアだからこそ），学部生たちが驚くほど的確に，相手の児童生徒の主観的体験を洞察する場面に繰り返し出会ってきた。「人の気持ちを考える」「相手を思いやりながら，できるだけしっかりと理解しながら関わろうとする」という，あたりまえのことを丁寧に行う中で，かなり，相手のことが分かってくるのである。自分自身の中に生じている感覚過程についてできるだけ透明であろうと努めながら，相手に対して批判的になることなく，相手の世界をできる

だけ相手の感じている通りに受け取っていこうとする。こう書くと，人に援助的に関与しようとするのであれば「あたりまえ」のことなのかもしれず，また，なんだかロジャーズ Rogers（1957）によるクライエント中心療法の理論の引き写しのようにも思えてくる（佐治ほか，1983）。しかし，特定の理論に依拠せずとも，〈生活の場〉の中＝コミュニティの中で，重層的に人々が関わりあうことに直面しながら他者に対して援助的であろうとした場合，あたりまえのことをあたりまえに実行しようと努めることが，まずはもとめられることであろう。そして，結局，その姿勢を維持することが，相手の方々の世界を読み取っていく上で，最も大切なことになる。

■ V　越智浩二郎（1989）「あたりまえのつきあいと専門性」

　前節で述べたような，「あたりまえの自然な営み」として「人の気持ちを考える」ことや，「相手の体験世界をなぞるように読み取っていくこと」は，〈生活の場〉としての現場の中で活動しているのだという感覚を失わずに関与を続けようとする実践者であれば，かなり共通の姿勢である。これは，たとえばかしま・神田橋（2006）が，スクールカウンセリング活動の現場の知恵を凝集した書物である『スクールカウンセリング モデル100例』の副題として「読み取る。支える。現場の工夫」という言葉を置いたこととも呼応しているように思う。

　さらに，実践の中から練り上げられた論考として，越智（1989）の「あたりまえのつきあい」という概念がある。越智は，「臨床的かかわり」の一部をなす「専門的かかわり」の中に，「科学的専門性」と並んで「あたりまえのつきあい（素人性，隣人性）」を置いている（図1）。越智は，分裂病者（当時の用語。現在は統合失調症）の社会復帰にかかわる長い実践の中で，この「あたりまえのつきあ

図1　あたりまえのつきあいと専門性（越智，1989より）

い」というあり方を大切に考えた。「あたりまえのつきあい」が，専門性に含まれつつも，しかも，「科学的専門性」とは対置される「あたりまえ」のものである，ということには，注意を向け続けたい。

　越智の論文は，要約することが難しいので，「3．あたりまえのつきあいの基本構造」から，少し長いが引用する。

　　「再び私の経験から話しを始めることになりますが，私が分裂病者の心理療法という仕事にとりかかったころ，私の視点の中心は病者の『孤独』に向けられていました。…（中略）…それが社会復帰にかかわるようになって，面接室から出て病者の生活にまで視野が及ぶようになってくると，それまで孤独と見えていたものは，実は社会，家族，隣人からの排除，差別から余儀なく引き起こされる『孤立』なのではないか，また，自我の弱さといわれるものは『ひけ目』『自己否定』によるところが大きい，無為，自閉といったものは周囲が病者の責任をよってたかって剥奪したところからの結果である，といったぐあいに見え方がかわってきました」

　心理的支援という枠におさまるかどうかは分からないが，心理的な援助の中で関与する他者について，その苦悩について，非常に短い文章でまとめている。しかし，臨床実践として他者に関わった経験と照らし合わせながらこれを読めば，のっぴきならないことがここでは描かれている。病者の示す症状は，病者の中にあるのではなく，病者と周囲の関係の中で生まれたもの，もっと言えば，周囲の環境が病者に押し付けてきたものであるという感覚を，凝縮された文章の中で述べているのである。

　これに続く文章で，越智は，「あたりまえのつきあい」を，「科学的専門性」と明確に対置して提示している。

　　「ここで見えてきたものは一口で云うと『人間としてあたりまえのことが阻まれている，奪われている』ということであり，そう見えてしまった以上，私としては病者のあたりまえの生活を回復するよう，あたりまえのことをすることが自然のなりゆきとなります。これを『あたりまえのつきあい』とよぶことにしました。科学的専門性のものの見方は，あらかじめ一定の理論的枠組に従って事象を観察することから始まるものです。それは一つの有効な武器であり，それなくしては見逃してしまうような微妙な事象もキャッチできる利点があります。

　　それに対し，あたりまえのつきあいは，まず対象に対し，いかなる先入観も理論も排したところから対象の現れをありのままに受けとめることに徹しようとするものです。しかもそこで現れる対象は，それを見る主体の側に，ある何らかのかかわりを引き出す力をもって現れます。思わず何かをしたくなる，それをしてあげるのが当然

という気持ちで対象に向かう，これが『あたりまえ』のつきあいのあたりまえさの根拠です。科学的専門的認識ではそういうことは起こりえません。あらかじめ観察者が動かされないように距離を置くことが要求されているからです」

　「あたりまえ」という言葉の持つ，一見して平易な印象からすると，難解な文章だと思われるかもしれない。「思わず何かをしたくなる」ということ。相手がこちらから何かを引き出してくるということ。この，生身の関係性を生き抜くことを求められ，「専門家の隠れ蓑」の中に隠れているのではすまないあり方が求められる。そのような関係の当事者であり続けるべく，自らのあり様を調整し続けることはなかなか困難であり，この「あたりまえのつきあい」という営みは，確かに，「専門的なかかわり」の中に位置づくであろう。

　A君との臨床素材を記述したが，あの記述には「事例」ではないにせよ，私の臨床実践が反映している。あの臨床素材を読むことで，「あたりまえのつきあい」について理解が深まるように記述できているとよいのだが（実践自体がそのような性質を帯びていると，さらによいのだが）。A君と"鬼ごっこ"を続ける中で，こちらの中に自然とわいてきたさまざまな思いが，見立てと手だてにつながっていったことが，「あたりまえのつきあい」の適切な例示になっていることを願っている。

■ VI　終わりに

　構造が明確な〈面接の場〉の中での心理療法的・カウンセリング的な個人支援のかかわりと，〈生活の場〉の重層的な関係性の中で多様な事象を読み解きながらかかわっていくあり方との，両方を行き来しながら支援の実践を行っていく場面は，心理支援の現場の中では非常に多い。そのような場合の留意点について，自験例をもとに創作した臨床素材を下敷きにしつつ，述べてきた。また，こうした場面における実践と関連して，越智の「あたりまえのつきあい」という考え方を紹介した。

　「橋渡し」のような，現場の実践をめぐる「知恵」は，それぞれがそれぞれの現場で多様な関係性を作り出していく過程の中で見えてくるものであり，教科書的記述にはそもそも馴染みにくいものではある。しかし，心理学的支援について考えを深めていく中では，欠かせないものでもあろう。

◆学習チェック表

☐　心理療法・カウンセリングの面接構造について理解をした。

☐　〈面接の場〉と〈生活の場〉が重なる中での心理支援についてイメージを持った。

☐　「あたりまえのつきあい」についてイメージを持った。

より深めるための推薦図書

　神田橋條治（1990）精神療法面接のコツ．岩崎学術出版社．

　かしまえりこ・神田橋條治（2006）スクールカウンセリング モデル 100 例―読み取る。支える。現場の工夫．創元社．

　中釜洋子・斎藤憲司・高田治（2008）心理臨床のネットワークづくり―"関係系"の心理臨床．東京大学出版会．

文　　献

香川克（2015）カウンセリングの「器」．In：大場登編著：改訂版 心理カウンセリング序説．放送大学教育振興会，pp.36-47．

かしまえりこ・神田橋條治（2006）スクールカウンセリング モデル 100 例―読み取る。支える。現場の工夫．創元社．

越智浩二郎（1989）あたりまえのつきあいと専門性．臨床心理学研究，27; 16-25．

Rogers, C. R.（1957）The necessary and sufficient conditions of therapeutic personality change. *Journal of Consulting Psychology*, 21; 95-103．（伊藤博編訳（1966）パースナリティ変化の必要にして十分な条件．In：ロージャズ全集第 4 巻　サイコセラピィの過程．岩崎学術出版社，pp.117-140．）

危機への心理学的支援

窪田由紀

┃⊶━ *Keywords*　危機，危機介入，IASC ガイドライン，サイコロジカル・ファーストエイド，犯罪被害者支援，学校危機，支援者支援

■ I　はじめに

　何らかの危機に遭遇した人々への心理学的な支援を行うことは，心理的アセスメントと並んで公認心理師の業務の中核を占めるものである。本章では，危機への心理学的支援の理論と実際について述べることとする。

■ II　危機への心理学的支援の基礎

1．危機とは

　危機の定義として最も広く知られているのは，キャプラン Caplan（1961，山本訳，p.23）の「人が大切な人生の目標に向かう時障害に直面したが，それが習慣的な問題解決の方法を用いても克服できないときに発生」し，「混乱の時期，つまり動転する時期が続いて起こり」，その間「さまざまな解決をしようとする試みがなされるが失敗」した状態とするものであり，有害な出来事への直面と習慣的な方法での解決努力の失敗の結果生じた不均衡な状態をいう。一方で，元々 Crisis という語は，「転機」を意味するギリシア語を語源とするものであり，日本語訳としても危機に続いて（運命の）分かれ目と記載されているように，良い方向にも進む可能性を含んだ概念である。

①発達的危機

　発達的危機とは，エリクソン Erikson（1959，小此木訳，1973）が示した8つの発達段階において各段階で克服すべき心理社会的課題との関連で体験されるも

ので，成熟危機ともいわれる。人はライフサイクルを通してさまざまな課題に直面し，その都度，それまでにはなかった新しい対処様式を要求される。これまでの対処方法を駆使してもうまくいかない場合には，心理的な不均衡に陥る一方で，何とかうまく対処できた場合には，新しい対処様式を身に付けることができ，成長が促進される可能性を持っている。

②偶発的もしくは状況的危機

アギュララ Aguilera（1994，小松・荒川訳，2004）は，未熟児の誕生，児童虐待，地位と役割の変化，妊娠中絶，強姦，アルツハイマー病や慢性精神疾患への罹患，老人虐待，DV，離婚，薬物依存，自殺，身近な対象の死等，比較的多くの人々がライフサイクルのさまざまな段階で遭遇する可能性のある偶発的，状況的危機を列挙している。さらに，1980年代に PTSD（心的外傷後ストレス障害）が正式に専門用語として用いられるようになったこともあり，その要件となり得る戦争，性暴力被害，無差別銃撃事件，テロやハリケーン，竜巻，地震などの大規模自然災害といった死に直結するような出来事も偶発的危機として注目されるようになっている。

2．危機が個人やコミュニティに及ぼす影響

前項で扱ってきた危機は，人々に過度のストレス体験，強い恐怖体験，喪失体験をもたらす。

①過度のストレスに伴って個人に生じる一般的な兆候や症状

ミッチェル Mitchell とエヴァリー Everly（2001，高橋訳，2002）は，過度のストレスに伴って心身に生じる一般的な兆候や症状として以下を挙げている。

- 認知面：思考の混乱，決断を下すのが難しい，集中力の低下，記憶力の低下，高度の認知機能の低下
- 感情面：感情のショック，怒り，悲しみ，抑うつ，圧倒された感じ
- 身体面：過度の発汗，めまい，動悸，高血圧，過呼吸
- 行動面：通常の行動パターンの変化，食行動の変化，衛生に構わなくなる，引きこもり，口数が減る

②強い恐怖体験に伴って個人に生じる症状

PTSD（心的外傷後ストレス障害）は，人々が危うく死ぬ，重傷を負う，性暴力

を受けるなどの出来事に直接的・間接的に遭遇することなどによる強い恐怖体験によって，以下の症状が 1 カ月以上続いた場合に診断される。

- ・再体験：悪夢，フラッシュバックなど，その外傷的な出来事に関連した記憶が本人の意図に反して突然蘇るような侵入的な症状。
- ・回避：その外傷的な出来事に関連した刺激を避けたり避けようとしたりする。
- ・感情と認知の否定的変化：外傷的な出来事の重要な部分の想起不能や事故や他者に対する否定的な認知や感情状態。
- ・過覚醒：人や物への攻撃的行動，過度な警戒や集中困難，睡眠障害などと言った過度な覚醒状態。

③喪失体験に伴って個人に生じる反応

　喪失体験とは，近親者の死や失恋を初めとする愛情・依存の対象の死や別離，住み慣れた環境や地位，役割，故郷などからの別れ，自分の誇りや理想，所有物の意味をもつような対象を喪失すること（小此木, 1979）である。喪失体験に伴う個人の反応については，以前は，火事で大切な人を亡くした人々の心理過程から理論化したリンデマン Lindemann（1944）のモデルや，キューブラロス Kubler-Ross, E.（1969）の癌患者の病と死の受容過程について提出したモデルなど，おおむね，ショック，否認，怒り，悲嘆と抑うつ，受容といった経過を辿るとする段階モデルが主流であった。近年，大切な人の死の現実を受け止めるという喪失そのものへの適応と喪失に伴って余儀なくされる新しい環境への適応という 2 つの過程への適応を行きつ戻りつしながら進んでいくという二重過程モデル（ストルーベとシュット Stroebe & Schut, 1999）が普及してきた。

④危機に遭遇したコミュニティの反応

　一方，構成員の多くが犠牲になったり大きな被害を受けたりするような事態に遭遇したコミュニティでは，容易に以下のようなことが生じる（窪田，2005）。

- ・人間関係の対立：出来事への関わりの程度による個々人の反応の違い，もともと潜在していた対立，自責と表裏一体の他者非難などよる構成員間の対立。
- ・情報の混乱：個人の思考や記憶の障害が影響した誤った情報の伝達や，日頃機能している情報伝達ルートが阻害されることによる情報の混乱。
- ・問題解決システムの機能不全：危機によってシステム自体がダメージを受けたり，システムのキャパシティを超えた要請があったりすることによる機能不全。

表1　精神分析，危機介入の主な違い

	精神分析	危機介入
目標	パーソナリティの再構成	当面する危機の解消
治療の焦点	発生論的過去，無意識の開放	発生論的過去，危機以前の機能遂行レベルへの回復
治療者の活動	探索的，非指示的	支持的，指示的
対象者	神経症型パーソナリティ	生活状況への対処能力の急激な喪失
治療の長さ	不定	1〜6回

＊ Aguilera（1994，小松・荒川訳，1997，p.17）の一部を抽出して改変

　危機に遭遇した個人の反応がコミュニティの反応に繋がり，コミュニティの混乱によってさらに個人の混乱は助長されるといった悪循環が生じる。

3．危機介入とは

①危機介入とは

　危機介入は，一時的に不均衡状態に陥って適切に機能できなくなっている個人やコミュニティが，本来の機能を回復し，元の均衡状態を取り戻すためになされる短期的な援助を指している。危機介入の過程のなかで，危機の背景に個人のパーソナリティの問題や組織風土の問題があることが明らかになってきたとしても，危機介入の段階ではそれを扱うことはせず，状況に応じて後日取り扱うことになる（山本，1986）。表1に，アギュララ Aguilera（1994）を基に危機介入の特徴を精神分析と対比させて示した。

②危機介入のプロセス

　危機介入はおおむね以下の段階に沿って進行する（山本，1986；Aguilera，1994）。

　第1段階：個人とその問題の評価（アセスメント）　援助を求めてきた個人の精神症状や行動障害などの混乱の程度を評価する。自分自身や他者を傷つける危険性が高いと判断した場合には，緊急に本人を保護する手立てを講じる必要がある。その場合には，家族や友人・知人，職場関係者・学校関係者など身近な支援者の存在やサポート機能のアセスメントも必要になる。続いて，混乱のきっかけとなった出来事，混乱に至る経緯，混乱の持続期間，これまで取られた対処行動など，危機の背景についてのアセスメントを行う。これらの情報を得るためにも

身近な支援者の存在は重要である。

　第2段階：危機介入の計画策定　アセスメントに基づいて危機介入の計画を策定する。限られた時間の中で迅速な対応を求められる危機介入においては，当面のアセスメントに基づく当面の介入方針の策定となり，介入結果に基づいて随時修正していく柔軟性が日頃にも増して求められる。

　第3段階：危機介入の実行　具体的に提供される援助は，援助者の力量等に左右される（Aguilera, 1994）が，危機の渦中にある個人が，ａ）自身が直面している危機を知的に理解できるための援助，ｂ）自分でも触れたくないような感情をオープンにできるための援助，ｃ）当面の対処方法を選択するための援助，ｄ）危機に至る過程で喪失した対象を補う新しい対象を得るための援助などが挙げられる。

　第4段階：危機介入の終結と振り返り　危機が解消し，個人が本来の均衡状態を取り戻した段階で，援助者は個人がこの間の対処を振り返って自身の進歩を実感し，今回の経験を今後の危機対処に役立てるという実感が持てるよう援助する。

③大規模自然災害や紛争等緊急時における心理社会的支援

　近年，大規模自然災害や紛争等，瞬時に多くの死傷者を出し，国家規模，世界規模で社会基盤そのものに壊滅的な影響を与え得る危機への支援への関心が高まってきている（窪田，2015）。このような事態では，安否確認，・重傷者の医療的処置やライフラインの確保，生活物資の支給など，安全確保と衣食住の保障が最優先であり，心理的な支援はそのような包括的支援の枠組みのなかで適切な時期に適切な形で提供される必要がある。支援に関わる人々の連携不足による混乱を防ぐために，WHO，ユニセフや大規模国際 NGO による機関間常設委員会（Inter-Agency Standing Committee）によって「災害・紛争等緊急時における精神保健・心理社会的支援に関する IASC ガイドライン（Inter-Agency Standing Committee, 2007）が作成された（鈴木，2011）。

　そこには人権および公平，参加，害を与えない，利用可能な資源と能力に立脚する，支援システムの統合，多層的な支援という6つの基本原則が掲げられている。そのうち，多層的な支援とは，図1にあるように，人々のニーズに応じた階層構造の相補的支援提供の重要性を示すものである。

　ピラミッドの土台には基本的なサービスおよび安全の確保，第二層にコミュニティおよび家庭からの支援，第三層に研修および指導を受けた従事者によるより高度に特化した個人・家庭・集団レベルの介入，最上層は，第三層までの支援が

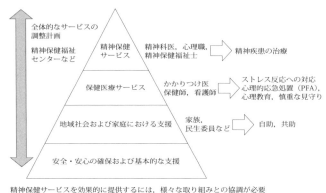

図1　支援のピラミッド（鈴木［2011］より転載）

あっても大きな苦痛を有し，基本的な日常機能において多大な困難があるごく少数の人々への追加的な支援が位置付けられている。ガイドラインには，この他，災害・紛争等緊急時の支援の基本について詳細に示されている。

III　危機への心理学的支援のための方法

1．早期の心理社会的支援——主として，集団，コミュニティへの支援

①サイコロジカル・ファーストエイド（以下PFA）

　PFAは，明石ら（2008）によれば2001年のニューヨーク同時多発テロ時に複数の支援チームが独自に支援活動を行ったことによる被災地の混乱の反省に基づいて作成された，大規模災害後の包括的早期支援マニュアルである。前述のIASCガイドラインでは，ピラミッドの第三層の支援として位置づけられている。代表的なものが，アメリカ国立子どもトラウマティックストレス・ネットワークによって作成された「Psychological First Aid Field Operations Guide（サイコロジカル・ファーストエイド実施の手引き）」である。

　子どもから高齢者すべての世代の人を対象として，災害発生直後から1カ月程度の時期に災害救援活動を行う組織の精神保健担当者やその他の分野の支援者が提供する支援に関するもので，安全と安心の確立，もともと持っている資源の活用，ストレスに関連した苦痛の緩和，適応的な対処行動の引き出し，自然な回復力の向上，役に立つ情報の提供，適切な紹介の実施などを基本原則として掲げている。なお，PFAはWHOによっても作成されており，日本では2012年以降，災害時こころの情報支援センターがWHOと契約を交わして普及に努めている。

②心理教育

　心理教育とは，広く言えば，何らかの問題を抱えるもしくは成長を期待される人々に対して，心理学の知識とスキルを提供することで，現在および将来の問題の解決や発生予防を目指す取り組みである。先に示した危機介入のプロセスにおいては，個人が自身が直面している危機を知的に理解し，当面の対処方法を選択するための援助に該当し，PFA にもその要素が含まれている。

　現在遭遇している危機によって生じる心身の反応および対処方法についての適切な情報を提供することで，比較的健康度の高い構成員はセルフケアが可能になるだけではなく，周囲の動揺の激しい構成員の身近な支援者としての役割を果たすことも可能になる。冨永（2014）は，ストレス・マネジメントの理論と実践を基礎とした，早期に限らない被災後の時期に応じた子どもを対象とする心のサポート授業の実施を提唱・推進している。

③ディブリーフィング

　ディブリーフィングとは，もともと軍隊で前線から戻ってきた兵士の帰還報告を意味する用語であった。心理的ディブリーフィングとは，消防士などの災害救援者を対象に任務終了後早期に，業務に関連して見聞きしたことや現在の心身の状態を分かち合い，適切に対処することを促す構造化されたグループセッションの技法として開発された（Mitchell et al., 2001）。1990 年代には一般の被災者にも適用されるようになり，阪神淡路大震災後日本にも紹介された。その後多くの研究が蓄積された結果，満足度といった主観的評価はともかく IES-R や GHQ などの指標を用いた検討では効果がないどころかむしろ有害であるために，被災者自身に対しては行うべきではないというのが定説になっている。一方で，家族，同僚など身近な人々の間で辛かった出来事を自然に語りあうインフォーマル・ディブリーフィングは回復に寄与することも指摘されている。

2．中長期にわたっての個人へのアプローチ

　危機的な出来事への遭遇によるダメージが大きく，遭遇直後のグループやコミュニティへの支援のみでは回復が困難な一群の人々，先に触れた IASC ガイドラインで言えば第四層の人々に対しては，個々人の状態に応じた適切な支援が提供される必要がある。以下に，代表的な技法のいくつかを紹介する。いずれも，十分な訓練を受けた専門家によって安全感を確保した上での実施が必須である。

①力動的心理療法

　力動的心理療法の創始者であるフロイトが神経症の発症には何らかの過去の外傷体験が関わっているとしたことからも，力動的心理療法は最も古くからの危機介入の方法として位置づけることができる。

　トラウマへの力動的心理療法の取り組みとして，一丸（2010）は，1）トラウマを受けた直後にはそれ以上の動揺が起こらないように安心できる環境を準備すること，2）治療者への深い信頼や被害者の一定レベルの精神的成熟，安全な環境などの準備が整った段階で，トラウマを取り扱うことが可能かのアセスメントを行うこと，3）可能だと判断された場合も，トラウマに取り組む過程で増大する不安を統制可能で受け入れられる範囲で扱うように援助すること，4）トラウマと折り合いをつけ過度に囚われることなく生き生きした生活が送れることを目標とすることの重要性を述べている。

② PE 療法（Prolonged Exposure；長時間曝露法，持続エクスポージャー法）

　PE は，エビデンスに基づく最も効果的な治療技法として欧米のガイドラインで強く推奨され，わが国の無作為比較試験（RCT）によっても十分な効果が検証されている（飛鳥井，2007）。

　曝露法とは，恐怖を覚える事物や状況，記憶などに安全な環境下で向き合うことを促すために構成された一連の技法を指すもので，イメージ曝露と実生活内曝露の2つを含んでいる。具体的な手順としては，1）プログラムの概要説明とリラクセーションのための呼吸法指導，2）トラウマ反応についての心理教育，3）実生活内曝露（回避している事物や状況の不安階層表上へのリストアップ，宿題としての課題設定と回避対象に近づく練習の実施），4）イメージ曝露と処理，5）トラウマ体験を想起しての陳述，6）その内容についての話し合い，7）陳述内容の録音を自宅で毎日聴く宿題，8）プログラムの振り返りと再燃予防，からなっている（飛鳥井，2010）。

③ EMDR（Eye Movement Descentization and Reprocessing；眼球運動による脱感作と再処理法）

　EMDR は，PTSD 治療の最も効果的な心理療法の一つとされている（市井，2010）。手順としては，1）クライエントへの適用可能性を判断した上での治療計画，2）EMDR の説明やリラクセーション技法の獲得によるセルフコントロールの向上，3）特定のトラウマ記憶についての代表する映像とそれに伴う否定的

な自己評価，置き換わるべき肯定的な自己評価やその主観的妥当性と映像と否定的自己評価に焦点を当てた時の感情と苦痛の強さ，身体感覚の部位の同定，4）3）を意識しながらの25往復程度の素早くリズミカルな眼球運動の実施と一旦イメージを止めての気づきの報告，気づきに焦点を当てて次の刺激を付与することの繰り返し，5）苦痛が下がったところでの植え付け（両側性の刺激を与えて肯定的認知を強める），6）不快な身体感覚が残っていればさらに両側性の刺激を与えて不快感を取り除く，7）安全にセッションを終え，8）次回のセッションで不完了な記憶や新たな記憶に3）～7）を繰り返す，というプロセスを辿る。

④ TF-CBT（Trauma Focused Cognitive Behavioral Therapy；トラウマ焦点化認知行動療法）

　TF-CBT は，トラウマを受けた子どもと思春期児童，養育者のために作成された治療パッケージであり，子どもの PTSD 症状を指標とした無作為比較試験（RCT）において，薬物療法や子ども中心のプレイセラピーよりも有効であることが示されており，多くの PTSD 治療ガイドラインで推奨されている（白川，2010）。

　TF-CBT は PRACTICE を頭文字として，Psychoeducation（心理教育），Parenting skill（養育スキル），Relaxation（リラクセーション），Affective modulation（情動表出と調節），Cognitive coping and processing（認知のコーピングとプロセス①「認知のトライアングル」），Trauma Narrative（トラウマの物語を創る），Cognitive coping and processing（認知のコーピングとプロセス②「トラウマ体験の処理」），In vivo mastery of trauma reminders（生活におけるリマインダーの統御），Conjoint child-parent sessions（子ども－養育者の合同セッション），Enhance future safety and development（将来の安全と発達の強化）からなっている。

⑤ CGT（Complicated Grief Treatment；複雑性悲嘆のための心理療法）

　大切な人を亡くすことによる悲嘆反応はごく自然なことだが，何らかの事情で悲嘆が長期化・慢性化し，生活上の支障が生じる状態は複雑性悲嘆と呼ばれている。CGT は，複雑性悲嘆に焦点を当てた認知行動療法であり，複雑性悲嘆の症状とそれが生じる仕組みの理解，苦痛のために避けている状況や記憶への直面，亡くなった方への感情の整理，新たな人生目標の設定などからなっており，週1回16回の面接と一定の手続きに従った宿題からなっている。わが国では，中島ら（2013）が精力的に実践と研究に取り組んでいる。

Ⅳ　危機への心理学的支援の実際

1．個人の精神保健上の危機への支援

　山本（1986）は，危機介入の理論化に貢献したキャプランの下で学び，わが国に危機介入の考え方と具体的なプロセス（Ⅰ3③参照），職場で危機に陥った課長Aの精神保健上の危機を対象として，当該個人や家族が相談機関に繋がった後，個人内外の資源を活用して精神疾患の発症・重篤化の危機を脱した事例を提示している。

　その後，わが国では1990年代後半から主として学生相談の領域で学生が精神疾患を発症あるいは症状増悪した際の支援事例が蓄積されている（渡邉・窪田，2015）。そこでは学生相談担当者は，担当者相互の連携，事務職員や指導教員等へのコンサルテーション，医療機関への紹介や情報共有など，個人面接という一対一の関係性に留まらず，組織内外の専門家・非専門家という資源を活用しての支援を行っている。

　「個人の精神保健上の危機への心理学的な支援」は心理学的支援の中核をなすものでもあり，あらゆる領域において個人の精神疾患の発症や重篤化の危機に際して行われている。先の山本の事例においては，A氏がほぼ危機の前の状態を取り戻した段階で終結としているが，実際の支援の場では，終結とはせず均衡を取り戻した後に危機の背景にあると考えられる個人の問題や個人を取り巻く周囲の人々との関係などを扱うことも少なくない。しかしながら，その場合も危機を脱した段階で，当人と共に危機の経過を振り返り，今回用いて有効であった個人内外の資源の確認や背景にあると考えられる要因を明らかにする作業は欠かせない。

2．災害後の心理学的支援

　災害後の心理学的支援は，わが国においては1993年の北海道南西沖地震後の被災者への支援が端緒とされている（冨永，2014）が，1995年の阪神淡路大震災を契機に災害後の心理学的支援の必要性が心のケアという言葉とともに広く社会に認知されるようになった。さらに，2011年の東日本大震災に際しては，直後からの学会や専門家集団による支援，多国間・多職種間・多団体間の協働による支援，支援者への早期からの支援など，より組織的，包括的支援が行われるようになった（窪田，2015）。なお，災害後の心理学的支援については，第14章に詳しいので参照されたい。

3．学校危機への心理学的支援

　増え続ける不登校やいじめなどの児童生徒の危機に，外部の専門家として臨床心理士等が公立小中学校に派遣されるスクールカウンセラー（以下 SC）活用調査研究委託事業は 1995 年 4 月に開始された。同年 1 月に阪神淡路大震災が発生していたことから，各都道府県あたり 3 校だった初年度の配置校数が被災地兵庫県には十数校に及ぶなど，災害等による学校危機後の心理学的な支援は当初から SC の重要な役割の一つと位置付けられた。

　その後，1997 年の神戸連続児童殺傷事件，1998 年の栃木県黒磯市教師刺殺事件，1999 年の京都市伏見区小学生殺害事件など，学校を現場とした子どもの命に係わる悲惨な事件が続き，その都度 SC の追加配置や地元の臨床心理会等からの心理士の派遣等が行われた。2001 年の大阪教育大学付属池田小学校事件に際しては，当初から大学関係者を中心とした多職種チームが支援にあたり，その後設立された専門機関，学校危機メンタルサポートセンターが中心となって長期にわたる支援を行っている。

　これほどの規模でなくても，児童生徒の自殺，学校の管理内外の事故による児童生徒の死傷，教師の不祥事の発覚，教師の突然死などによって生じる学校危機後の支援に関して，2000 年頃から全国各地でプログラム開発や実施体制の構築・実践の蓄積（福岡県臨床心理士会，2005）がなされ，2016 年度の全国の総件数は 500 件以上（学校臨床心理士ワーキンググループ調べ，2017）に及ぶなど，学校危機後の心理学的支援は，広く普及している。なお，学校危機への心理学的支援については本書シリーズ第 18 巻第 11 章で詳しく取り扱われている。

4．犯罪被害者への心理学的支援

　犯罪被害者への支援は，欧米では 1960 年代から経済的な保障制度が開始され，包括的な犯罪被害者支援を行う民間団体が 1970 年代に設立されて官民協働の支援が展開されてきているのに対し，わが国の犯罪被害者支援は，約 20 年遅れて 1980 年の「犯罪被害者等給付金支給法」の制定がその始まりとされる。心理的な支援に目が向けられるようになったのは，給付金支給法制定 10 周年のイベントにおける被害者遺族の発言がきっかけであり，犯罪被害者等基本法の制定はさらに 10 数年後の 2004 年，犯罪被害者等基本計画の策定は 2005 年であった。

　現在は都道府県単位に法人格を持つ犯罪被害者支援センターが犯罪被害者等早期援助団体に指定され，電話相談・面接相談，病院や裁判所等への付添い，支援

員の養成および研修，犯罪被害者支援活動に関する広報啓発活動等を行っており，心理学的な支援についても包括的な支援の中で，センターに直接関わっている心理の専門家や外部の専門家が依頼を受けて担う形となっている。

　このほか，都道府県警には犯罪被害者支援専門員として臨床心理士等が勤務し，犯罪発生直後からの被害者への直接的な心理的支援，警察官への研修やコンサルテーションなどを行っている。

5．自殺予防と自死遺族への心理学的支援

　1998以降年間の自殺者数が3万人を超える事態に対して，2006年に自殺対策基本法が制定され，国を挙げての自殺対策が講じられてきた。徐々に減少してきているものの，今なお，一日約60名の方々が自ら命を絶つという深刻な状況にある。2016年に自殺対策基本法の一部を改正する法律が制定・施行され，それを受けて自殺対策大綱も再度見直された。当面の重点対策12の中には，遺された人への支援の充実や，子ども・若者の自殺対策のさらなる推進が挙げられている。

①学校における自殺予防教育

　学校における自殺予防教育については，2016年の改正自殺対策基本法の第17条に「学校は当該学校に在籍する児童生徒等に対して『困難な事態，強い心理的負担を受けた場合等における対処の仕方を身に付ける等のための教育又は啓発』などを行うように努めるものとする」と定められ，自殺対策大綱においてもさらに具体的にその実施が推奨されている。児童生徒対象の自殺予防教育は，おおむね，自分の心の状態への気づきを促す，問題を抱えた際の有効な対処方法として相談行動を促す，友人の危機に気づいた際の対応として信頼できる大人に繋ぐよう促す，具体的な相談先の情報を提供するといった内容からなっており（窪田，2016），SCなど心の専門家は，学校・学年・学級の状況に応じたプログラムの検討，配慮を必要とする児童生徒へのスクリーニングとフォローアップ，担任とチームを組んでの授業実施，などの役割が期待されている。

②自死遺族への支援

　家族など大切な人を突然自死で亡くしたことの衝撃は計り知れない。遺族は遺体の確認，突然の別れによる世界の崩壊に加え，遺族に鞭打つような偏見が未だに根強い社会の中で，「どうして」という疑問，語ることへの禁忌，自責や他の家

族成員への怒りなどを経験することも多く，悲しみという自然な感情が抑圧されることも少なくない（武藤，2010）。

　自死で大切な人を亡くした方への支援は，2007年の最初の自殺対策大綱の段階から当面の重点施策として取り上げられており，その一助なるわかちあいの会が全国各地で開催されている。孤立しがちな遺族が同じ体験をした人々の中で自身の体験を語り他者の体験に耳を傾けることで，孤独感を和らげる，今の自分のままで良いと思える，同じような体験を少し前にした「先輩」から学ぶ，自分を客観視できるようになり視野が広がるといったことが期待されている（NPO法人全国自死遺族総合支援センター，2015）。心理の専門家は，遺族から語られるありのままの感情を傾聴・受容するとともに悲嘆のプロセス，記念日反応やさまざまな受け止め方があることなどについて伝えることで，遺族が見通しを持って自らの体験を整理する過程に寄り添い支えることが重要である。

6．支援者支援

　消防隊員，警察官，海上保安官，自衛官，医師，看護師，カウンセラーなど，災害，事件・事故など危機に遭遇した人々に対して業務として支援に携わる人は，自身も直接脅威を感じたり悲惨な光景を目撃したりすることも多いほか，トラウマを負った被害者に共感的に関わる中で彼らのトラウマ体験に繰り返し曝されることによる二次受傷としてPTSDと同様の反応を経験することがある（大澤，2010）。また，大規模自然災害時に自身も被災しながらも業務として地域住民の支援を担う自治体職員や避難所運営の中心となる地域の自治会役員などが，被災による生活上の不便や復興の遅れなどに苛立つ地域住民の怒りの捌け口にされて，心身の不調を来すことも少なくない。

　このような支援者の反応を防ぎ，緩和するためには，危機への心理的反応や対処についての基礎知識を持つこと，支援者相互のサポート体制を構築すること，適切に休養を取れるような支援のローテーションを大切にすることが重要であり，心理の専門職は事前研修，支援の分かち合い・振り返りなどの場の設定やファシリテーションなどを通して支援者支援に貢献することができる。

◆学習チェック表
□　危機の概念を理解した。
□　危機介入と通常の心理療法の違いを理解した。
□　危機への心理学的支援の方法の概要を理解した。

□　危機への心理学的支援がどのような領域で実施されているかを理解した。
□　わが国の自殺予防の最優先課題を理解した。

より深めるための推薦図書

Aguilera, D. C.（1994）*Crisis Intervention Theory and Methodology, 7th edition.* Mosby.
（小松源助・荒川義子訳（1997）危機介入の理論と実際．川島書店.）

日本心理臨床学会監修・同支援活動プロジェクト委員会編（2010）危機への心理支援
学．遠見書房.

山本和郎（1986）コミュニティ心理学．東京大学出版会.

福岡県臨床心理士会編，窪田由紀編著（2020）学校コミュニティへの緊急支援の手引
き［第3版］．金剛出版.

文　　献

Aguilera, D. C.（1994）*Crisis Intervention: Theory and Methodology, 7th Edition.* Mosby.（小松源
助・荒川義子訳（1997）危機介入の理論と実際．川島書店.）

明石加代・藤井千太・加藤寛（2008）災害・大事故被災集団への早期介入―「サイコロジカル・
ファーストエイド実施の手引き」日本語版作成の試み．心的トラウマ研究，4; 17-26.

飛鳥井望（2010）PE療法．In：心理臨床学会監修・同支援活動プロジェクト委員会編：危機へ
の心理支援学．遠見書房，pp.56.

Caplan, G.（1961）*An Approach to Community Mental Health.* Crune & Stratton（山本和郎・加藤
正明監修（1968）地域精神衛生の理論と実験．医学書院.）

Erikson, E. H.（1959）*Identity and the Life Cycle. Psychological Issues, 1(1), Monograph 1.*
International Universities Press.（小此木啓吾訳編（1973）自我同一性―アイデンティティ
とライフサイクル．誠信書房.）

福岡県臨床心理士会編，窪田由紀・向笠章子・林幹男・浦田英範著（2005）学校コミュニティ
への緊急支援の手引き［第2版］．金剛出版.

市井雅哉（2010）EMDR．In：日本心理臨床学会監修・同支援活動プロジェクト委員会編：危機
への心理支援学．遠見書房，p.58.

一丸藤太郎（2010）力動的心理療法．In：心理臨床学会監修・同支援活動プロジェクト委員会
編：危機への心理支援学．遠見書房，p.61.

Kubler-Ross, E.（1969）*On Death and Dying.* Scribner.（川口正吉訳（1971）死ぬ瞬間―死にゆ
く人々との対話．読売新聞社.）

窪田由紀（2005）学校コミュニティの危機．In：福岡県臨床心理士会編，窪田由紀ら著：学校
コミュニティへの緊急支援の手引き．金剛出版，pp.22-44.

窪田由紀（2015）危機への心理的支援―危機介入から心理的支援へ．In：金井篤子・永田雅子
編：臨床心理学実践の基礎その2―心理面接の基礎から臨床実践まで．ナカニシヤ出版，
pp.91-111.

窪田由紀編，窪田由紀・シャルマ直美・長﨑明子ら著（2016）学校における自殺予防教育のす
すめ方．遠見書房.

Linndemann, E.（1944）Symptomatology and management of acute grief. *American Journal of
Psychiatry*, 101; 141-148.

MitchellJ. T., & EverlyG. S.（2001）*Critical Incident Stress Debriefing: An Operations Manual for
CISD, Defusing and Other Group Crisis Intervention Services, 3rd Edition.* Chevron Publishing

Company.（高橋祥友訳（2002）緊急事態ストレス・PTSD 対応マニュアル—危機介入技法としてのディブリーフィング．金剛出版．）

武藤晃子（2010）自死遺族．In：日本心理臨床学会監修・同支援活動プロジェクト委員会編：危機への心理支援学．遠見書房，pp.111-112.

中島聡美（2014）自死遺族の複雑性悲嘆に対する心理的ケア・治療．精神科（特集：自殺と精神医学），25(1); 57-63.

NPO 法人全国自死遺族総合支援センター（2015）大切な人を亡くした子どもとその家族のつどい開催のしおり．http://www.izoku-center.or.jp/doc/booklet_unei_kodomonotsudoi.pdf

小此木圭吾（1979）対象喪失．中公新書．

大澤智子（2010）二次受傷への理解．In：日本心理臨床学会監修，同支援活動プロジェクト委員会編：危機への心理支援学．遠見書房，pp.51-52.

白川美也子（2010）トラウマ焦点化認知行動療法．In：日本心理臨床学会監修，同支援活動プロジェクト委員会編：危機への心理支援学．遠見書房，p.65.

Stroebe, M. S. & Schut, H.（1999）The dual process model of coping with bereavement: Rationale and depression. *Death Studies*, 23; 197-224

鈴木有理子（2011）災害支援のチーム医療．臨床心理学，11(4); 513-518.

冨永良喜（2014）災害・事件後の子どもの心理支援—システムの構築と実践の指針．創元社．

渡邉素子・窪田由紀（2015）心理危機状況の分類と支援のあり方について．名古屋大学大学院教育発達科学研究科紀要，61; 47-54.

山本和郎（1986）コミュニティ心理学．東京大学出版会．

第14章

災害後のこころの変化とその支援

髙橋　哲

⊶ Keywords　外傷後ストレス反応，喪失反応，日常のストレス反応再体験，心的外傷後ストレス障害（PTSD），急性ストレス障害（ASD），喪失反応，モーニングワーク

I　災害後の3つの反応

　最初に，災害後の心理支援を考えるときに欠かすことのできない一つのグラフから見ていこう（図1）。

　図1は，1995年の阪神・淡路大震災後に心理的なケアを必要とした子どもの数を，当時各学校に追加配置されていた復興担当教員が年ごとに数え，その推移をグラフにしたものである。このグラフを見ると，支援を必要とする子どもの数は災害後3〜4年目に最大となっている。通常は災害直後が最も多くその後年ごとに減少していくと考えられがちであるが，実際にはそのような推移を示していない。

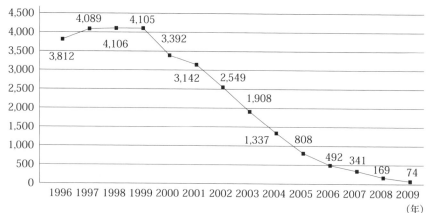

図1　阪神・淡路大震災により教育的配慮を必要とする児童生徒数の推移（小・中学生合計）

ここから，災害後の心理的な変化について，異なる３つの反応が想定できるという重要な視点が導き出された。それは，災害そのものに対する「怖い」という恐怖感がストレスとなる反応，災害によって大切な人や物を失って「悲しい」という気分がストレスとなる反応，災害によって日常生活が変化し，今までできていたことが思い通りにいかなくって，「やりきれない」という思いがストレスとなる反応の３つで，それぞれ「外傷後ストレス反応（post-traumatic stress reaction）」「喪失反応（loss stress reaction）」「日常のストレス反応（daily life stress reaction）」と呼ぶ。

　これら３つのストレス反応の時間的な関係は，まず「怖い」という外傷後ストレス反応が災害直後に起こり，その後半年から１年くらいの間に喪失のストレスが重苦しく心をおおうようになる。そして仮設住宅などでの災害後の不自由な生活が続くと，２〜３年後に日常生活上のストレスがピークに達することになる。つまり災害後のストレスは，災害直後から数年間は，その中身の色合いを変えながら減少することなくじわじわと増加していくことになる。これが先に見た，阪神・淡路大震災最後に支援を必要とする子どもたちの数が，減少することなくむしろ増加していったことの理由となる。

　災害後の心理支援は，こうした異なる３つのストレスのそれぞれに，適切に対処していかなければならないのである。順に見ていこう。

■ II　外傷後ストレス反応とそれへの対処について

1．外傷後ストレス反応とはどのようなものか

　外傷後ストレス反応は「怖い」という恐怖によるストレスから生じる反応である。その「怖さ」の中身を少し詳しく考えてみよう。

　遭遇すると怖い体験として「公園で目の前の木に雷が落ちた」場合を考えてみる。そのような体験をすると，次のようなことが起こるのではないだろうか。まずその日は繰り返しその怖かった体験が頭に思い浮かんでくる。家に帰ってからも，考えないようにしようと思っても繰り返しその情景が生々しく頭に浮かんでくる。こうした，繰り返し生々しい情景が頭に受かんでくることをフラッシュバックと呼ぶ。さらに夜寝た後もその情景が悪夢となって繰り返されることもある。恐怖体験の後では，このように自分の現実の体験を想像的に繰り返し体験し直すということが起こるが，これを「再体験」反応と呼ぶ。

　次に翌日また公園に出かけていったとすると，近づくにつれ心や体にじわじわ

と嫌な感覚が起こってくる。身体がゾクッとして，心臓がドキドキしたり，背筋に冷たい汗をかいたりするかもしれない。これは身体的，無意識的な感覚であって，自分ではなぜそうなるのかがよく分からないままにそのような現象が起こる。このような，恐怖を感じた体験に関連する，あるいはそれを想起させる刺激，状況に遭遇したときに起こるさまざまな過敏な反応を「過覚醒」反応と呼ぶ。

　さらに公園では，あまり昨日の場所には近づこうとせず，雨が降って雷が鳴ったりすると，できるだけ早くその場を立ち去ろうとするはずだ。このような恐怖体験に関連する場所，関連する刺激などをできるだけ避けようとする行動を「回避」反応という。

　回避反応について，診断基準などでは麻痺の反応と結び付けられて，「回避・麻痺」の反応とまとめられていることが多いが，麻痺の反応は実際には回避反応の延長ではなく，過覚醒反応の裏側，すなわちマイナスの過覚醒反応であると考えた方が分かりやすい。過覚醒反応では，体験した恐怖に関連する刺激に敏感になるが，その代償として恐怖とは関係のない刺激への感受性が鈍くなる。このようなことは，同種の感覚同士だけではなく，感覚と思考の力関係においても起こりうる。例えば地震体験後小さな振動に敏感になっている場合，電車が動き始めたときの振動に過剰に反応し，それに気を取られて降りるべき駅を乗り越すというようなことである。これは振動に感覚が過剰に反応し，その裏返しとして思考力がマイナスの過覚醒状態つまり鈍化したために起こったと考えることができる。したがって麻痺の反応は，それ自体が単独で起こるのではなくいつも感覚的に過剰に反応する部分とセットになって起こっていると考えなければならない。

　回避の反応の延長としては，「解離」がある。解離は，ある特定の記憶が想起できなくなるような現象で，その特定の記憶というのはトラウマに関連する記憶である場合が多く，これはつまり無意識的な「回避」が起こっていると考えることができる。

　これら3つの反応，「再体験」，「過覚醒（マイナスの過覚醒である麻痺を含む）」「回避（無意識的な回避としての解離を含む）」が，とても大きな恐怖やショックを体験した後の基本的な反応であり，これら3つの反応をまとめて外傷後ストレス反応（post-traumatic stress reaction；PTSR）と呼ぶ。

2．外傷後ストレス反応の神経生理学的な根拠

　ではなぜ外傷後ストレス反応が起こるのかを考えてみよう。

　怖いものを見たときの視覚刺激を考えてみる。通常視覚刺激は目の網膜を通過

しそれから視床という部位に伝達される。そこから情報は大脳皮質に送られ，記憶系である海馬の情報と照らし合わせて見たものが何であるのかが判断される。さらにその判断には情動系である偏桃体の情報が付加され，「好ましい」「怖い」などの感情的な価値づけが行われる。例えば見たものが落雷であるならば，大脳皮質で光や音などの認知が行われた後，記憶系からそれは怖いものだという情報が追加され，情動系で恐怖反応を発動するというシステムか起動する。それを感じる主体に即して言うと，これは「あ，雷だ，→怖い→ゾクッ」という反応である。それに対して，情報の伝達経路はもう一つあり，それは視床から大脳皮質を経ずに直接偏桃体＝情動系に至る経路である。これはいわば通常の経路に対するバイパス経路である。この経路の場合には，情報として送られてきた刺激に対して，それが何であるかの認知－判断過程を省略し，直接情動反応が起こることになる。つまり考えたり判断したりする前に「ゾクッ」という感覚と「ビクッ」とする身体反応が起こる。

　さて，ある体験が今までにないものでそれが私たちの命を脅かすような体験である場合，その刺激は，情報として一挙に大量に「ビクッ」とする身体反応の経路に流れ込む。大量の情報が押し寄せると，その神経回路では，今まで使っていなかったシナプスが活性化したり，新しいシナプスが形成されたりして情報の伝達経路が太くなる。これを長期増強（long term potentiation；LTP）と呼ぶ。

3．外傷後ストレス反応（PTSR）からの回復

　災害による恐怖体験の後，多くの人が PTSR 状態になるのだが，その状態からの回復はどのように進んで行くのだろうか。考えやすくするためにシンプルな猫のトラウマ体験を例にあげて考えてみる。

　例えば，お気に入りの日当たりのよい縁側で昼寝をしている時に水をかけられて，恐怖のあまり安心できる寝室のベッドの下に潜り込んだ猫がいたとする。観察していると，半日くらいたった後，お気に入りの縁側に行こうとして自分でベッドの下からはい出してくる。寝室を出てしばらく歩いた後，立ち止まりじっと縁側の方を見る。ひとしきりそうした後，またベッドの下に戻り隠れてじっとしている。この時猫に何が起こったのだろうか。おそらく何らかの再体験症状が起こったのだろうと思える。さらに観察を続けると，それから数時間ほどたつとまたベッドの下から出てきて，今度は先ほどよりもう少し進んで立ち止まり，またひとしきりじっとして，それから再びベッドの下に潜り込む。今回もまたマイナス情動の再体験が起こったが，ここで見逃してはいけない重要な事実がある。そ

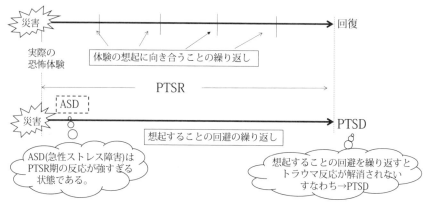

再体験に向き合うことで回復する。それを回避し続けるとPTSDになりやすくなる。

図2　PTSR と ASD，PTSD

れは今回立ち止まった場所は，１回目に立ち止まった場所から少し前進している点だ。このことから，１回目に再体験症状が起こった場所では，もうマイナス情動の賦活は起こらなかったということが分かる。なぜ先ほどの場所では再体験が起こらなくなったのか。それは１回目にマイナス情動の賦活が起こったとき，水をかけられるなどの現実的な恐怖体験は起こらなかった，つまりその場所は安全であると認知の書き換えが起こったためと考えられる。だから２回目では少し先まで前進することができた。このようにして猫は安全だと思える距離を少しずつ前進させていき，トラウマから回復する。

　このプロセスを人の場合に置きなおしてみると，トラウマからの回復は，再体験反応が起こった時に，それに向き合い，それは単なる記憶の想起であって現実的な危機ではないということを確認し，その想起とそれを引き起こした刺激は安全である，と認知を書き換えていく作業だということが分かる（図2）。

　図2では体験の想起を回避することを繰り返し，そのために認知の書き換えか起こらず，結局 PTSD（Post Traumatic Stress Disorder；心的外傷後ストレス障害）に至るという筋道も示している。結局のところ，PTSD というのは，体験の想起の回避を繰り返すことで，PTSR 状態が回復せずずっと持続するという事態である。あまりにもつらい体験の想起を適切に回避するというのは，日常生活が困難になる状態を予防するうえでは重要だか，回避を繰り返し過ぎると PTSD になりやすくなる。

　また，ASD（Acute Stress Disorder；急性ストレス障害）という用語もトラウマ関連でよく使われる。これは，初期のストレス反応（PTSR）が強すぎて，日常生

活が困難になっている状態のことである。

4．初期の「こころのケア」の実際

以上のことを前提として，災害後のこころのケアとは何をすることなのかを考えてみる。災害初期のこころのケアの目的は，PTSR の PTSD 化を予防し，日常性の回復を促進することにある。PTSR が PTSD に移行するのは，先述したように体験の想起を回避しすぎた場合である。したがって，回避をせずに体験の想起に向きあえばよいということが分かる。そこから「こころのケア」として次の 2 つの方法が考えられるだろう。

1）体験の記憶を積極的に表現し，それに向き合う：これは体験を想起しグループで話しあったり，子どもたちに体験を絵や作文で表現してもらったりする方法で，こうした活動を「表現活動」と呼んでいる。

2）体験が想起されるときのいやな感覚を軽減する：体験を積極的に想起するということをせず，再体験反応が自然に起こってきたときの不快感を軽減するために，リラックス法やマッサージなどの身体的なアプローチを行う方法で，これを「ストレスマネジメント」と呼ぶ。

さて，この 1 と 2 のどちらがよいのかということだが，ここで今までの災害後心理支援においてこの 2 つの方法がどう行われてきたのかを振り返ってみよう。1995 年の阪神・淡路大震災のときには 1 の方法が中心であった。これは，カウンセリングの方法を前提としていて，多くの心理支援者たちが自然発生的にそのように考えた面がある。つまりクライアントの体験の語りを傾聴し共感することが心理支援の基本的な方法であるからである。さらに当時アメリカから導入された「デブリーフィング」[注1] という方法がその理論的な裏付けとなった。

その後 2004 年のインド洋津波の支援でも 1 の方法が全盛であった。全世界から多くの国や組織が現地の学校に入り，おおむね 1 週程度滞在して，現地の子どもたちに津波の絵を描かせるといった活動が行われ，最も妥当な災害後の心理支援であるとされた。

2008 年の四川大地震の際にも支援の初期に，絵を描かせる，グループで体験

注 1 ）「デブリーフィング」は Everly, Jr., George S. Mitchell, Jeffrey T. らによって定式化された災害後の心理支援技法。体験したことをできるだけ速やかに表出させることが，その後のトラウマ反応を低減させるとされる。ただしこれは，警察官や消防士など災害後の支援を職務とする人々が，支援活動を行った後に過酷な体験をシェアするためのプログラムであり，一般被災者を対象としたものではなかった。

を話し合うといったデブリーフィングの方法をとることが多かったが，しかし被災者の強い拒否反応が起きた。グループワークの中で，泣き出したり座っていられなくて走り回る児童などが続出した。以前からデブリーフィングに対する批判も少なくなく，その後は不適切であるということが理解されるようになった。

　ではなぜ初期の心理支援で表現活動を行うことが不適切なのだろうか。

　具体的にこの表現活動が行われる場面を考えてみよう。例えばある学校で先生が子どもたちに「津波の絵を描く」というような課題を与えたとしよう。「描きたくない，思い出したくない」と考えていた子どもはどうするだろうか。学校の授業の中でこの課題が与えられたとすると，描きたくなくても周りからの同調圧力の中でその子は描かざるを得ないだろう。絵を描き始めると，怖かったあのときのことが想起されてくる。そして辛く悲しい気持ちにおそわれる。家に帰ってもその気持ちか続く。床に就いてからも，眠りかけるといやな夢，怖い夢が襲ってきてなかなか眠りにつけない。……こんなことを体験した子どもはきっと「もういやだ，思い出したくない，あのときのことは二度と考えたくない……」と思うだろう。

　この場合，明確にその子には回避症状が起こっている。先に述べたように回避を繰り返すと PTSD になりやすくなるので，先生がみんなの「こころのケア」のために行った表現活動が，PTSD になるリスクを高めているのである。これは表現活動を行うと誰でも PTSD になりやすいということではなく，心（記憶）の整理ができ，元気になっていく人ももちろん多くいる。しかし，回避を強め PTSD に移行するリスクを高くする子どもも確実に存在するので，初期の集団での表現活動は適切ではないことになる。ここで「初期」と限定しているのは，災害後 1 年以上が経過し中・長期の「こころのケア」を考える段階になると，表現活動がまたちがった意味を持つようになり，その段階では重要な支援方法となるからである。また「集団」については，幼児や小学校低学年などまだ言葉での表現が十分ではない年齢の ASD（急性ストレス障害）的な反応では，プレイセラピーや描画などを用いた個別カウンセリングの必要な場面もあり，表現技法一般を否定するものではないので注意をしてほしい。ただし，その場合も，自由画ならよいのだが「津波の絵を描いてごらん」というような指示は控えるべきであろう。以上の理由から，1 と 2 のどちらの方法が適切かという問題に戻ると，2 のストレスマネジメントの方法が適切であるとなる。なおここでは子どもの場合を例に挙げているが，大人でも同じようなことが起こるのは言うまでもない。

　ストレスマネジメントの方法を具体的に述べると次のようになる。

まずトラウマティックストレスによってさまざまな心の変化が起こっていることを自覚させる。次にその変化は特別のものではなく，大変な事態に遭遇したときにだれにでも起こることなのだということを教え，安心感をあたえる。この2つのプロセスを「心理教育」と呼ぶ。

　さらに，そのような心の変化に対して，まず自分でどのような対処を行っているのかを考えさせ，ストレス対処を主体的に行っていることを自覚させる。そして最後にストレス対処の良い方法として「リラクセーション」のやり方を教え，自分でできるようにさせる。この心理教育とリラクセーションを組み合わせた一連のストレス対処法をストレスマネジメントと呼ぶ。

　初期のこころのケアでは，積極的に体験の想起を促す表現活動よりもこの穏やかなストレスマネジメントの方が適切である。

　リラクセーションには，心理的な緊張を和らげる効果の高い呼吸法や，身体的な緊張を和らげる効果の高い漸進性弛緩法，臨床動作法などがある。いずれの方法も，受動的に起こってくる緊張を能動的に自己コントロールするための方法である。

5．二極分化とストレスチェック

　被災初期には被災者の大半が PTSR 状態になるが，それが順調に以前の社会生活に復帰できる人々と，PTSR が持続するかまたはよりひどくなって PTSD 状態に陥っていく人々との二極分化が起こってくる。この時期には，おおむね回復しているかどうかのスクリーニングを行い，回復できていない人に対しては，カウンセリングや医療的アプローチなど何らかの治療的な手立てを講じていかなければならない。このためにスクリーニングのためのストレスチェックの実施が必要となる。

　実際にストレスチェックがよく用いられるのは医療場面で，被災後の不調を訴えてきた人に対して診断を目的として行われるものがある。ただこれらのチェックリストは成人用で項目が多くまた時間もかかるので，例えば学校などで児童・生徒に対してスクリーニングを実施する場合には使いにくい。児童・生徒用の簡易なストレスチェックとしては，東日本大震災に際して冨永らが作製した PTSD 31（小学生用は PTSD 19）がある。

　回復している人をグリーンゾーン，回復していない人をレッドゾーン，その中間段階にある人をイエローゾーンと呼ぶが，レッドゾーンの被災者は PTSD に移行するリスクか高く，医療領域の対応が必要となる場合もある。イエローゾーンの被災者は，時間の経過とともにレッドまたはグリーンゾーンに二極化していくが，放置するとレッドゾーンに移行する場合が多いので，カウンセリングなどに

よってレッドゾーンへの移行を予防する必要がある。グリーンゾーンの被災者はおおむね PTSR から回復しているが，その後の状況によっては容易にイエローゾーンに移行するので，予防的な意味を兼ねてクラス担任や心理支援ボランティアなど「こころのケア」を担当する者がストレスマネジメントの取り組みを行うことは有効である。

■ Ⅲ　喪失反応とそれへの対処

1．喪失体験後の心の変化

　大切な人の死などの重大な喪失後の心理的な変化について考える場合，キュブラー・ロス Kubler-Ross（1969）が癌などの不治の病に罹患し，未来を喪失した人の心理としてまとめている考え方が参考になる。それを援用しつつ以下に考えてみよう。

　重大な喪失を体験した後には，まず辛い事実を受け入れることができない「否認」の心理が働く。「嘘だ，そんなはずはない」「何かの間違いだ」といった感覚である。通常は，この否認はそれほど長くは続かないが，小さな子どもの場合には，現実の感覚を伴う否認も起こりうる。例えば，ある事件によって仲良しの友だちを失った小学校2年生の女児は，事件後1週間くらい，校内でその友達を見かけたとしばしば語っていた。おそらく他の子どもを友だちと見間違えているのだが，これは否認に伴う無意識の錯覚であると考えることかできる。

　否認の次には，受け入れ難い現実を受け入れなければならない段階がくる。その時に起こってくるのはおそらく「なぜそんなことが起こらなければならないのか……」という「怒り」であるだろう。この怒りは，事態を引き起こした相手（対象）に向けられる場合と，その事態に遭遇してしまった自分に向けられる場合があり，前者は相手（対象）への直接的な攻撃となって表れ，後者は自分を攻撃する自責感になって表れる。実際は2つの感情が入り混じっていたり，交互に現れたりする場合が多い。

　相手（対象）への攻撃が現れる場合，自然災害の場合には怒りを向ける相手（対象）が明確にならず，攻撃の矛先の持っていきどころがなくて苦しむ被災者もいることには注意しなければならない。また自然災害の場合には，災害への備えを怠ったとして怒りが企業や行政に向かう場合も多い。その場合，加害者への怒りに加えて憎しみの感情が起こる場合もあることに注意が必要である。究極の人為災害である戦争では，この憎しみの連鎖によっていつまでも戦いが終わらないこ

とが多い。

　自責感は，「あの時こうしていれば……」という感覚から自分を許すことのできない感情が起こり，本来の健康な自尊感情が著しく阻害される。また類似の感情として「亡くなったあの人にもっと……をしてあげたらよかった」という不全感も起こる。こうした自尊感情の低下や不全感の中で自分自身を責める自責の感情がだんだんと大きくなっていく。

　だが相手を攻撃しても自分を責めても，喪失した人やその他のさまざまのものは戻るわけではない。そのどうしようもない感覚の中で，だんだんと絶望の感覚が心に広がっていく。攻撃や自責といった心の動きには，まだエネルギーの消費の要素があるが，絶望の段階になると，もはや消費するエネルギーは残っておらず，空っぽになった心に抑うつの気分が充満している。この段階では，積極的に生きようとする意欲が低下するので，体調を崩すなどの身体化反応も起こりやすくなる。

2．モーニングワーク（喪の仕事／喪の作業）

　喪失による絶望から回復するためには，喪った対象を心の中にもう一度活かす作業を行わなければならない。この作業を「モーニングワーク（moaning work）＝喪の作業」と呼ぶ。このモーニングワークによって，喪った対象を心の中に創り直すことができれば，人は喪失の後の人生をその対象とともに生きていくことができるようになる。

　モーニングワークの具体的な在り方としては次のようなことが考えられる。

　1）遺志を継ぐ：亡くなった人がやろうとしていたこと，やりたかったことを，その人に成り代わって実現しようとする。例えば東日本大震災の津波で野球部の兄を失った小学3年生の妹は，「お兄ちゃんがやりたかった野球を私がする」と作文に書いている。

　2）遺品を持つ：例えば母のつけていたアクセサリーをつける，父の愛用していたカバンを持つといった行動もモーニングワークのあり方である。そういう意味では遺品分けというのは大切な儀式であると言えるだろう。

　3）亡くなった人を偲ぶためのものを作る：例えば亡くなったクラスの友だちのためのアルバムを作ったり，文集や記念碑を作ったりする。また物質的な目に見えるものだけでなく，詩や歌を作ったりすることもある。大きな災害の後には，いくつもの歌が作られ，その中で人々の心に残った歌は，時代を超えて歌い継がれていく。阪神・淡路大震災の後の「幸せ運べるように」，東日本大震災の後の

「花は咲く」などがある。

　この１）や２）の例は個人的に行われるモーニングワークであるが，集団として行うことが必要な３）のようなモーニングワークもある。３）は，人の喪失だけではなく，人々の心に大きな思い出を残す何かを喪失した場合にも行われる。

　モーニングワークが未完成なままであったら，一見穏やかそうで喪失の悲しみから立ち直ったかのように見えていても，本当の意味で新しい歩みを始めたとは言い難く，そうした場合に抑うつ的な心理状態が長期で続いたり，その抑うつ感が身体化して体の不調が続いたりといったことが起こる場合がある。子どもの場合，モーニングワークがよく分からない行動として表れることもあるので注意が必要である。一見すると発達特性のように見える頑なに反復される行為が，実は大切なモーニングワークである場合も多い。子どもに対応するカウンセラーはこうしたことに十分注意を払わなければならない。

3．喪失反応への対応

　心理的な支援者として喪失体験を持つ人への具体的な対応として次の３つのことが考えられる。

　１）変わらない態度で寄り添う：喪失反応に対応するときの基本的な姿勢である。上に述べた喪失反応のプロセスをよく理解し，怒りの時期や，絶望の時期などそれぞれのステージで，動揺することなく変わらない態度で寄り添うことが重要である。さらに「あなたがとても悲しい気持ちでいるということを，私はよく知っているからね」という内容を伝えることが重要である。

　２）モーニングワークへの協力：先に述べたように，モーニングワークにはパーソナルなものと，集団として行われるものとの２通りがある。

①パーソナルなモーニングワーク：モーニングワークに協力するためには，その前提として，無意識に行われる遺品の使用や遺志を継ぐ行動について，それがモーニングワークであり，その行動によって喪失した対象を心の中に生かそうとしているのだということを，喪失体験者に意識化させる必要がある。例えば「あなたが……をすれば，亡くなった○○さんはあなたの心の中に生きていることになるね」といった言葉かけを行うことで，それがモーニングワークであることを知らしめ，その行動を支持しなければならない。そしてその次に，その行動に具体的に協力していくことになる。例えば兄のやろうとしていた野球を私がやるといった少女に対して，一緒にキャッチボールをするといったことは，とても効果的かもしれない。

②集団としてのモーニングワーク：集団としてのモーニングワークには亡くなったメンバーを記憶するためのアルバムを作る，歌や詩を作る，追悼の文集を作る，記念

碑を作る，などさまざまの形態が考えられる。支援者は，人々の自然発生的なモーニングワークの試みに，できる限り協力する必要がある。

　喪失対象が人ではなく，学校や街など多くの人々が心を寄せる施設やコミュニティの場合には，記録映像や大がかりなモニュメントとして残していくことが行われるが，これらも集団的なモーニングワークであろう。そうした制作活動にもできる限りの協力を行うことが必要である。

　3）グリーフワーク：グリーフワークというのは，グリーフ（grief）すなわち悲しみの感情を癒すためのさまざまな活動である。基本的には上記1），2）で述べた，すなわち寄り添いながらモーニングワークに協力することが，とても効果的なグリーフワークになっているということをまず理解しておく必要がある。そして，喪失体験者の無意識的なさまざまな行為をモーニングワークとして意味づけ，提起していくことは，支援者の重要な役割となる。

　もう少し意識的な方法としては，喪失体験を持つ者たちが，グループの中でその体験を語り合うという方法があり，こうした方法は欧米の文化圏ではよく行われる。ただこの方法は，喪失体験を持つ者持たない者を無作為に集めたグループの中で行うと，本章IIで述べたデブリーフィングの方法と変わらないものとなってしまい，参加者にとってはとても苦痛な作業となる可能性がある。

■ IV　日常生活上のストレスとそれへの対処

　日常生活上のストレスというのは，災害によって変化した日常生活の不便さ，それまでのあたり前の日常との大きな変化やとまどい，日常をなかなかもとに戻せないことへの焦りなどが，「やりきれなさ」になって心にのしかかってくる状態である。具体的に見ると，初期には，避難所でのプライバシーがなく他人に気を使わなければならない不便な生活が大きなストレスになる。その後やっと仮設住宅に移ったとしても，そこにはまた別のストレスフルな生活がある。仮設住宅は狭く，夏は暑く冬は寒く，壁が薄く隣の音がよく聞こえ，とても快適な生活とは言えない。特に乳幼児がいる家庭では，子どもが泣いたり騒いだりすることに気を使わねばならず，母親はストレスを感じやすい。さらに，家族内で意見の食い違いがあっても決してけんかや口論はできない（隣家に聞こえてしまう）。夫婦間のコミュニケーションが滞りがちとなり，会話が減り，家庭の雰囲気が暗く重苦しいものになるということも起こりがちである。さらにその重苦しさは子どもの心にも大きな影響を与え，不登校やその他の問題行動の増加につながる。子

どもが学校生活で体験するさまざまなストレス，友だちから嫌なことを言われた
とか，先生に強く注意されて落ち込んだとかといったつらいできごとを，温かい
家庭で共感的に受け容れてもらい，そのストレスを解消する機能が低下するから
である。さらにこの家庭内のコミュニケーション不全は，夫婦間や親子間で爆発
し，DVや虐待となることもある。仮設住宅での生活が長期間に及ぶと，DVによ
る離婚，虐待やネグレクトを含む不適切な親子関係などの事例が起こりやすくな
る。本章の冒頭に述べたグラフで，阪神・淡路大震災後支援を必要とする子ども
たちの数が，直後ではなく3年後にピークとなる背景にはそのような事情があっ
たのである。

　この日常生活上のストレスは，仮設住宅に居住するものだけに起こるのではな
い。災害によって仕事が続けられなくなり転職を余儀なくされたり，東日本大震
災の場合は船が流され海での仕事ができなくなった漁業従事者，放射能汚染によ
って土地を捨てざるを得なかった農業従事者には，言い知れぬ苦しみがある。放
射能被害のために被災者が全国各地に疎開したが，大人だけではなく，新しい学
校での生活になかなかなじめない子どもたちも多かった。災害で大きな経済的負
担を強いられたものの，公的支援の対象とならない被災者の中には苦しんでいる
人も多い。

　これら日常生活上のストレスに対処するための支援としては，苦しくやりきれ
ない状況を受容的・共感的に聴いていくカウンセリングと，今起こっているスト
レスに具体的に対処していくためのストレスマネジメントを組み合わせた複合的
な対応を行っていく必要がある。さらに仮設住宅を定期的に訪問したり，疎開し
た被災者のクループを作ったりして，停滞する生活を活性化させる取り組みも必
要である。

■ V　災害後心理支援の時期区分

　災害後の心理支援を行う場合に最も重要なことは，災害後どのくらい時間が経
過したかによって心のあり方は変化し，その変化に即して心理支援を考えていく
ことである。つまり時期に応じた心理支援が重要なのであるが，この時期という
のは，災害の種類や規模によって変わってくる。それを図示したのが次の図3で
ある。

　この図では，代表的な3種類の災害を挙げてそれぞれの時期ごとのポイントを
あげている。「事件，事故」とあるのは，凶悪事件や，交通事故，爆発事故などの

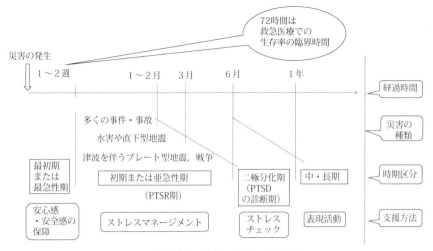

図3　災害時心理支援における時期区分

単発一過性の事件や事故である。「水害や直下型地震」というのは，大規模自然災害で被害は激甚であるがその持続期間や影響を及ぼす期間が比較的短いもの，例えば台風や豪雨による水害，また阪神・淡路大震災のような直下型地震を想定している。「津波を伴うプレート型地震，戦争」というのは，巨大自然災害でその持続期間が比較的長く，被害が激甚で広域にわたるものを想定している。さらに戦争も被害が甚大でその影響は広域に及ぶのでここに挙げている。なおその災害が自然災害であるか人為災害であるかを区別していない。自然災害と人為災害には，加害者が具体的に想定できるかどうかの重要な区別があり，この区別は災害後の心理変化にも大きく影響する。

　図で斜めに引かれた2本の点線のうち左側の線は，災害初期＝体験した多くの人がトラウマ反応を起こす PTSR の期間のおおむね終わる時期を表している。PTSR 期間は災害の規模によって異なり，単発の事件事故では1～2カ月程度だが，「津波を伴うプレート型地震」のような巨大災害では最低でも半年くらいはかかるので，その時期を表す線も斜めになる。各種の災害において，この左側の線上で PTSD の診断が行われ始める。それに対して右側の線は，中・長期と言われる時期の始まりを表す。そして左右の線に挟まれた期間が，回復する人と PTSD 化する人が分かれてゆく二極分化期にあたる。

■ VI　中・長期のこころのケア

　中・長期のこころのケアでは，初期とは全く逆に「表現活動」が支援の中心となる。PTSD化しているリスクの高い被災者と，おおむね回復している一般の被災者の両方について，それぞれ考えてみよう。

1．PTSD化しているリスクの高い被災者の場合

　PTSD化している被災者というのは，先述の通り想起に対する回避を繰り返すことによってそうなっていると考えることができる。したがってこのような被災者には，回避していた体験の記憶の中身を安全な環境の中で表現してもらい，その記憶に直面化し順化してもらうことが必要となる。「長時間曝露（prolonged exposer）」「EMDR」「TF-CBT（trauma focused CBT）」といったPTSDに対する心理治療技法は，全て「表現した記憶内容に直面化し，その意味づけを変更することによってそれに順化する」という方法論に依拠している。つまり表現活動が治療の中心となるのである。

2．おおむね回復している被災者の場合

　おおむね回復している被災者の場合は，体験の記憶に向き合いそれに慣れることを自然に行ってきたと言うことができる。しかしその記憶はつらく苦しい記憶である。被災から時間がたった現在の生活が安定していれば，つらくてもその記憶と向き合うことができるが，生活の変化によってストレスフルな情況に陥った場合，過去のトラウマが再燃し，時間を経た後のPTSD化（遅発性のPTSD[注2]）ということも起こりうる。したがって，つらく苦しい被災の記憶を保持しやすいものに変えていく必要がある。すなわち「私の体験したことはとてもつらく苦しいものだったが，私の人生にとってはたいへん意味のあるものであった[注3]」というふうにその意味づけを変更していく必要があるのである。この意味づけの変更

注2）いったん回復したトラウマ反応が，5年以上経過した後の新たなストレスの中で再燃し，再びPTSD状態に陥ること。この場合，引き金は新たなストレスであるが，症状は過去のトラウマ反応であり，子どもの場合などには過去のトラウマがはっきりせず発達特性の現れであると誤解されることも多い。

注3）「私の人生にとって意味があった」ということが，「それによって私は成長することができた」という形で物語化されたなら，これを「PTG＝外傷後成長（post traumatic growth）」と呼ぶことができる。

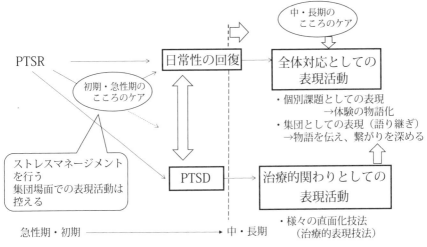

図4　中・長期のこころのケア

を「体験の物語化」（Herman, J. L.）と呼ぶ。

　「体験の物語化」を行うためには，体験を表現し，繰り返しそれに向き合い，そこから新たな意味を発掘していくという作業が不可欠である。つまり2のおおむね回復している被災者の場合も，表現活動を行うことが重要である。

　以上，1，2いずれの場合においても，中・長期に行われる表現活動がとても重要な意味を持つのだが，治療過程においても，おおむね回復した被災者の場合でも，それはたいへん苦しい作業になることを私たち支援者はよく知っておかなければならない。この苦しい作業を心理的に支援していくためには，表現された内容を支援者が真剣に読み取り，聞き取っていくという姿勢が必要である。そしてこの読み取り，聴き取りの作業の中で，個人的な物語が大きな集団の物語，地域の物語に変化し，その中で被災者と支援者がつながり，支援者の背後にいる多くの人々がつながり，このつながりがさらに被災者を力づけていくという良い循環が起こることが望ましい。防災教育の分野で「語り継ぎ」ということの重要性が指摘されるが，この「語り継ぎ」を心理支援の立場から考えるならば，それは，物語化された体験の表現と読み取り，聴き取りのプロセスであり，そのプロセスによって語り継ぐ者と聴く者がつながり双方が力づけられていく作業であると理解することができる。

◆学習チェック表
□　外傷後ストレス反応の概要と対応について理解をした。
□　喪失反応の概要と対応について理解をした。
□　日常のストレス反応の概要と対応について理解をした。
□　被災者支援に使われる心理支援の技法について理解をした。
□　災害支援における中長期のこころのケアについて理解をした。

より深めるための推薦図書

　　飛鳥井望・藤井厚子（2004）惨事ストレスケア―緊急事態ストレス管理の技法．誠信書房．

　　Herman, J.L. (1992) *Trauma and Recovery (1st Edition).* Rivers Oram Press.（中井久夫訳（1996）心的外傷と回復．みすず書房．）

　　Kubler-Ross, E.（1969）*On Death and Dying.* Scribner.（川口正吉訳（1971）死ぬ瞬間―死にゆく人々との対話．読売新聞社．）

文　　献

飛鳥井望・藤井厚子（2004）惨事ストレスケア―緊急事態ストレス管理の技法．誠信書房．

Herman, J.L. (1992) *Trauma and Recovery (1st Edition).* Rivers Oram Press.（中井久夫訳（1996）心的外傷と回復．みすず書房．）

Kubler-Ross, E.（1969）*On Death and Dying.* Scribner. Scribner.（川口正吉訳（1971）死ぬ瞬間―死にゆく人々との対話．読売新聞社．）

Mitchell, J.T., Everly, G.S. (2001) *Critical Incident Stress Debriefing: An Operations Manual for CISD, Defusing and Other Group Crisis Intervention Services. 3rd Ed.* Chevron Publishing.（高橋祥友訳（2002）緊急事態ストレス PTSD マニュアル．金剛出版．）

第 15 章

心理学的支援とスーパービジョン

平木典子

🔗 *Keywords*　汎用性のあるスーパービジョン，スーパービジョンの構成，スーパービジョンの要素，スーパービジョン関係，心理学的支援職の発達段階，スーパーバイジーの発達課題

Ⅰ　はじめに

　シリーズ第 15 巻（本書）は，心理学的支援の実践を個人，コミュニティ，関係者への心理療法と実践領域におけるその活用法，そして支援の実践に共通するテーマであるコミュニケーション，連携，危機介入，支援者に対する支援についての概観で成り立っており，その最終章である本章のテーマは，心理学的支援職に対する心理学的支援としてのスーパービジョンである。テーマを通して心理学的支援を統合的に俯瞰し，支援者としての成長と課題を展望する。

　心理学的支援職のスーパービジョンに関しては，その検討が 1950 年代に始まっている英米では，定義と目的，多様なスーパービジョン・モデルの検討，統合的スーパービジョンの必要性，スーパービジョンの課題・機能・倫理，スーパーバイザーの養成・訓練など多角的に実践・研究が進められており，2014 年には，国際的比較研究による統合的視点がまとめられている。一方，心理支援専門職の公的資格認定が著しく遅れた日本では，臨床心理学の教育・訓練におけるスーパービジョンの実践も研究も進んでおらず，スーパーバイザーの資格認定も行われていない（平木，2017）。

　そこで本章では，スーパービジョンを心理学的支援という高度実践専門職に必須の基礎的実践教育・訓練としてとらえ，海外の実践・研究を参考にして，特にその定義，目的と機能，およびスーパービジョンを受ける者の専門性の発達に応じたスーパービジョンの課題に絞って述べることにする。

■ II　スーパービジョンとは

1．スーパービジョンの定義

　欧米のスーパービジョンにかかわる専門書や，学会の規定などには，スーパービジョンの多様な定義が述べられている。ここでは，心理学的支援のスーパービジョンに関して常に先駆的な研究を続け，スーパービジョンの標準的で簡潔な定義として世界で認められ，多くの専門書でも引用されてきたバーナード Bernardとグッドイヤー Goodyear（2019）の定義を紹介する。

> 　「スーパービジョンとは，ある専門職の一人の先輩メンバーから，主として（ただし，必ずではなく）同じ専門職の一人の後輩メンバー，あるいは同僚メンバーに提供される介入である。この関係は，
> 　・評価的で，ヒエラルキーがあり
> 　・一定期間続けられ，そして
> 　・後輩の専門機能を高める；その目的は，面接するクライエントに提供される専門サービスの質をモニターし，スーパーバイジーが求めている特定の専門職の門番（gatekeeper）の役割を果たすことである」（Bernard & Goodyear, 2019, p.9；平木訳）

　加えて著者らは，上記の先輩から後輩，同僚に提供される介入には，教えること，心理療法／カウンセリング，そしてメンタルヘルスのコンサルテーションがあること，ただし，スーパービジョンはそれらと重なるところはあるものの，全く異なったユニークな介入であることを強調している（pp.9-12）。

　教えることはスーパービジョンの中核であり，スーパーバイジーには知識とスキルを学ぶ役割がある。ただし，その目標は，すべてのスーパーバイジーが一定の実力を身に着けるだけではなく，特定のスーパーバイジーとクライエントの必要に合わせた実践能力の獲得であり，訓練の継続と修了の評価も個別に行われる。

　また，スーパービジョンには，カウンセリングや心理療法の要素もある。とくに，スーパーバイジーの逆転移への対応に関しては，スーパーバイザーに訓練かセラピーかのジレンマが生じるほどである。このテーマは，スーパービジョンの倫理で詳しく検討されている。

　さらに，コンサルタントとスーパービジョンは，コンサルテーションを仲間同士のスーパービジョンと呼ぶこともあるほど類似している。しかし，スーパーバイザーにはコンサルタントにはない2つの責任がある。すなわち，スーパーバイ

ザーには，スーパーバイジーが面接しているクライエントの well-being に責任があること，そして，スーパーバイジーが次の段階の訓練や職責に必要な実践的総合力（competence）を証明する責任があること（すなわち専門領域への門番役）である。スーパーバイザーには，資格のないスーパーバイジーの心理的支援の代理責任があり，それはクライエントが関係するすべての者との相互作用にも責任を持つことを意味する。

　スーパービジョンは，心理学的支援と並行して進むプロセスだということである。

2．汎用性のあるスーパービジョン・モデルの必要性

　心理的支援専門職の教育・訓練と資格認定は，北米においても 1960 年代までは，各学派によって行われており，また，スーパービジョンはカウンセリングあるいは心理療法の理論によって進められると考えられていた。ところが，大学院修士課程で臨床心理士やスクールカウンセラーの教育・訓練が開始されて，学派によらないスーパービジョンの研究が進められ，汎用性のあるスーパービジョン独自の理論モデルの必要性が認められ，1980 年代には，心理的支援専門職の訓練法としてのスーパービジョンに共通する機能・活動が理論化され，1990 年代には理論横断的スーパービジョン・モデルが開発され，著書も続々と出版されるようになった。

　現在，心理学的支援のスーパービジョンは，カウンセリング／心理療法の理論・技法とは異なる独自の課題，理論，技法による介入として，また，汎用性のあるアプローチとして開発・研究が続けられている。上記のスーパービジョンの定義は，1992 年に初版を出した著者らの 25 年以上のスーパービジョン訓練と研究の蓄積を経てまとめたものである。

　一方，21 世紀に入って，ヘルスケアにおける心理学的支援の世界的な関心の高まりの下で，転移のスーパービジョンは国際的な課題となった。ワトキンズWatkins とミルン Milne（2014）は，9 カ国（アメリカ，イギリス，オーストラリア，フィンランド，香港，ニュージランド，スロベニア，南アフリカ，スウェーデン）のスーパービジョンの研究・実践の系統的レビューを行い，スーパービジョンの国際的体系化を試みている。ワトキンズ（1997）は北米の統合的スーパービジョンの理論・技法の構築と研究のリーダーであり，ミルン（2009）は英国における 30 年に及ぶスーパービジョンの実践と実証研究の権威である。彼らは，2014 年の編著の中でスーパービジョンを以下のように定義している。

　スーパービジョンとは：公認されたスーパーバイザーによる関係性を基盤とし，同僚の働きに焦点を当てて監督し，指示し，育て，評価する公的教育・訓練法である。したがって，それは評価的要素を含み，公的義務であるところが，メンタリングやセラピーといった類似の活動とは異なる。スーパーバイザーが活用する主たる方法は，スーパーバイジーの実践への矯正的フィードバック，教育，協働的目標設定である。
　スーパービジョンの目標は：「規範的（normative）」（例えば，ケースの管理や質のコントロールの問題など），「回復的（restorative）」（例えば，問題への対処や回復を支援するための情緒的経験とふり返りの奨励など），そして「形成的（formative）」（例えば，スーパーバイジーのコンピテンス，実力，実行力の維持・促進など）である。(Watkins & Milne, 2014, p.4, 平木訳)

　この定義の後半には，バーナードとグッドイヤーの定義にはないスーパーバイザーの介入の内容と目標が述べられており，それらを要約して，スーパービジョンは，安全で効果的な心理療法という最終目的のために，スーパーバイジーの 1）知識，スキル，態度の啓発，2）必要な能力の開発，3）専門職のアイデンティティの確立，4）資格取得を目指した多様な機能と方法の活用としている。

■ Ⅲ　スーパービジョンの構成

　それでは，スーパービジョンではどのような訓練が行われるのだろうか。
　バーナードとグッドイヤー（2019）は，スーパービジョンを図 1 に示したような 3 次元の構成要素が相互に影響し合う機能としてまとめている。スーパーバイザーの課題とは，スーパービジョンをどのように構造化するか，個人スーパービジョン，グループ・スーパービジョン，ライブ（実践と同時進行の）スーパービジョンをいつ，どのように活用するかという要素である。スーパービジョンの要素とは，どのスーパービジョンの場でも実施される基本的な内容であり，スーパーバイジーの発達レベルとは，スーパーバイジーの専門性の発達レベルに応じたスーパービジョン環境や介入の必要性，関係性や評価の影響などを示している。
　本節では，スーパービジョンの要素と，スーパーバイジーの専門性の発達レベルに応じたスーパービジョンについて考える。

1．スーパービジョンの要素

　スーパービジョンの 5 つの要素は，スーパービジョンの場で常に働いている。それらは，①スーパービジョン関係のプロセス，②個人の文化的背景の違い，③

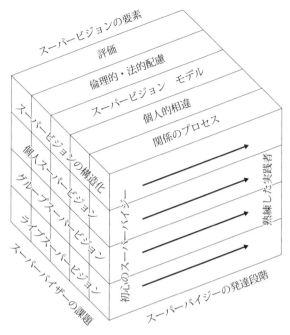

図1　スーパービジョンの構成概念

スーパーバイザーが活用するスーパービジョン・モデル，④スーパービジョンにおける倫理的・法的配慮，⑤評価とフィードバックである。

①スーパービジョン関係のプロセス

　スーパービジョンで最も重視されるスーパーバイザー・スーパーバイジー関係の確立・維持のプロセスであり，スーパービジョンの中核的要素である。「スーパービジョン作業同盟」と呼ばれていたが，ワトキンズとミルン（2014, p.258）のスーパービジョンの国際調査では，心理療法における「治療同盟」とは異なる関係（すなわち教育的で質の保証がある関係）であるので，同盟と呼ばず，関係とすることを勧めている。

　一方，「スーパービジョン関係の重要性は，どのスーパービジョン・モデルの定義においても認められているにもかかわらず，ホロウエイ（Holloway, 1995, pp.41-42；平木訳，2017, p.52）の定義以外は見当たらない」と述べているので，以下（Holloway［1995］を引用した平木［2017］より）に引用する。

　スーパービジョン関係とは「スーパーヴァイザーとスーパーヴァイジーがパワーと関与の構造をいかに活用するかを取り決めるダイナミックなプロセスのコンテナ（器）であり，…（中略）…この構造がトレーニーの知識とスキル獲得のプロセス，つまりエンパワーメントの基礎となる。…（中略）…スーパーヴィジョンでは，スーパーヴァイザーとスーパーヴァイジーはスーパーヴァイジーのニーズに応えるために，共に強い協働学習同盟の確立に責任をとる必要があり，とりわけスーパーヴァイザーは評価と支持の指南役を果たす」（平木，2017, p.52）

　さらに，この定義に加えて，スーパービジョン関係の中核には，1）対人関係の構造＝パワーと関係の側面，2）関係の発達段階＝参加者に特有な関係の発達，3）スーパービジョン契約＝スーパービジョンの課題と機能に対する一連の期待の確立，という3要素がある（平木，2017, p.52）。

　スーパービジョンでは，評価的指導が必要であるため，スーパーバイジーにとってスーパービジョンの場は安全で自由な相互作用が保証される関係性の確立が欠かせない。さらに，スーパービジョンに特有の関係の質の確立には，スーパーバイザーの初期の関係性への介入が影響し，近年では，それは愛着理論による関係確立のプロセスが参考になると言われ，関係は徐々に進化するとも述べられている。

②個人の文化的背景の違い

　上記のスーパービジョン関係にも影響し，スーパービジョンの倫理にもかかわる要素が，個人の多様性，多文化的背景を意識したスーパービジョンである。多文化的配慮とは，ジェンダー，人種，宗教，民族，性的指向，アイデンティティ，能力的地位，年齢，社会経済的地位などの多様な背景とそれらの相互作用を体験しているスーパーバイジーのへの対応に留意することである。著者らは「すべてのスーパービジョンは多文化的スーパービジョンである」（Watkins & Milne, 2014, pp.145-148）と述べて，この要素がスーパーバイジーとクライエントに与える影響の大きさを強調している。

　スーパービジョンと心理学的支援における多文化，多様性への配慮が広く議論されるようになったのは，多民族国家である北米においても今世紀に入ってからだという。翻って，多様性を体験する歴史が浅い日本においては，多文化的背景への差別や偏見の意識化，気づきは非常に低い。多様性への配慮とは，単なる人種や民族の違いや特定の異文化や人々に対する配慮ではなく，国籍，ジェンダー，個人の違いに対する無意識の差別や偏見に自らを意識的にふり返ることであり，

日本には我が国独特の意識されてこなかった差別があることを訓練の中で意識化し，知識とスキルの洗練を図ることが求められる。

③スーパーバイザーが活用するスーパービジョン・モデル

　スーパービジョンの理論には，各学派の理論・技法に則った理論モデルがある。例えば，心理力動的アプローチ，あるいは認知行動療法などの実践家養成のモデルである。一方，先にも述べたように，汎用性のあるスーパービジョン・モデルでは，スーパービジョン特有の問題やスキルなどの共通性が理論化されている。大学院の初期の段階までの学生には，心理的支援の理論・技法としても，仕事をする領域としてもまず，汎用性のある統合的な実践力を身に着けることが必要であるため，スーパービジョンも汎用性のあるスーパービジョン・モデルが活用される。各自が特定のモデルを志向するようになると，それぞれの学派のスーパービジョンを受けることになるだろう。

④倫理的・法的配慮

　スーパービジョンにおいても心理学的支援と同様，倫理的・法的規定の遵守が求められる。スーパービジョンの倫理はスーパーバイザー訓練の主たるテーマの一つであるので，ここでは詳説しないが，大学院生の現場実習やインターン研修の場におけるスーパービジョンには，特有の倫理問題が存在することに留意する必要がある。例えば，心理的支援職の資格を取得する前の学生にはスーパーバイザーの資格を持ったスーパーバイザーの訓練を受けること自体が倫理であり，スーパーバイザーはスーパーバイジーとクライエントの両者に対して責任を持つこと，などがある。

⑤評価とフィードバック

　スーパービジョンが他の専門職養成・訓練と異なるところは，資格を必要とする専門職の実践力（アセスメント，ケースの概念化，自己の内面への省察（reflection），がスーパーバイザーによってモニターされ，最終段階における実践的総合力（competence, competency）が基準に達しているか否かが評価されるところである。

2．スーパーバイジーの発達段階に即した心理学的支援力の養成

　スーパービジョンは，スーパーバイジーの専門性の発達のレベルに即して行わ

れる必要がある。その点では，上記のスーパービジョンの各要素のどの部分を，いつ，どのように行うかについても，スーパーバイジーが初心者であるか，ベテランであるかによって異なる。

　心理学的支援職の発達段階に応じた発達課題については，スコボールトSkovholt とロネスタッド Rønnestad（1992, 2003, 2013）の 100 人のカウンセラー・セラピストを対象として行った 2 回（2 回目はそのうちの 60 人）にわたるインタビューによる質的調査研究が注目される。ここでは，その研究とその他の専門職のキャリア発達研究の成果などを網羅して解説した 2013 年の著書から，心理学的支援職の発達と発達課題について要約する。彼らの著書名は，『発達する実践家―セラピストとカウンセラーの成長と停滞』であり，セラピストとカウンセラー，あるいは実践家という用語を一貫しては使っているが，本章では，それらを心理学的支援職として述べていく。

　著者らは専門性の発達段階を，1）初学者の段階，2）大学院後期の段階，3）初心の専門職の段階，4）経験を積んだ専門職の段階，5）熟達した専門職の段階の 5 段階（1992 年の調査では 8 段階［たとえば平木（2017, pp.162-163, 2003）の著書では 6 段階］）に分けて，各段階の発達課題，各段階とスーパーバイジーの特徴などが詳細に述べられている。ここでは，まず 2003 年に発表された各段階に共通する 14 の発達課題のテーマを要約し，心理学的支援職の各発達段階における特徴を 2013 の著書からごく簡単に記述する。

①心理的支援職の発達課題（Rønnestad & Skovholt, 2003）

　スーパービジョン・実践訓練の中で確認を要する共通のテーマは，下記の通りである。

テーマ 1：専門性の発達に必要なプロとしての自己と個人としての自己のより高度な統合＝セラピストのパーソナリティと理論的／概念的類似性の一貫した進展と，実践上の技術や方法の個別選択などによる専門的役割の選択。

テーマ 2：時間の経過の中で起こる機能の焦点の移行＝素人の支援行動から，訓練機関の外的基準に合わせた柔軟性のない支援行動，そして訓練後の内面基準に従った自由な支援行動へ。

テーマ 3：すべての体験のレベルにおける最適な学習と専門性の発達の必須条件としての継続的省察（reflection）――省察とは，心理的支援職が実践の中で追求し続ける自己，他者，プロセスに焦点をあてた全体的，かつ細やかで深い理

解であり，各自の専門的な経験とその中で出会う難題や苦難を省察する能力と意欲が仕事の停滞を回避する上で必須要件。

テーマ4：学習への真摯な献身による発達プロセスの促進。

テーマ5：認知の地図の変化＝外的な専門知識に依存する初心の実践家から内的な専門性に依存する熟練の実践家へ。

テーマ6：長期にわたる，ゆるやかで継続的，かつ一定ではない専門的発達のプロセス＝総合的実践力とその習熟は継続的に増進するが，その場では認識されず，ふり返ることで理解されたり，危機の体験や人生の転機となる出来事の後に大きな変化として体験される。

テーマ7：専門的発達は一生のプロセス＝カウンセラー・セラピストの発達モデルは，学生の発達モデルと同様，熟練の域にあっても成長は続く。

テーマ8：心理支援において多くの初心の実践家は高い不安を体験するが，ほとんどの者が時間の経過のなかで克服していく。

テーマ9：成長の巣となる影響源はクライエントであり，最初の教師＝苦悩とそこへの取り組み，そして成長を語るクライエントは人間の苦難と苦悩の現実を教え，理論や知識に広がりと深み，重さをもたらす。

テーマ10：生涯にわたる専門的機能の発揮と発達に対する個人的生活の影響＝どの発達段階の支援職も子ども時代，青年期，成人期の体験が影響する。その中には，原家族と現家族，プラスとマイナスの経験があり，それらは仕事上の役割取得や理論モデルの選択，セラピースタイル，仲間関係などに影響を与える。

テーマ11：専門性の発達には「非人間的」影響よりも，対人的影響が大きい＝成長の促進役は，人々との意味あるふれ合いであり，クライエント，専門職の先輩，仲間，友人，家族，そして後輩の同業仲間である。

テーマ12：初心者は先輩と大学院における訓練に強い情緒的反応を示す＝カウンセリングとセラピーという職業が対人的な要素があるゆえに，学生は教授，スーパーバイザーなどの先輩を常に選び，評価している。また，多くの心理的支援職は大学院の教育と訓練に対して幻滅を感じている。

テーマ13：苦痛を広く体験することがもたらす人間の可変性に対する高い認識，受容，表現＝年齢と知恵は並行し，相互に作用しながら発達するが，人生の予測不可能性，困難な人生の出来事に対する最上の対処法の不確実さに対する気づきである。

テーマ14：実践家の自己の英雄視からクライエントの英雄視への移行＝多様なクライエントとの面接と長年の成功と失敗の経験の蓄積は，変化のプロセスの理

解を深め，自信を高めると同時に限界を認め，より謙虚になり，セラピストとしての力からクライエントの力への移動がある。

②心理的支援職の各発達段階の特徴（Rønnestad & Skovholt, 2013）

第1段階：初学者の段階

大学院入学から2年目までのカウンセリング・心理療法の初期の実習訓練期間である。この段階では，学生の年齢，個人的苦悩やストレスの経験，それまでのセラピー／カウンセリングの訓練・経験や専門職の経験が課題遂行に影響を与える。

発達課題を一言で言うと「挑戦すること」であり，それらはa）すでに大学院の講義や専門書で学んだ膨大な情報の意味の理解，b）アセスメントと実践スキルの実習，c）最初の面接実習で体験するクライエントの強い情緒的反応への対応，d）セラピーの理論・技法の選択のプロセスで活用するセラピーの理論や情報に惑わされず開かれていることである。

自分の専攻に自信を持っていく者もいる一方で，多くの者は理論を習得し，それを実習で適用する課題に直面すると脅威と不安を感じ，「この仕事に向いているのだろうか？」という問いを発し，怒り／欲求不満，失望／後悔，不安／恐れ，よろこび／興奮を体験している。また，訓練やスーパービジョンが脅威になりつつ，他方で，それは従来の素人の既知の支援者から未知のプロの支援者役割への移行であり，啓発的であり，知的刺激でもある。

主な学習の源はスーパービジョンであり，指導者には建設的な「抱え」学習環境を創る機能が求められる。

第2段階：大学院後期の段階

大学院における訓練の終盤を迎えた学生が，インターン，あるいは実習生として心理学的支援の現場で働き，定期的なスーパービジョンを受けている段階である。

主たる発達課題は，a）訓練を受けている場で定められた基準を満たすべくより複雑な概念と知識の習得，b）セラピーの進行における実力の証明：アセスメントとセラピーのスキルの習得がスーパービジョンにおいて認証されること，c）情報と理論に対してメタレベルでは開放的でありつつ，同時に，活用するセラピー／カウンセリング理論・技法を精選するプロセスに入ること，d）心理療法・カウンセリングと実践家の役割に対する非現実的，完全主義的イメージの変容，e）心理学的支援の複雑さからくる困惑を取り扱うこと，である。a）〜c）の

3 項目は，第 1 段階と重なる。

スーパーバイザーに求められる機能は，積極的，建設的フィードバックである。

第 3 段階：初心の専門職の段階

大学院卒業後 2 〜 5 年間ほどの時期で，多くの習得すべき課題と選択がある。

主たる発達課題は，a）専門職に同一化し，所属する専門領域に専心すること，b）大学院への依存による専門訓練を修了し，自分自身にも他者からも期待される独立へ変容すること，c）卒後，体験することがある訓練，自己自身，専門職への幻滅を克服すること，そして d）自己の役割を探索し，明確にし続ける，ことである。

この時期の特徴は，主として過去の訓練の確認と幻滅，探索であり，スーパービジョンは義務ではないので成長のプロセスの支援も個別的である。自己の内面への探索を個人カウンセリングで行う者，一方，理論・技法の問題の現実的な検討を始める者などがいる。

第 4 段階：経験を積んだ専門職の段階

この段階の始まりは，各専門職が第 3 段階をどれほどの速度で終了するかによるので，明確に定義することはできない。多様な職場，多様な役割，そして多様なクライエントの経験により異なる。

主たる課題は，a）専門的な成長の感覚とバーンアウトや停滞を回避するためのレジリエンスを維持すること，b）自己の個性と一貫した自己の専門性を統合すること，c）仕事上の役割と自己の専門性が首尾一貫していること，つまり，専門職内での適材適所が実現していること，である。

この段階の特徴であるバーンアウトや停滞を防ぐために，多くの実践家たちは教授やスーパーバイザーから仲間や社会的な環境に至るまでさまざまな支援を受けているが，仲間に対して心理療法やスーパービジョンを実施することや，人類学，社会学，哲学，宗教，小説や詩，伝記，映画，演劇など他の分野から刺激や知恵を得ることもある。

第 5 段階：熟達した専門職の段階

大学院卒業後少なくとも 25 年以上の実践を続けている段階であり，初回の調査のときは平均年齢 64 歳，2 回目は 74 歳で，通常の退職年齢を超えて実践している人も多かった。そのため，この段階の特徴については，2 回目のデータ（Rønnestad & Skovholt, 2001）で補っている。この時期の心理学的支援者たちは，専門職の頂点におり，大部分が引退の準備をしているか，まだ引退の意志はない人々である。

　主たる課題は，ａ）第４段階の課題ａ）と同じで，専門的な成長の感覚とバーンアウトや停滞を回避するためのレジリエンスを維持すること，ｂ）第４段階の課題ｃ）とほぼ同じで，仕事上の役割と自己の専門性が首尾一貫していること，ｃ）部分的，全面的退職に備えて面接を調整し，クライエントに必要な変化の準備を促すこと，である。支援機能は，第４の段階とほぼ同じである。

■ IV　おわりに

　今後のスーパービジョンの課題は，心理学的支援職のコンピテンシー（知識，スキル，態度，人間関係維持の能力）の育成をベースとした訓練がますます強調され，コアとなるコンピテンシーと専門職の発達に即したコンピテンシーの精査とその訓練がテーマになっていくであろう。

◆学習チェック表
☐　スーパービジョンとカウンセリング／心理療法の違いのポイントを理解した。
☐　スーパービジョンには汎用性のあるスーパービジョン・モデルが必要なことを理解した。
☐　スーパービジョンの５つの要素とその意味を理解した。

より深めるための推薦図書

Bernard, J. M. & Goodyear, R. K.（2019）*Fundamentals of Clinical Supervision (6th ed.)*. Pearson Education.

平木典子（2017）増補改訂　心理臨床スーパーヴィジョン―学派を超えた統合モデル．金剛出版．

Watkins, C. E. Jr. & Milne, D. I.（Eds.）（2014）*The Wiley International Handbook of Clinical Supervision*. Wiley.

文　　献

Bernard, J. M. & Goodyear, R. K.（2019）*Fundamentals of Clinical Supervision (6th ed.)*. Pearson Education.

平木典子（2017）増補改訂　心理臨床スーパーヴィジョン―学派を超えた統合モデル．金剛出版．

Holloway, E. L.（1995）*Clinical Supervision: A Systems Approach*. Sage.

Milne, D.（2009）*Evidence-Based Clinical Supervision: Principles and Practice*. Wiley.

Rønnestad, M. H. & Skovholt, T. M.（2001）Learning arenas for professional development: Retrospective accounts of senior psychotherapists. *Professional Psychology: Research and Practice*, 32; 181-187.

Rønnestad, M. H. & Skovholt, T. M.（2003）The Journey of the counselor and therapist: Research findings and perspectives on professional development. *Journal of Career Development,* **30** (1); 5-44.

Rønnestad, M. H. & Skovholt, T. M.（2013）*The Developing Practitioner: Growth and Stagnation of Therapists and Counselors.* Routledge.

Skovholt, T. M. & Rønnestad, M. H.（1992）*The Evolving Professional Self: Stages and Themes in Therapist and Counselor Development.* Wiley.

Watkins, C. E. Jr.（Ed.）（1997）*Handbook of Psychotherapy Supervision.* Wiley.

Watkins, C. E. Jr. & Milne, D. I. (Eds.)（2014）*The Wiley International Handbook of Clinical Supervision.* Wiley.

索　引

執筆者一覧

大山泰宏（おおやまやすひろ：放送大学大学院臨床心理学プログラム）＝編者

平木典子（ひらきのりこ：IPI統合的心理療法研究所顧問）
伊藤亜矢子（いとうあやこ：名古屋市立大学人間文化研究科）
香川　克（かがわまさる：京都文教大学臨床心理学部臨床心理学科）
葛西真記子（かさいまきこ：鳴門教育大学大学院人間教育専攻）
越川房子（こしかわふさこ：早稲田大学文学学術院）
窪田由紀（くぼたゆき：九州産業大学人間科学部臨床心理学科）
松下姫歌（まつしたひめか：京都大学大学院教育学研究科）
箕口雅博（みぐちまさひろ：立教大学名誉教授）
村松健司（むらまつけんじ：東京都立大学大学院人文科学研究科）
妙木浩之（みょうきひろゆき：東京国際大学大学院臨床心理学研究科）
杉原保史（すぎはらやすし：京都大学学生総合支援センター）
高畠克子（たかばたけかつこ：元東京女子大学教授）
高橋　哲（たかはしさとし：芦屋生活心理学研究所）
八巻　秀（やまきしゅう：駒澤大学文学部心理学科）

監修 野島一彦（のじまかずひこ：九州大学名誉教授・跡見学園女子大学）
　　　繁桝算男（しげますかずお：東京大学名誉教授・慶應義塾大学）

編者略歴
大山泰宏（おおやまやすひろ）
1965 年，宮崎県生まれ。放送大学教養学部・大学院臨床心理学プログラム教授，京都大学博士
（教育学），臨床心理士。
1997 年，京都大学大学院教育学研究科臨床教育学専攻博士課程研究指導認定退学。同年，京都
大学高等教育授業システム開発センター助手を経て 99 年に助教授。2008 年に京都大学大学院
教育学研究科准教授，2017 年から現職。
主な著書：『心理療法と因果的思考』（共著，岩波書店，2001），『人格心理学』（単著，放送大学
　　教育振興会，2015），『思春期・青年期の心理臨床』（単著，放送大学教育振興会，2019），
　　『生徒指導・進路指導』（編著，協同出版，2018），『日常性の心理療法』（単著，日本評論
　　社，2020）他。

公認心理師の基礎と実践⑮［第 15 巻］
心理学的支援法

2021 年 4 月 10 日　初版

監 修 者　野島一彦・繁桝算男
編　　者　大山泰宏
発 行 人　山内俊介
発 行 所　遠見書房
製作協力　ちとせプレス（http://chitosepress.com）

〒 181-0002 東京都三鷹市牟礼 6-24-12
三鷹ナショナルコート 004
TEL 0422-26-6711　FAX 050-3488-3894
tomi@tomishobo.com　http://tomishobo.com
遠見書房の書店　https://tomishobo.stores.jp/

印刷・製本　モリモト印刷

ISBN978-4-86616-065-8　C3011

※心と社会の学術出版　遠見書房の本※

遠見書房

全巻刊行！完結！

公認心理師の基礎と実践 全23巻

監修 （九州大学名誉教授）**野島一彦**・（東京大学名誉教授）**繁桝算男**

最良の実践家・研究者による公認心理師カリキュラムに
沿った全23巻のテキスト・シリーズ！各2000円〜2800円

❶公認心理師の職責 ◇ 野島一彦（跡見学園女子大）／❷心理学概論 ◇ 繁桝算男（慶応義塾大）／❸臨床心理学概論 ◇ 野島一彦ほか／❹心理学研究法 ◇ 村井潤一郎（文京学院大）ほか／❺心理学統計法 ◇ 繁桝算男ほか／❻心理学実験 ◇ 山口真美（中央大）ほか／❼知覚・認知心理学 ◇ 箱田裕司（京都女子大）／❽学習・言語心理学 ◇ 楠見 孝（京都大）／❾感情・人格心理学 ◇ 杉浦義典（広島大）／❿神経・生理心理学 ◇ 梅田 聡（慶応義塾大）／⓫社会・集団・家族心理学 ◇ 竹村和久（早稲田大）／⓬発達心理学 ◇ 本郷一夫（東北大）／⓭障害者・障害児心理学 ◇ 柘植雅義（筑波大）ほか／⓮心理的アセスメント ◇ 津川律子（日本大）ほか／⓯心理学的支援法 ◇ 大山泰宏（放送大）／⓰健康・医療心理学 ◇ 丹野義彦（東京大）／⓱福祉心理学 ◇ 中島健一（愛知学院大）／⓲教育・学校心理学 ◇ 石隈利紀（東京成徳大）／⓳司法・犯罪心理学 ◇ 岡本吉生（日本女子大）／⓴産業・組織心理学 ◇ 新田泰生（神奈川大）／㉑人体の構造と機能及び疾病 ◇ 斎藤清二（立命館大）ほか／㉒精神疾患とその治療 ◇ 神庭重信（九州大）ほか／㉓関係行政論 ◇ 元永拓郎（帝京大）［名前は筆頭編者，全巻刊行済］

ブリーフセラピー入門
柔軟で効果的なアプローチに向けて
　　日本ブリーフサイコセラピー学会 編
多くの援助者が利用でき，短期間に終結し，高い効果があることを目的にしたブリーフセラピー。それを学ぶ最初の1冊としてこの本は最適。ちゃんと治るセラピーをはじめよう！ 2,800円，A5並

中釜洋子選集　家族支援の一歩
システミックアプローチと統合的心理療法
　　（元東京大学教授）中釜洋子著
田附あえか・大塚斉・大町知久・大西真美編　2012年に急逝した心理療法家・中釜洋子。膨大な業績の中から家族支援分野の選りすぐりの論文とケースの逐語を集めた。2,800円，A5並

ひきこもりの理解と支援
孤立する個人・家族をいかにサポートするか
　　　　　　　　　　　　高塚雄介編
医療機関，民間の支援機関，家族会等でひきこもり支援に関わってきた執筆者らが，ひきこもりとその支援を考えたものである。支援者がぶつかる壁を乗り越えるための一冊。2,600円，A5並

もっと臨床がうまくなりたい
ふつうの精神科医がシステズアプローチと解決志向ブリーフセラピーを学ぶ
　　　宋 大光・東 豊・黒沢幸子著
児童精神科医は，面接の腕をあげようと心理療法家 東と黒沢の教えを受けることに。達人の考え方とケース検討を通して面接のコツを伝授！ 2,800円，四六並

価格は税抜きです